Veröffentlichungen
der Europäischen Märchengesellschaft
Band 11

Im Auftrag der Europäischen Märchengesellschaft
herausgegeben von Jürgen Janning und Luc Gobyn

Liebe und Eros im Märchen

Im Erich Röth-Verlag Kassel

Schutzumschlag von Hugo Ritter, Schrift
von Hans Wilhelm Bick
CIP-Kurztitelaufnahme der Deutschen Bibliothek
Liebe und Eros im Märchen
im Auftrag d. Europ. Märchengesellschaft
hrsg. von Jürgen Janning und Luc Gobyn
Kassel: Röth 1988
    (Veröffentlichungen der Europäischen
    Märchengesellschaft Bd. 11)
    ISBN 3-87680-349-7
NE: Janning, Jürgen [Hrsg.]; Europäische Märchengesellschaft:
    Veröffentlichungen der
Europäischen...

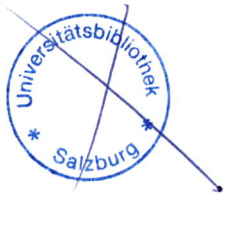
88:607

»…Sie waren in den Brauttagen, und sie hatten ihr größtes Vergnügen eins am andern« – so wird im Märchen von *Jorinde und Joringel* erzählt, einem der wenigen »Kinder- und Hausmärchen«, in welchem das handlungsauslösende und weitertreibende Motiv erotischer Natur ist. Aber selbst wenn das Märchen, wie hier, erotisch geprägt ist, ist es das auf eine sublime Weise. Eine Ausgestaltung der erotischen Szene oder gar eine Konkretisierung in leibliche, sexuelle Dimensionen finden wir weder in diesem, noch in anderen Märchen der Grimmschen Sammlung und auch nicht in den in ihrer Nachfolge erschienenen Märchensammlungen. Dies ist insofern bemerkenswert, als ja die meisten Märchen das Erlangen der Braut oder des Bräutigams und die Hochzeit als Ziel aller Suchwanderung und Erlösungstat thematisieren. Von daher erklärt sich denn auch eine Zustimmung zu dem Urteil Lüthis, daß von »eigentlicher Erotik in den europäischen Volksmärchen wenig zu spüren ist, sie neigen dazu, alles Reale zu sublimieren.«

Ein anderer, gegensätzlicher, vor allem der Psychoanalyse verpflichteter Standpunkt besagt, daß gerade das Märchen aus einem dichten Geflecht entschieden sexueller Metaphern und Symbole bestehe, in welchem Erotik – als geistig-seelische Veredlung jenseits des bloßen physischen Triebs – kaum mehr Platz findet. Und auch eine Liebe, die als Eltern- und Kindesliebe, als Freundesliebe und selbst als Gattenliebe ausschließlich eine Beziehung im Geistig-Seelischen meint und vom Körperlich–Geschlechtlichen absehen kann, wird von dieser Märchendeutung her ebenfalls nur als das Netzwerk unbewußter Triebstrukturen verstanden.

Wie können wir uns angesichts dieser Extrempositionen orientieren? Ist die Sublimation erotischer Lebensäußerungen ein autonomes Stilmerkmal der »Gattung Volksmärchen«? Oder ist sie ein Hinweis darauf, in welchem Bezug zu Eros und Erotik jene Menschen standen, welche die Märchen in ihrer Zeit und in ihrer Kultur bewahrt und tradiert haben?

Ein sehr bemerkenswertes Beispiel, mit welcher Zurückhaltung noch in der Zeit zwischen den beiden letzten Kriegen Geschlechtliches behandelt wurde, führt der schwedische Märchenforscher Waldemar Liungman in seiner Ausgabe »Weißbär am See« an: »…wenn die kleinen Mädchen schlafen gegangen waren, dann wurden die besten Märchen erzählt. Ich erinnere mich, als ich einmal eine meiner allerbesten Märchenerzählerinnen besuchte, daß diese den Kopf wendete und zu ihrer fünfzehnjährigen Tochter sagte: »Kristina, geh hinaus!« Und daß dann ein so ganz harmloses Märchen folgte wie das von der Prinzessin in der Erdhöhle, in dem die richtige Braut von der falschen sagt:

Kling, Schuh im Walle!
Daheim liegt die junge Braut
und kriegt ein Kind im Stalle.«

Und der rätoromanische Sammler Leza Uffer berichtet (jedoch differenzierend): »Es fällt auf, daß nicht ein einziges der aus dem Oberengadin beigebrachten Märchen nicht auch Kindern erzählt werden kann... Für zahlreiche Märchen aus anderen Talschaften aber trifft das nicht zu. Aus Dörfern, wo die Erzählgemeinschaften der Männer zum Teil noch bis zum ersten Weltkrieg lebendig waren, besitzen wir beispielsweise Märchen mit dem Ödipus-Motiv (in denen von der Heirat zwischen Mutter und Sohn die Rede ist) oder mit dem Motiv der Pharaonenehe (der Heirat zwischen Vater und Tochter). Es ist völlig undenkbar, daß solche Märchen irgendwann und irgendwo Kindern erzählt worden sind... Ja, Märchen, in denen die Heirat zwischen Mutter und Sohn oder zwischen Vater und Tochter nicht nur geplant, sondern tatsächlich vollzogen wird, wären noch vor drei, vier Generationen, jedenfalls beim einfachen ungebildeten Volk, auch kaum in Gegenwart von Frauen erzählt worden (Märchenerzähler-Erzählgemeinschaft, 25). Selbstverständlich lassen sich auch gegenteilige Aussagen finden.

Eros und Liebe haben im Leben der Menschen von jeher eine bedeutende, aber eben in verschiedenen Zeiten und Kulturen unterschiedliche Rolle gespielt. In welcher Weise die Märchen als poetische Zeugnisse gelebten Lebens dies widerspiegeln, zeigt der vorliegende Sammelband auf. Neun Autorinnen und Autoren unterschiedlichster wissenschaftlicher Herkunft haben es in zehn Beiträgen – von ihrem je spezifischen Standort aus – unternommen, der bewegenden Kraft von Liebe und Eros in den Märchen nachzuspüren.

In dem einleitenden Essay über *Eros und Liebe – in der Schöpfung wie im Märchen* knüpft die Religionspädagogin und Erzählerin Felicitas Betz an individuelle Erfahrungen an, wie sie etwa das Kind im

Erleben der Liebesbeziehung zwischen Mutter und Vater, im Anschauen eines Brautpaares oder im Hören und Miterleben von auf die Hochzeit zulaufenden Märchen machen kann. Von hier aus schlägt sie den Bogen zu der altchinesischen Weisheitslehre des I–Ging und der jüdisch-christlichen Offenbarung, die Eros als Weltprinzip verstehen. Dieses Prinzip ist auch im Kosmos verwirklicht, in der Bezogenheit von Sonne und Mond und anderer Gestirne zueinander. Solche »Gestirnsmythen« spiegeln manche Märchen wider: nicht von einer individuellen Liebesbeziehung erzählen sie, sondern von Liebe und Eros als einem überindividuellen Weltphänomen.

Der Volkskundler Lutz Röhrich beschreibt in seinem grundlegenden Aufsatz *Erotik und Sexualität im Volksmärchen* die unterschiedlichsten Ausprägungen von Märchen. Obwohl die Mehrzahl von ihnen Liebesgeschichten sind, handelt es sich doch in der Regel nicht um erotische Erzählungen. Diese Tatsache ist vor allem dem Zeitgeist des 19. Jahrhunderts zuzuschreiben, als die Märchen buchfähig gemacht und zudem oft für Kinder bearbeitet wurden. In anderen gesellschaftlichen und kulturellen Konstellationen (z. B. im Orient: Tausendundeine Nacht) ist in den Märchen das Erotische bzw. das Sexuelle deutlicher ausgeprägt. Das gleiche gilt für frühere Aufzeichnungen in Westeuropa (so bei Basile, 17. Jahrhundert) und auch für viele, zum Teil noch unveröffentlichte Texte aus den beiden letzten Jahrhunderten, die gar nicht für Kinder gedacht sind.

Gibt Röhrich einen allgemeinen Überblick, so untersucht der unlängst verstorbene friesische Volkskundler Ype Poortinga *Erotik und Liebe in den Zauber- und Novellenmärchen des Erzählers Roel Piters de Jong,* also bei einer bestimmten Erzählerpersönlichkeit. Sind auch seiner Einschätzung nach die besten Geschichten de Jongs mit Fug und Recht »Liebesgeschichten« zu nennen, so bleibt doch gleichwohl in der Mehrzahl der (erst nach 1971 aufgenommenen) Texte die Darstellung von Liebe und Erotik verhalten, um nicht zu sagen: abstrakt, wie Lüthi dies für das europäische Volksmärchen überhaupt konstatiert. Heiratsgeschichten, nicht selten im friesisch-bäuerlichen Milieu des Erzählers angesiedelt, zeigen Heldin und Held mehr als Handlungsträger denn als Liebespaar. Ausnahmen bilden einige seiner großen Zaubermärchen und eine Anzahl von Novellenmärchen, die von erotischen Elementen und selbst von vorehelicher Liebesvereinigung als einem wesentlichen Teil der Liebe erzählen. Dies geschieht in größter Unbefangenheit und mit sensiblem sprachlichem Gespür, was den Erzählungen de Jongs ihr Niveau und ihre Integrität garantiert.

Daß in einigen wenigen Märchentypen die vom seelischen Erleben bestimmte Schwängerung der Geliebten im Schlaf wesensmäßig zum erzählten Geschehen gehört, ja das zentrale Ereignis ist und nicht mutwillige Zutat, zeigt der Kulturhistoriker Heino Gehrts in seinem Beitrag *Vom Beischlaf im Zaubermärchen*. So wird im Märchen »Das Nachtwachenabenteuer« (AT 304)* wie auch im Märchen »Das Wasser des Lebens« oder » Der Goldvogel« (AT 551) in bildhafter Weise von der Seelenfahrt des Mannes und einem Beischlaf mit der Göttin erzählt. Mythologische, märchenhafte und esoterische Parallelen verdeutlichen den Sinn dieser Begegnung und vermitteln den erlebensgemäßen und kulturgeschichtlichen Gehalt.

Das berühmte Liebesmärchen *Amor und Psyche* des Apuleius (2. Jahrhundert) wird von der Dramaturgin Lynn Snook behutsam nacherzählt und, im Anschluß an Erich Neumann, als die Geschichte eines Reifungsprozesses gedeutet, in dem die menschlich beseelte Liebe der göttlichen ebenbürtig wird. Das Märchen mutet vertraut an, weil es in anderen bekannten Tierbräutigamsmärchen zahlreiche Parallelen besitzt. Seine zentralen Motive sind: die erste Phase der Vereinigung der beiden Geliebten (in einem Zustand glückseliger Lust), die Trennung, die qualvolle Suchwanderung Psyches, bei der sie vier unlösbare Aufgaben zu erfüllen hat, und die endliche Wiedervereinigung auf einer höheren Bewußtseinsebene.

Auch in den Märchen »Der Pfiffigste« (AT 882) und »Jorinde und Joringel« (KHM 69, AT 405) stehen Mann und Frau in einem Entwicklungsprozeß, der mit den für uns selbst typischen Entwicklungs- und Beziehungsabläufen vergleichbar ist. Die Wege, die im Märchen bewältigt werden, um eine Partnerin oder einen Partner (wieder) zu finden, entschlüsselt die Psychotherapeutin Verena Kast in ihrer Untersuchung *Märchenpaare in ihrer Entwicklung* als Beziehungsfantasien und läßt damit Märchen als echte Hilfen im menschlichen Miteinander erkennen.

+ Auflösung der Siglen vor den Anmerkungen

Zu ganz ähnlichen Ergebnissen, wenn auch von einem anderen Ausgangspunkt aus, kommt der Volkskundler und Entwicklungspsychologe Walter Scherf, der meint, daß Märchen die Projektion unserer Fantasmen auf die angebotenen Figurenkonstellationen erlauben. Läßt man nämlich einen bestimmten Märchentext auf sich wirken, ohne ihn nach starren Schemata deuten zu wollen, gehe man *arglos* und *naiv* an ein Märchen heran, lausche mit sensibler Offenheit in den Text hinein, dann könne man zu sich selber finden. Wie *Fantastische Vorstellungen und weibliche Selbstfindung* einander bedingen, das macht er bei der schrittweisen Lektüre und Besprechung des sardischen Blaubart-Märchens »Deusmi« (AT 311, vgl. KHM 46 Fitchers Vogel) einsichtig.

Mit der filigranen Begrifflichkeit des Philosphen führt uns Franz Vonessen in sein Thema *Der Dummling als Liebhaber* ein. Er entfaltet sorgsam sein Ansehen über das Wesen der wahren Liebe und stellt es dem Schein der Liebe entgegen: die bloße Lust (Sexualität), die, aus dem Leib entzündet, sich im Selbstgenuß erschöpft, hat nicht die Gabe des Eros, der, vom Geist entflammt, immer den ganzen Menschen ergreift, dabei aber zugleich wesenhaft auf die Liebespartnerin oder den Liebespartner bezogen ist. Mit dem Dummling, kontrastiert in seinen weltklugen älteren Brüdern, beschreibt Vonessen eine typische Märchengestalt. Der Dummling als Liebhaber ist charakterisiert durch die »schlafende Weisheit des reinen Herzens«. Als ein solcherart Handelnder gewinnt er seine Braut, die Prinzessin, die – ein Ideal der Liebe – nicht von dieser Welt ist, sondern die einem Grenzbereich, ja einem Jenseitsreich entstammt.

Was die Märchen je und je entfalten, ist dabei jedoch niemals aus auf Deutung; sie sind, so Vonessen, selbst schon Deutungen. In der Figur des Dummlings als Liebhaber hält uns das Märchen einen Spiegel vor, der uns das Wesen des wahrhaft Liebenden offenbart.

Auch Heino Gehrts geht es um das Wesen der Liebe, ja um die geradezu schicksalshafte Bindung an eine ferne, noch unbekannte Schöne, die in zahlreichen Märchen – so in dem vom treuen Johannes (AT 516) – ausgelöst wird durch *Bild und Name der Geliebten*. Wunderbare Bilder, bezaubernde Namen, oft ergänzt durch scheinbar unerreichliche Ferne, bewirken die augenblickliche Faszination, die den Märchenhelden befällt und ihn zur gefahrvollen Suchwanderung zwingt. Wegweisende Helfer oder Ahnen ermöglichen das traumhaft erfahrene Zusammenfinden mit der jenseitigen zauberschönen Frau. Daß solches zwanghafte Liebenmüssen nicht lediglich ein verbreitetes Märchenthema ist, zeigt der Verfasser an Beispielen aus der Romantik oder bei Theodor Storm – mithin, daß Märchensymbole, -sinnbilder und -bilder auch real erlebt werden können.

Um Bildnisse und ihre zwanghafte Wirkung geht es auch dem Psychiater Wolfdietrich Siegmund. Das erotisch erfaßte Gegenbild wirkt oft schon in früher Kindheit und kann krankhaft umschlagen in Selbstbezogenheit, in pathologischen Narzißmus. Der Narzist ist *Verliebt in ein Bildnis,* nämlich in sein eigenes »großartiges Selbstidol« und damit unfähig zu wahrer Liebe. Aus der Praxis der Erzähltherapie macht der Autor an drei Erzählstoffen deutlich – an der Narkissos-Sage, der Sage von Pygmalion und ebenfalls am Märchen vom treuen Johannes – wie der Daseinsanalytiker als treuer Begleiter und behutsamer Wegführer dem von Selbstliebe Betroffenen über Demut und Verzicht leiten kann zu Liebesfähigkeit, die gerichtet ist auf ein geliebtes Du. Damit macht er deutlich, daß eine Seelenheilkunde, die sich auf das Märchen und seine in der Metaphysik begründete Welt berufen kann, eine wirkliche lebendige Chance besitzt.

Die Herausgeber verbinden mit dem vorliegenden Sammelband zugleich das Anliegen, nicht weniger als zur Lektüre der einzelnen Beiträge auch dazu anzuregen, die Märchen selber einmal wieder zu lesen. Und dabei vielleicht dies zu erfahren: daß neue, andere Perspektiven, Bedeutungshorizonte sich aufgetan haben. Mögen aus den Lesefreuden reiche Lesefrüchte werden!

Jürgen Janning und Luc Gobyn

Felicitas Betz

EROS UND LIEBE – IN DER SCHÖPFUNG WIE IM MÄRCHEN

I. Eros als Erfahrungsmacht

Der Mensch findet sich als Geschaffener vor und als solcher in einem Universum von Kräften und Mächten. Da sind nicht nur Naturgewalten wie Sonne, Regen, Wind, Trockenheit, Überflutung, Erdbeben und Seuchen, mit denen er es zu tun bekommt, da existieren auch ganz andere Mächte: so die Kraft, die wachsen macht – und die Kraft, die welken läßt; die sprudelnde Lebensmacht – und die Macht des Todes; die Macht des Schönen – und die Macht des Chaotischen; die Macht des Schicksals – und die Kraft, die uns dem Schicksalhaften zu entheben vermag... Eine Kraft, der nicht nur wir Menschen, sondern das ganze Universum unterliegt, ist die Macht der erotischen Anziehung der Geschlechter. In seinem »Gastmahl« führt Plato diese Macht auf eine Spaltung zurück. Der Mensch war zuerst eine Einheit: Männlich und Weiblich in einer Gestalt, die kugelförmig war. Erst später hat Zeus die Spaltung verfügt, indem er diese Einheit zerstörte, »wie man Birnen in zwei Hälften teilt«. Seitdem bestimmt die unstillbare Sehnsucht im Wiedervereinigungsverlangen die Geschlechter.

Im 15. Jahrhundert hat der Renaissance–Philosoph Leone Ebreo (portugiesisch-jüdischer Herkunft, vor allem in Neapel lebend und lehrend) festgestellt, daß Plato diesen Mythos der hebräischen Bibel entnommen und für griechische Verhältnisse seiner Zeit umgewandelt hat. In der Tat berichtet auch die Bibel zuerst von der Erschaffung *eines* Menschen. Nach Leone Ebreo wurde auch Adam »geteilt«. Denn die (vielen so ärgerliche) »Rippe«, kann auch einfachhin »Seite« bedeuten. Eva also wäre eine Seite des Urmenschen und Adam die andere. Das jedenfalls war die Auffassung von Leone Ebreo, der sich auf die jüdische Geheimlehre der Kabbala beruft. Die Märchen als Bewahrer von Grunderfahrungen der Menschheit wissen natürlich auch von der Macht des Eros zu erzählen. In Bildsprache übersetzt heißt es dann, daß diese Macht die Mädchen »von hinten packt und fortträgt«, sie »überfällt« oder »raubt«, ja sie zerstückelt oder mit abgerissenem Kopf in den Keller hinabwirft.

11

So wird diese Macht personifiziert als »Hexenmeister« oder »Troll« oder »Unsterblicher Koschtschej«. Auch weiblich tritt sie auf: als Rätselstellerin, die ihre Zaunlatten mit Köpfen spickt oder als Baba-Jaga im drehenden Hüttchen, die der Held überwinden muß, bevor er seine »Jungfrau Zar« oder seine »Schöne« entdeckt. – In den meisten Märchen aber spielt die Paarbildung eine Rolle, ganz gleich ob sie nun Königstochter und Königssohn geheißen sind oder Hans und Else oder auch – und gar nicht so selten – Bruder und Schwester. Diese Grunderfahrung bestimmt die Bewußtwerdung der Menschheit genauso wie das Einzelleben. Zur Illustration drei mir gerade erinnerliche Momente aus meiner Kindheit.

1. Frühkindliche Faszination im Erleben

Vater umarmt Mutter anders als mich. Vater küßt Mutter – und so oft. Manchmal, wenn er an ihr vorbeigeht, streichelt er sie und bleibt dann wie an ihr kleben. Zwischen Vater und Mutter spielt sich etwas Besonderes ab. Es ist anders, als wenn er mich auf den Schoß nimmt – und viel öfter kommt sie in den Genuß dieser Zuwendung. – Aber dann, was ist das? Vater geht wütend aus dem Haus. Mutter bleibt da. Aber sie weint. Warum hat die Tür so gekracht? Warum ist Mutter traurig? – Mein jüngerer Bruder ist anscheinend eine andere Art Kind. Vater ist stolz auf ihn... weil er so wird wie er. »Stammhalter« heißt das Zauberwort. – »So sind halt die Buben«, sagen die Leute, und »bei Männern ist das anders.« Ich bin ein Mädchen. Ich werde einmal eine Frau.

2. Kindliche Faszination über das Schauen

Erstes Schuljahr. Ich komme von der Schule heim. Der Weg führt an der Kirche vorüber. Dort bietet sich nicht das gewohnte Bild. Irgendetwas ist los. Die Kirchentür ist offen, eine geschmückte Kutsche mit dem Kutscher auf dem Bock steht davor, Orgelklänge – und da kommt auch schon ein Festzug, der die Kirche verläßt. Braut und Bräutigam voran, die Braut im weißen Kleid – wie hell es leuchtet – einen Blumenstrauß trägt sie, der Bräutigam im schwarzen Anzug –

wie dunkel er anmutet – und dann die ganze Hochzeitsgesellschaft festlich hinterdrein. Da muß stehengeblieben werden. Weltvergessen und stumm wird geschaut bis die Kutsche fort, die Orgel längst verstummt, die Kirchentüre geschlossen und alles wie immer aussieht. Fort ist's. Aber da war etwas gewesen, das Wirkung ausübt.

3. Kindliche Faszination im Hören und Mitfühlen

Wie gut tut dieses Aufatmen am Schluß von Märchen! »Da lebten sie zusammen in Glückseligkeit bis an ihr Ende.« Denn was war vorausgegangen? ... Die verbotene Türe war geöffnet worden (das Herz klopft), das wunderschöne Bildnis der Jungfrau hatte seine verzaubernde Wirkung getan, die Fahrt übers Meer war riskiert, die Königstochter im Schiff entführt, die Raben hatten die drei Unglücks–Voraussagen gemacht, der treue Johannes war ein Stein geworden, als Standbild steht er neben dem Königsbett, die Kinder waren geopfert, der treue Johannes lebt wieder und die Kinder dazu! – und dann dieser Schlußsatz vom glücklichen Ende. Befreiung und Erlösung birgt er für das Kindergemüt, das in alle Erregungen mit hineinverwickelt worden war... (KHM 6)

Oder: »Voll Freude machte sich der Jüngling auf den Heimweg und brachte der schönen Königstochter den goldenen Apfel ... sie teilten den Apfel des Lebens und aßen ihn zusammen ...« Welch glückliches Gefühl nach dem Erleben der geheimnisvoll zugedeckten Schüssel, dem Verkosten der weißen Schlange, nach Lebensgefahr durch falsche Beschuldigung, nach dem Abenteuer-Ritt, nach der Widerspenstigkeit der schönen Königstochter, die sich immer neue unlösbare Aufgaben ausdenkt. Aber nun: er bringt den Apfel des Lebens. Sie teilen und essen ihn zusammen. Endlich! (KHM 17)

Oder: »Da war große Freude überall, und der König und die Königin hielten noch einmal Hochzeit, und sie lebten vergnügt bis an ihr seliges Ende...« – So also lösen sich furchtbare Verwicklungen! Die eigene Tochter wird dem Teufel verschrieben, einem Mädchen werden die Hände abgehauen, Briefe werden gefälscht, eine Mutter ohne Arme wird mit einem Kind auf dem Rücken alleine in den Wald geschickt, ein König muß bitterlich weinen... Aber dann wird sie gefunden. Freude ist und nocheinmal Hochzeit. (KHM 31)

So und ähnlich erzählen viele Märchen von erotischer Faszination, vom Leiden in Liebesbeziehungen und vom endlich glücklichen Zusammenleben. Ganz unidyllisch geht es dabei zu: abgehauene Hände, Versteinerung, Böses spielt mit. Aber nicht Ausweglosigkeit ist das Ende, sondern Zusammenfinden. Hochzeit kommt. Wenn Kinder solches hören, haben sie gemäß ihrer Lebensbiografie Vorerfahrungen. So werden sie in Erregung, zum Weinen und zum Lachen kommen, und immer wieder hören oder lesen sie das gleiche. Aber die Vorerfahrungen, die sie ihrer Umwelt entnehmen, sind nicht der einzige Grund für ihr Gefesseltsein. Vielmehr spüren sie, daß sie in der Beobachtung der erotischen Anziehung, im Bild von Braut und Bräutigam und der Erzählung vom glücklichen Zusammenkommen von Mann und Frau nicht nur der Sehnsucht aller Menschen, sondern dem wesentlichen Faktum von Leben überhaupt nahekommen. Die Ahnung des universalen Phänomens, das das Individuelle übersteigt, macht die Macht der Faszination aus – denn es wird deutlich, was sie schon längst »wissen«, wenn auch verschleiert. Sie werden von der Weltmacht Eros und ihren Auswirkungen in der Welt und im Menschenleben gepackt. Je unverdorbener Kinder noch für so elementare Erfahrung sind, umso heftiger wird es sie ergreifen.

Da haben wir Erwachsenen es viel schwerer. Wir sind mit hunderttausend Informationen belastet, unterhalten uns am Interessanten, wollen up-to-date sein, werden von den jeweiligen Zeitmoden mitgerissen. Das ganz Einfache, Elementare ist uns zum längst »Begriffenen«, zum Selbstverständlichen, Uninteressanten geworden. So geraten wir in Gefahr, am Sinn des Lebens vorbeizuleben. – Aber auch uns kann es packen. Vielleicht sogar über Märchen. Wenn wir eine gute Stunde haben und vielleicht das Glück, irgendwo einen Erzähler zu hören, der sich auf die Kunst versteht, seine Märchen wie in einem Geburtsvorgang aus seinem Innersten hervorzuholen, kann es sein, daß wir auf den Grund der Dinge schauen. Dann zeigt sich – in dem Maß unseres momentanen Fassungsvermögens – die elementare Linie der Anziehung der Pole, gipfelnd im erotischen Spiel der Geschlechter. Ob unbelebte Materie, ob pflanzliches oder tierisches Dasein, ob Sternen- oder Menschenbeziehung, in allem spielt diese Bezogenheit der gegensätzlichen Pole, die ein Kraftfeld herstellt.

II. Eros als Weltprinizip

Die Weisen im alten China haben
schon früh das erotische Phänonem
als Weltprinzip entdeckt und dafür
ein eindrückliches Zeichen entwik-
kelt: das Tai–Gi. Es stellt eine
Weltformel dar, mit deren Hilfe
dem Lebens-Sinn nahezukommen
ist. Es wird als Wandlungszeichen
verstanden. Denn alles, was lebendig ist, das ist in stetiger Veränderung begriffen. Das Zeichen
zeigt den Kreis, organisch in zwei

Blasen aufgeteilt. Einerseits das Helle, Lichte mit dem dunklen
Keim, andererseits das Schattige, Dunkle mit dem Lichtkeim.

Jeder Keim hat Wachstumsmöglichkeit – aber nicht etwa eigen-
sinnig–eigenwillig, sondern immer in Bezogenheit, als bliebe die
»Menge« von Licht- und Schattensubstanz immer die gleiche. In
dem Maße, in dem der Lichtpunkt im Dunkelfeld größer wird,
wächst auch der Schattenkeim im lichten Feld. Ja, die Felder können
sich vollkommen wandeln: dann wird das Lichtfeld zum Schatten-
bereich und umgekehrt. So spielen dauernd die gegensätzlichen Kräfte
im Weltganzen – glaubten die frühen Weisen zu erkennen – und sie
schauten dieses Kräftespiel in allen Erscheinungsformen: im Wandel
von Tag in Nacht und Nacht in Tag, von Trockenzeit in Regenzeit,
von Sommer in Winter und Winter in Sommer, von Oben in
Unten und Unten in Oben, von Stark in Schwach und Schwach in
Stark, von Stoff in Energie und umgekehrt, Leben in Sterben und
Sterben in Leben, von Männlichem in Weibliches und Weiblichem
in Männliches. Aus dieser Schau gestaltete China sein I–Ging, das
Buch der Wandlungen, ein mindestens dreitausend Jahre altes
Orakel- und Weisheitsbuch, das die Urpolarität in 64 Zeichen ent-
faltet. Was im Märchen als »Hochzeit«, als Vereinigung der Getrenn-
ten und damit als das Glück aufscheint, heißt im I–Ging (Nr. 11)
Tai = der Friede. Friede ist dann vollkommen, wenn die beiden
Urpole ihren ursprünglichen Platz vertauscht haben. Der eine Pol

heißt Kien, das Schöpferische, es ist stark, sein Bild ist der Himmel (innerhalb der Familie repräsentiert ihn der Vater), der andere heißt Kun, das Empfangende, es ist hingebend, sein Bild ist die Erde (innerhalb der Familie repräsentiert es die Mutter). Wenn nun, im Bild gesprochen, Himmel unten und Erde oben ist, kann es zur ersehnten Einung, die den Frieden bringt, kommen. Denn der »Himmel« ist ausgezeichnet durch eine Strebung nach oben, die »Erde« hingegen durch eine solche nach unten. Bleiben sie auf ihren Ausgangsplätzen, so streben sie auseinander und verlieren sich. Wechseln sie dagegen ihre Positionen, dann streben sie aufeinander zu und einen sich: das ist Friede. In der Einfachheit dieses Friedenszeichens Tai erhellt sich wahrscheinlich der ganze Weltlauf auch für das religiöse Verständnis: Gott muß »schwach« werden und die untere Position einnehmen, damit die »Erde« (das ist der Mensch) in die obere Position gelangen und so ihre Bezogenheit auf ihn voll entwickeln kann: das wird der Weltfriede sein. Bis dahin ist – so sieht es jedenfalls aus – noch ein weiter Weg. Aber unser Mann- und Weibsein, alles Männliche und Weibliche auf der Welt steht in dieser Gerichtetheit. Wir sind nicht zu unserem Privatvergnügen Frau oder Mann, wir stehen in uns übergreifenden Bezügen.

Auch das Abendland hat schon ganz früh – nach den Forschungen der Paläontologin Marie König vor mehr als dreißigtausend Jahren – in ähnlicher Welterkenntnis eine Weltformel gefunden: das Kreuz im Kreis. Es zeigt die zur Ruhe gekommenen gegensätzlichen Strebungen von Horizontale und Vertikale: höchste Spannung in vollkommener Ruhe. Aber auf uns wirkt meist das Kreuz starrer als das chinesische Fischblasenzeichen mit seiner Dynamik. Zudem ist das Kreuz in den letzten tausend Jahren Christentum immer einseitiger zu einem puren Leidenszeichen verengt worden. Aber grundsätzlich wird auch in den beiden Kreuzstrebungen wie im chinesischen Zeichen die Grundpolarität von Licht-Himmel-Schöpferischem–Männlichem–Göttlichem und Schattigem–Erde-Weiblichem–Empfangendem–Menschlichem dargestellt. Und die Gesetzlichkeit dazu. Denn Männliches ohne Bezogenheit auf das Weibliche kann sich nicht entwickeln und Weibliches im eigenen Saft ebensowenig (deshalb sind ja auch beide Potenzen in jedem Menschen angelegt). Licht ohne Dunkel verliert sich genauso ins

Nichts wie Höhe ohne Tiefe, Erde ohne Himmel, Schöpferisches ohne Empfangendes und schlußendlich: auch das Göttliche – oder christlich: Gott – hat sich offenbar im Hervorbringen der Welt und ihres Repräsentanten des Menschen für die Liebesbeziehung zu Welt und Mensch entschlossen. Anders ist dieses Werben um den Menschen, das alle biblischen Schriften durchzieht und in Jesus ansichtig geworden ist, gar nicht zu verstehen. Der Sinn der Welt liegt in Eros als dem Kraftfeld zwischen Himmel und Erde. So bestimmt er alle Dimensionen von Leben und Sein. Und wir mit unseren erotischen Beziehungen sind – ob wir es nun wissen oder nicht – in dieses uns übersteigende erotische Kraftfeld eingebunden, in dieses Liebesspiel einbezogen, haben dort unseren Part – wie immer er geartet sein mag – mitzuspielen. Nur das gibt Lebensbefriedigung – denn der Urheber von allem hat die Welt in der Liebe begründet. Er hat ihr in allem diese Anziehung und das magnetische Kraftfeld eingeprägt. Kreuzsymbol genauso wie Tai-Gi-Zeichen bringen diese Wahrheit anschaulich zur Darstellung. Weise ist, wer das weiß und sich darauf einstellt. Das Ziel dieser Bezogenheit des Unterschiedlichen aufeinander ist immer die Einung in Harmonie; in unserer Sprache hat sich dafür das Wort »Hochzeit« entwickelt. Hochzeit als Einswerdung ist das Ziel der Welt. Wenn Himmel und Erde, Schöpfer und Geschöpf, Geist und Fleisch, Sinnliches und Übersinnliches, Licht und Schatten in eine Liebeseinung geraten, dann wird sich endlich erfüllen, was in allem angelegt ist und von uns momentan immer noch nur in Kümmerformen gelebt werden kann. Nicht zufällig beginnt Jesus sein Wirken in der Öffentlichkeit auf einer Hochzeit. Nicht zufällig vergleicht er das »Reich der Himmel« mit einem Hochzeitsmahl. Nicht zufällig faßt Johannes, der Schreiber der Geheimen Offenbarung, das Ende aller Leiden, aller Kämpfe und Halbheiten dieser Weltzeit in den Satz: »Gekommen ist die Hochzeit des Lammes. Die Braut hat sich schön gemacht« (Offb. 19,7f).

Das ist nicht nur jüdisch–christliche Offenbarung oder chinesische Weisheit – auch sonst war die Menschheit von dieser Wahrheit durchdrungen. Ihren bereits entwickelten Möglichkeiten entsprechend haben fast überall auf der Welt Völker diese »Hochzeit« am Himmel gesehen. Die Sonne, die Helle, Strahlende geht in Konjunktion (in die Liebesvereinigung) mit dem Mond, dem matteren

Nachtgestirn – oder auch umgekehrt: der Sonnengott, der starke Held und Lebenbringer, geht in die Vereinigung mit seiner Braut, der silbrigen Mondgöttin. Jeden Monat einmal ist das am Himmel erkennbar. Es sind die dunklen Nächte auf der Erde, wenn Neumond ist und das Abnehmen des Mondes tödlich besiegelt und seine Wiedergeburt in dieser Konjunktion vorbereitet wird. Jeweils lange geschichtliche Phasen im Leben der Völker sind vom Mitleben mit den Hauptgestirnen (– die Menschen erlebten sie nicht als tote Körper da oben, sondern als lebendige Wesen –) bestimmt worden. In lebendiger Nachahmung wurden die Hochzeitsfeiern der Menschenpaare häufig auf die Neumondtage gelegt. Denn – so lautet eine alte Weisheit – was am Himmel geschieht, hat auch auf Erden seine Entsprechungen, also wird es gut sein und Glück bringen, in den Neumondtagen Hochzeit zu feiern.

III. Niederschlag in Märchen

Von Afrika belegt Leo Frobenius die Hochzeit des Mondes mit dem Morgenstern und dem Abendstern als Frauen. Ein alter Priester hat ihm diese mythische Erzählung mitgeteilt. Frobenius legt auch die spätere Märchenfassung vor, die sich die Leute noch erzählt haben. In dieser ist von den Gestirnen nicht mehr die Rede. Aber der Held wird mit einem »Muttermal in Form des Mondes auf der Stirn« geboren. Den beiden Frauen ist ihre astralmythische Herkunft nicht mehr anzusehen – jedenfalls nicht für den Europäer – und dennoch ist bei Kenntnis der Mythe der Zusammenhang evident.

Auch in unseren europäischen Märchen könnte es sich gelegentlich um weitererzählte Gestirnsmythen handeln, die in einer neuaufgehenden Epoche verändert, weil nicht mehr verstanden worden sind. Wenn in den Varianten zu Amor und Psyche die Braut des Tierbräutigams den ganzen Tag allein verbringen muß (im griechischen Märchen »Marula« heißt er auch noch Helios!) und der Geliebte nachts für sie nicht sichtbar wird, so läßt sich durchaus an eine astralmythische Herkunft denken. In der Fassung von Apuleius wird zudem noch ausdrücklich die Venus als Mutter des Tierbräutigams erwähnt – noch ein Indiz mehr für mythische Zusammenhänge. Im norwegischen Märchen »Östlich von der Sonne und westlich

18

vom Mond« sind immerhin noch die Namen der Hauptgestirne erhalten.

Wie immer die Wege ausgesehen haben, auf denen sich in unseren noch erhaltenen Volksmärchen Reste von Menschheitsüberlieferung erhalten haben, im Zuge des allgemeinen Individualisierungsprozesses hat sich das Erzählen inzwischen auf die Liebesbeziehung von zwei Menschen beschränkt. Jedoch muß festgehalten werden, daß die beiden erzählten Personen, in denen sich das Urprinzip Weiblich und das Urprinzip Männlich inkarniert hat, immer noch Figuren (oder »Bilder«) sind, die sich der Festlegung auf einen bestimmten konkreten Mann und eine bestimmte konkrete Frau entziehen. Sie bleiben »Figuren«, die für das Weltgeschehen überhaupt typisch sind. Das ist auch ihr Reiz und darin liegt ihre faszinative Kraft. Denn Einzelschicksale haben keine allgemeingültige Bedeutung – sie können tief betroffen machen, sind aber nicht unbedingt transparent auf die dem Weltlauf vorgegebenen Bahnen. So erzählen Märchen keine »Liebesgeschichten« im üblichen Sinn. Diese gehören anderen Gattungen des Erzählens oder der Literatur an. Persönliche Liebeserfahrungen als Geschichte dargeboten, verlieren sich viel zu sehr in Details, die – aufs Große Ganze gesehen – unerheblich sind. Die Überlieferung der Volksmärchen aber hat sich bis an den Anfang des vorigen Jahrhunderts am Großen Ganzen orientiert. Auch die Brüder Grimm haben trotz sprachlicher Redaktion diese Dimension nicht angetastet – das hat ihnen ihre Intuition verboten, mit der sie die Märchen als Dokumente und Urkunden betrachtet haben, bedeutungsvoll für »Poesie, Mythologie und Geschichte«.

Es bleibt also festzuhalten, daß bis in die Grimm'sche Märchenfassung hinein und -- in ihrer Nachfolge – in die Märchensammlungen der Völker von Eros und Liebe nicht als individueller Liebesbeziehung erzählt wird, sondern vom überindividuellen Weltphänomen des Eros und der Liebe überhaupt. Je archaischer die Fassungen sind, um so deutlicher tritt das zutage. Wenn sich moderne Schriftsteller verändernd an die Märchen heranmachen, übersteigen sie regelmäßig diese Schwelle. Dann werden aus den Märchen x-beliebige Geschichten – die unter Umständen reizvoll sein können, aber die Dimension des Allgemeingültigen einbüßen. Wahrscheinlich aber haben die Volksmärchen heute nur deshalb wieder eine stärkere Wirkung, weil sie der gängigen »Hypertrophie des Individuellen« (Alfons Rosenberg) nicht verfallen sind, sondern mehr wissen über die Weltzusammenhänge. Bei aller Veränderung, die ihnen im Lauf der Menschengeschichte widerfahren ist, erzählen sie immer noch von der Urpolarität des Lebens und der Welt – in Bild und Gleichnis. Es könnte sein, daß sie aus diesem Grund noch einmal für die Menschheit von Bedeutung sein werden, wenn das Hypertrophe, weil zu wenig lebensfähig, abgebaut werden muß.

Eros und Liebe sind die Angeln, in denen die Welt hängt. Und es gibt kaum andere Geschichten, die so einfach sind wie die Märchen und dennoch so eindrücklich, indem sie Durchblick in alle Dimensionen menschlichen Fassungsvermögens zulassen.

Lutz Röhrich

EROTIK UND SEXUALITÄT IM VOLKSMÄRCHEN

Ehe wir uns dem Thema »Erotik und Sexualität im Volksmärchen« nähern, sollten wir vielleicht in ein paar Sätzen versuchen, die Begriffe zu definieren.

1. *Erotik* gehört zum griechischen Wort *eros*, das die Liebe und – personifiziert – den Gott der Liebe meint. Wir grenzen *Erotik* ab gegen 2. den Begriff *Liebe,* der auch Kindesliebe, Mutterliebe, Nächstenliebe, Gottesliebe meint und als geistig-seelische Verbindung von allem Körperlichen abstrahieren kann.

Wir setzen 3. *Erotik* ab gegen die bloße *Sexualität. Sexus* ist der Trieb der Geschlechter zueinander. Nicht jeder Geschlechtstrieb läßt sich in Erotik veredeln. Aber andererseits gibt es keine Erotik ohne Geschlechtstrieb. Erotik setzt die Geschlechtersehnsucht voraus. Im Unterschied zur Sexualität, dem geschlechtlichen Triebverhalten, hat Erotik immer etwas mit seelischen Empfindungen und ihrer bewußten wechselseitigen Äußerung, d. h. mit Kommunikation zu tun. In diesem Sinne umschreibt Erotik ein spezifisch menschliches Verhalten – es gibt keine Erotik in der Tierwelt. Mit anderen Worten: Erotik bedeutet immer auch »Liebeskunst«, *Ars amatoria,* und zwar in einem doppelten Aspekt: als Verfeinerung und Sublimierung bloßen Triebverhaltens für das Individuum und als im

20

weitesten Sinne künstlerische (spielerische, metaphorische oder symbolische) Umsetzung, Auswirkung, Beschreibung, Darstellung und Vermittlung von Sexualität, wie sie sich in Bräuchen, in der Folklore, in Kunst und Literatur, und eben auch im Märchen manifestiert. Erotik ist durch die Phantasie überhöhte, sublimierte Sexualität. Das heißt, Erotik bedeutet eine quantitative und qualitative Erweiterung der Sexualität und deren Entfaltung zur zwischenmenschlichen Beziehung auf einer höheren, kulturell-geistigen Ebene.

Sexualverhalten ist Kommunikation, ist ein Sozialverhalten, das von kulturellen Normen bestimmt wird und dementsprechend historischem und gesellschaftlichem Wandel unterworfen ist. Dabei hat die Einstellung gegenüber dem Erotischen oft gewechselt.

Jede Epoche hat ihr eigenes Verhältnis zur Erotik, und die Entwicklung verläuft nicht geradlinig, sondern eher in Wellenbewegungen im Wechsel zwischen sinnesfreudigen und sexualfeindlichen Strömungen.

Die Geschichte der Sexualität ist die Geschichte ihres kulturellen Überbaus und oft genug ihrer Unterdrückung. Der Triebnatur entgegen stehen Religion und Arbeit. Vor allem das Christentum hatte ein nur gebrochenes Verhältnis zur Sexualität und hat sich lange auch der Erotik widersetzt, indem es den Menschen in eine permanente Konkurrenz zwischen körperlicher und religiöser Hingabe stellte. Die biblische Sündenfallgeschichte ist bereits die Geburtsstunde der Scham: was die ersten Menschen zunächst tun müssen, ist, ihre nackten Körper zu verhüllen. Fortan ist Sexualität nicht bloßer Lustgewinn, sondern dient streng genommen lediglich zum Zweck der Kinderzeugung. Sogar jede eheliche Sexualbetätigung ohne Fortpflanzungsabsicht galt als Unzucht und schwere Sünde. Außereheliche Ausübung von Sexualität wurde erst recht mit Schuldgefühlen beladen. Die Sündenfallgeschichte des Alten Testaments begründet außerdem die Identifizierung der Frau mit dem Bösen und ihre entsprechende Abwertung und Geringschätzung durch die Jahrhunderte. Spätere Volkserzählungen haben diese Idee z. T. noch ausgebaut und verstärkt. In manchen märchenhaften Ausschmückungen des biblischen Schöpfungsberichtes wird sogar von einem geschlechtlichen Verkehr Evas mit dem

Teufel berichtet. Daher, so folgern die Erzähler, komme die ganze Unmoral in unserer heutigen Welt, denn – so ein Erzähler aus der Zips – »die Eva hat auch nit können anders als die anderen Weiber, hat sich hingelegt mit dem Teufl, weil einen anderen Mann wie den Adam hat sie ja nit können haben«.

Es ist schon sehr interessant, daß zahllose erotische Volkserzählungen sich an die Paradiesgeschichte anschließen, so z. B. Erzählungen über die Entstehung der Genitalien, über den Bartwuchs des Mannes oder über die Entdeckung und erste Benutzung des Feigenblattes. Es sind phantastische Erweiterungen des biblischen Genesis-Berichtes, oft schwankhaft-märchenhafte Ätiologien, was natürlich damit zusammenhängt, daß das erste Kapitel der Bibel selbst schon eine Aneinanderreihung von ätiologischen Erzählungen bietet, die beispielsweise erklären, warum die Arbeit oder wie der Sonntag entstanden ist, warum die Frauen Kinder gebären und die Männer im Schweiße ihres Angesichts das Feld bestellen müssen[1]. In einem Schöpfungsmärchen aus Ungarn heißt es:

Als Gott der Herr den Menschen erschaffen hatte, war dessen Brust und Bauch offen. Weil er aber der Meinung war, daß es besser wäre, wenn all das verborgen wäre, gab er der Eva und dem Adam je einen Gulden, um damit Bindfaden zu kaufen. Adam hat zwei Ellen gekauft, damit schnürte er sich ein, so daß ein Stück übrigblieb und einige Knoten. Eva aber hat sich etwas zum Naschen gekauft, so daß für Bindfaden nicht mehr viel Geld übriggeblieben ist – darum reichte der Faden nicht, und so hat Eva unten einen Spalt behalten.

Hier kann man auch die Erzählung von der Entstehung des Bartes und der Genitalbehaarung anfügen:

Um Eva mehr Respekt einzuflößen, bekommt Adam von Gott einen Bart. Er muß sich an einem Bach das Gesicht waschen, und überall dort, wo er sich mit dem Wasser benetzte, wuchsen ihm Haare; schließlich auch dort, wo er sich die nassen Hände am Körper und zwischen den Beinen abstreift. Eva sucht es ihm gleichzutun. Aber kaum hatte sie die Hand naß gemacht, wurde sie von einer Biene zwischen den Beinen gestochen. Sie griff mit der nassen Hand nach jener Stelle, und sofort wuchsen ihr dort Haare. Alle anderen Glieder Evas blieben unbehaart.

Wo findet man solche Erzählungen? Erotische Folklore ist von der volkskundlichen Sammeltätigkeit des 19. Jahrhunderts weitgehend ausgeklammert worden. Die Beschäftigung mit ihr ist nicht zufällig erst eine Entdeckung des 20. Jahrhunderts und eine Folge der sexuellen Revolution. Sammler und Erforscher erotischer Folklore sind z. T. sogar von ihren eigenen Gewährsleuten verdächtigt worden. Richard Wossidlo, der berühmte Sammler mecklenburgischer Märchen, wurde von einem alten Schäfer charakterisiert als der Mann, »de hier de ollen Utdrück upschräwen hett un de Swinerien.« Die meisten Forscher wagten es gar nicht, ihre Aufzeichnungen an erotischer Folklore zu veröffentlichen oder sie kaschierten ihre Erhebungen vorsichtigerweise unter dem wissenschaftlichen Deckmantel lateinischer oder griechischer Umschreibungen als *Kryptadia, Anthropophyteia, Futilitates, Latrinalia* oder *Maledicta.* Sie wichen damit in wissenschaftliche Spezialorgane aus, die z. T. noch heute in den Bibliotheken unter Verschluß gehalten werden – dies allerdings nicht nur wegen ihres möglicherweise anstoßerregenden Inhalts, sondern auch wegen ihrer bibliophilen Seltenheit. Berühmte Kollektionen erotischer Folklore, wie die von Aleksandr Nikolaevič Afanas'ev und Peter Christian Asbjørnsen sind erst postum als Buch veröffentlicht worden. Was Johann Romuald Bünker an erotischen Erzählungen des Straßenkehrers Tobias Kern in seinen Heanzischen Erzählungen aus dem Burgenland uns vorenthalten hat, hat er separat in der »Anthropophyteia« veröffentlicht. Wilhelm Wisser veröffentlichte seine »Plattdeutschen Volksmärchen« zusätzlich voch in einer *Ausgabe für Erwachsene.* Wegen der Tabuierung des Sexuellen wurde erotische Sinnlichkeit aus den Sammlungen von Folklore weitgehend verdrängt. Charakteristisch ist es, daß das »Handwörterbuch des Märchens« zwar einen Artikel *Ehe* enthielt, aber keinen Artikel *Erotik.* Die Prüderie gegenüber erotischen Motiven reicht bis zu Stith Thompsons sechsbändigem Motif-Index, der für den erotischen Humor und Witz noch nicht einmal eine Seite vorsieht. Auch das »Standard Dictionary of Folklore, Mythology and Legend« (New York 1972) enthält keinen Artikel *Erotic Folklore* oder ein entsprechendes Äquivalent.

Erst seit der Mitte der 60er Jahre unseres Jahrhunderts ist das Interesse an den Formen des menschlichen Sexualverhaltens außerordentlich gewachsen, insbesondere in den Disziplinen Psychologie, Soziologie und Anthropologie, aber auch im Bereich der Folkloristik. Die Frage nach der Erotik im Märchen findet höchst unterschiedliche Beantwortung. Geht man von einer wörtlichen Bedeutung der Quellen – etwa vom Korpus der Grimm-Sammlung – aus, so könnte man zur Ansicht gelangen, das Märchen kenne keine erotische Darstellung. Glaubt man dagegen manchen Märchendeutern, insbesondere den Psychoanalytikern unter ihnen, so erscheint das Märchen gar als eine hochgradig erotische Erzählung. Läßt sich dieser Widerspruch erklären oder auflösen?

Bleiben wir zunächst beim Wortlaut der Texte und lassen die Deutungen beiseite. Obwohl das Märchen *Wunscherfüllungsdichtung* ist, obwohl – nach der Statistik – über 70% aller Zauber-und Novellenmärchen von der Gewinnung eines Partners, einer Braut bzw. eines Bräutigams handeln und mit der Hochzeit schließen, ist das Märchen doch zumeist alles andere als eine erotische Erzählung. Als Werbungs- und Liebesgeschichte hätte das Märchen zwar mannigfachen Anlaß zur Darstellung erotischer Szenen, aber es macht davon so gut wie keinen Gebrauch, und man wundert sich, daß erotisch-sexuelles Verlangen in ihm eine so geringe Rolle spielt. Dabei gibt es zahlreiche Märchenszenen, die leicht erotisch ausgestaltet werden könnten, z. B. wenn der Märchenheld durch List unbemerkt in das Gemach der Königstochter dringt oder wenn die Prinzessin, um die Lösung eines Rätsels zu erfahren, sich in das Schlafgemach des Freiers begibt, oder wenn sich ein Mädchen bei ihrer Rivalin drei Nächte bei ihrem Geliebten erkauft. Bei allen diesen im Grunde hocherotischen Vorgängen entbehrt die Märchenerzählung in der Regel jeder Pikanterie. Das Märchen erzählt zwar von der Hochzeit als End- und Höhepunkt des Geschehens, aber nie von Hochzeitsnächten, und wenn, dann haben die Hochzeitsnächte des Märchens wenig mit Sexualität zu tun. Das Märchen kennt, wie schon die höfische und heroische Epik (Tristan, Siegfried), das Keuschheitssymbol des blanken Schwerts, das zwischen Mann und Frau als Zeichen der jungfräulichen Integrität gelegt wird (z. B. KHM 60). Aber von einer knisternden Erotik ist da nichts zu spüren; eher hat man das Gefühl, daß sich auch ohne Schwert nichts Aufregendes ereignen würde. Betten sind im Märchen wirklich nur zum Schlafen da, nicht zum Beischlaf.

Das gilt für den gesamten Komplex der mit der Erlösung verbundenen erotischen Handlungen. Dornröschen wird zwar durch einen Kuß vom Zauberschlaf erlöst, aber mehr geschieht – jedenfalls in KHM 50 – nicht. Auf Sexuelles ansprechende Szenen schildert das Märchen nur mit der größten Zurückhaltung. Der treue Johannes (KHM 6, AT 516) nimmt beim ersten Tanz auf der Hochzeit des Königs dessen Braut in eine Kammer beiseite und saugt drei Blutstropfen aus ihrer Brust. Von sprechenden Raben weiß er, daß nur so die Königstochter am Leben erhalten werden kann. Es wird nicht gesagt, warum der treue Johannes zum Tod am Galgen verurteilt wird, aber seine Schuld besteht ja wohl darin, daß er sich der Braut seines Landesherrn in unsittlicher Weise genähert hat. Dennoch vermeidet das Märchen alles, um diese Szene als eine erotische oder gar lüsterne erscheinen zu lassen, obwohl sie dem König und den Richtern doch so erschienen sein mußte; sonst hätten sie nicht zu einem derart harten Urteil gelangen können.

In AT 850 soll der Held die Merkmale der Prinzessin erraten, und es gelingt ihm, die Prinzessin entblößt zu sehen: sie hat auf einer Brust eine Sonne, auf der anderen den Mond. Aber wenn der Schweinejunge von der Königstochter verlangt, daß sie ihren Busen enthülle und dann, daß sie das Knie aufdecke, regt sich weder bei ihm noch bei ihr das leiseste erotische Gefühl. Das Märchen macht daraus keine Striptease-Szene, ebensowenig im Märchen von der klugen Bauerntochter (KHM 94, AT 875). Wenn sie *splinternackend,* nur mit einem Netz bekleidet ankommt, geschieht das ohne Sensationslust. Der König heiratet sie nicht, weil ihn diese Kostümierung in Wallung gebracht hätte, sondern weil sie die Rätselfrage *nicht nackt und nicht gekleidet* vor ihm zu erscheinen, erfüllt hat. Auf die Möglichkeit der erotischen Ausmalung verzichtet das Märchen.

Die Beobachtung der badenden Schwanenjungfrau (AT 400), die ihr Gefieder abgelegt hat, erfolgt ohne exhibitionistisches Engagement. Nur der Diebstahl der Schwanengewänder ist wichtig. Der beim Baden überraschten übernatürlichen Frau werden die Schwanenkleider weggenommen, so daß sie nicht mehr entfliehen kann und in ihrer Nacktheit dem Helden ausgeliefert ist, doch nützt das Märchen auch diesen Vorgang nicht zu einer erotischen Szene. Nicht, was der Held mit der nackten Dame tut, interessiert, sondern nur, wie diese im Laufe der Geschichte wieder in den Besitz ihres Schwanengewandes kommt. Wenn es einmal einen Anflug von

Voyeurismus gibt, muß er hart gebüßt werden, so in einem niedersächsischen Märchen. Hier muß der Held eine sechsjährige Probe seiner Geduld ablegen, weil er, entgegen dem Verbot, die Prinzessin durch das Schlüsselloch im Bade beobachtet hat.

Aber grundsätzlich gilt: die Begegnung von Liebenden im Märchen kennt keine zärtlichen Worte der Liebe.

Die Errettung einer Jungfrau macht die Heldentat des Drachenkampfes zu einer Werbungs- und Liebesgeschichte. Die Überwindung des Drachen bedeutet für den Helden Liebeserfüllung. Aber auch der Drache hat offenbar sexuelle Gelüste, wenn er vor allem auf »reine Jungfrauen« Wert legt, obwohl vom Nährwert her gesehen feiste Matronen zum Fressen geeigneter erschienen. Aber was Drachen mit den ihnen geopferten Jungfrauen vorhaben (außer sie aufzufressen), wird niemals berichtet.

Mädchen werden sorgfältig von ihren Freiern bewacht, in einen Turm gesperrt, um sie vor Männern und Schwangerschaften zu bewahren (Mot. T 381). Kein Satz handelt von ihrem Liebesverlangen oder ihren sexuellen Wunschphantasien. Liebe bleibt stets im Äußerlichen. Wenn jemand krank vor Liebe ist, so bleiben Gefühle außer Betracht, oder sie werden unterkühlt. Jemand *lieb wie das Salz* zu haben, ist beispielsweise eine solche enterotisierende Metapher, mit der aber doch gleichzeitig eine höchste Stufe von Liebe umschrieben wird.

Worin liegen die kulturhistorischen Hintergründe für solches Verhalten? Mehrere Antworten sind denkbar. Die Entsexualisierung des Märchens, die Verdrängung des Erotischen, die Sublimierung der körperlichen Liebe, die Umsetzung von Gefühlen in Handlung kann als bewußtes Stilprinzip des Märchens verstanden werden. Dabei wäre allerdings noch sehr genau zu prüfen, wie weit dieser Stil den Gewährsleuten selbst unterstellt werden darf oder wie weit er auf das Konto bewußter Bearbeitung und Verharmlosung der Texte durch die Bearbeiter und Herausgeber geht und – in beiden Fällen – einer bestimmten Zeitströmung, etwa der Prüderie des 19. Jahrhunderts, anzulasten ist.

Aber auch die realen gesellschaftlichen Verhältnisse der Märchenerzähler wären zu bedenken. Auch wenn das Märchen von königlichen

Verhältnissen redet, geht es im Grunde immer vom alltäglichen Milieu seiner Erzähler aus. Und das gilt auch für die Sexualität. In primitiven Wohnverhältnissen, in kalten Schlafkammern, auf dem Ofen oder in engen Alkoven, in denen die ganze Familie schlief, mag sich wenig genug an Erotik abgespielt haben. Nach harter Tagesarbeit und bei karger Ernährung wird in den Nächten auch wenig Zeit und Lust gewesen sein, das Geschlechtsleben von der Befriedigung des Fortpflanzungstriebes zur Erotik weiter zu entwickeln. Wie das handlungsorientierte Märchen sich zu keiner Liebesszene Zeit läßt, so dürfte auch das Leben seiner Erzähler hierfür wenig Muße gelassen haben.

Erotische Liebesspiele gehören wohl ganz sicher erst einer verfeinerten Gesellschaft zu. Eine solche Erklärung aus dem Prozeß der Zivilisation, der die Entdeckung der Erotik unter der ländlichen Bevölkerung erst als ein Phänomen beschreibt, das mit Kulturverspätung auftritt, ist aber nur bedingt richtig. Sie wird widerlegt durch massive Erotik in anderen Folklore-Genres und durch die Aufzeichnung erotischer Märchen selbst.

In einem noch unveröffentlichten, von Marianne Klaar aufgezeichneten neugriechischen Märchen dürfen sich die drei Söhne eines dem Sterben nahen alten Königs eine Gnade erbitten. Der Älteste wünscht sich als Inhalt des väterlichen Segens, daß er im Faustkampf immer der Sieger bleiben möge. Der zweite will im Ringkampf immer der Erste sein. Der Jüngste will mit seinem Wunsch zuerst lange nicht herausrücken in der Befürchtung, der Vater könne ihm diese Gnadengabe ohnehin nicht verleihen. Schließlich sagt er: »Ich wünsche mir, daß ich mich 40mal mit einer Frau hinlege und mein Glied steht hinterher noch aufrecht und unversehrt.« Deshalb heißt die Überschrift dieses Märchens auch »Der Vierzig-Bein«. Und der weitere Verlauf der Erzählung schildert dann die Abenteuer und Komplikationen, die dieser superpotente Königssohn mit der entsprechend fünfmalschönen Tochter eines anderen Königs hat – kein Schwank übrigens, sondern ein wirkliches Zaubermärchen, entsprossen der Männerphantasie eines 66jährigen Erzählers. Daß eine Frau dieses Märchen aufzeichnen konnte, dazu eine Ausländerin in einem konventionell männerorientierten griechischen Dorf, finde ich sehr beachtlich.

Nur sind solche Erzählungen eben höchst selten veröffentlicht worden. So auch diese. Aber es gibt diese erotischen Märchen.

Ebenfalls in den Balkanraum weist die noch heute sehr populäre Tierätiologie »Warum der Esel i-ah schreit«. Als der Liebe Gott die Welt erschuf, da war der Esel das letzte Tier. Die vorhandenen Fertigteile reichten für ihn nicht mehr aus. So mußte sich der Esel mit einem Paar viel zu langer Ohren und einem Genitale zufrieden geben, das für seine Gestalt viel zu groß war. Als der neugeschaffene Esel an einem See zum ersten Mal sein Spiegelbild sah und seine langen Ohren entdeckte, rief er voller Ekel: »ih!« Als er aber seinen Penis erblickte, tröstete er sich mit einem genüßlichen »ah!« Seitdem sagt der Esel: »i-ah!«[2]

Im Prinzip kann jedes harmlos-naive Märchen auf eine erotische Weise umerzählt werden. Dies geschieht nicht nur bei pornographischen Bearbeitungen, sondern durchaus im Bereich der mündlichen Überlieferung selbst. Bestimmte Märchen fordern eine solche Umerzählung geradezu heraus. In AT 750A (KHM 87) beziehen sich die drei törichten Wünsche, die nachher revidiert werden müssen, meist auf gutes Essen oder schöne Kleider. Es gibt aber auch Varianten, in denen sexuelle Wünsche ausgesprochen und – gar nicht zur Freude der Beteiligten – prompt erfüllt werden. In den Märchen von 1001 Nacht wünscht sich eine sexuell frustrierte törichte Frau, daß der Penis ihres Mannes wesentlich größer werde. Als ihr Wunsch sich erfüllt, ergeben sich in ihrem Sexualleben zwangsläufig Schwierigkeiten. Da nun der Mann wünscht, von dieser Plage befreit zu sein, verschwindet sein Penis völlig, und so bleibt nach zwei töricht vertanen Wünschen nur noch die Bitte an Allah, den Mann wieder in seinen früheren Zustand zu versetzen. Die Abwandlung der »drei Wünsche« ins Erotisch-Sexuelle kommt häufig auch in Märchenparodien vor.[3] Ebenso bekannt ist auch der Märchenwitz von der schönen Fee, die einem Mann drei Wünsche zu erfüllen bereit ist. Seine Antwort lautet: »Eigentlich habe ich nur einen einzigen Wunsch, aber den gleich dreimal hintereinander!«

Die schon erwähnte Erzählung vom Erraten der Merkmale der Königstochter kann durchaus zur erotisch-skatologischen Geschichte werden.[4] So in einer heanzischen Erzählung von Hansel, dem Bauernsohn, der der Prinzessin nur dann ein Spanferkel verkaufen will, wenn er ihre Knie sehen darf. Am zweiten Tag verlangt er den Bauch, am dritten Tag die Brust der Prinzessin zu sehen. Obwohl Hansel die Königstochter in ungeheuerlicher Weise kompromittiert, gewinnt er sie doch zur Frau. In einem anderen Märchen soll derjenige die Königstochter zur Frau bekommen, der den größten Penis hat. Der schlaue Hansel übertrumpft alle Bewerber, weil er behauptet, ihn in mehreren verschiedenen Größen vorrätig zu haben. Das kann er auch beweisen.

Die Erzählung vom König, der nicht mehr lachen kann, wird in ihrer burgenländischen Variante zu einem erotischen Märchenschwank: durch ein paar nackte Soldaten, die einige höchst perverse Bewegungen auszuführen haben, wird der König zum Lachen gebracht.[5]

Brautproben können im Märchen durchaus als Test vorehelicher sexueller Erfahrung aufgefaßt werden. So fragt etwa der Vater seine heiratslustigen Töchter, was am schnellsten wachse. Wer die beste Antwort wisse, dürfe heiraten. Die erste antwortete: »die Kürbisse«, die zweite: »der Hopfen«, die jüngste meint: »das Ding des Knechtes« und hat damit gewonnen.

Sogar ausgesprochen sado-masochistische Züge kommen im Märchen vor. In einer zigeunerischen Version des Märchens vom »Meerhäschen« (KHM 191, AT 329) läßt die Königstochter alle Freier, die sie beim Werbungsversteckspiel findet, entmannen und zersägen. Nachdem der Held zweimal Pech gehabt hat, sagt die Prinzessin zu ihm: »Wenn ich dich zum dritten Male finde, dann will ich dir zwar das Leben schenken, dich aber entmannen lassen, denn ich will jenen Turm mit männlichen Gliedern ganz behängen, ehe ich sterbe«. Und sie zeigte ihm den Turm, der mitten im Hofe stand und mit männlichen Gliedern beinahe ganz behängt war.[6]

Alles dies sind gewiß keine Kindermärchen! Doch solche Erzählungen beweisen, daß ganz offensichtlich manche Märchensammlungen das Sexuell-Anstößige haben unter den Tisch fallen lassen und damit ein falsches oder einseitiges Bild der Volkserzählung vermitteln. Die Ursache, daß die meisten Märchensammlungen selbst ausgesprochen *kastriert* wirken, liegt sicher darin, daß das gesamte 19. Jahrhundert, dem sie großenteils entstammen, solchen unkaschierten erotischen Erzählungen einen massiven Riegel vorgeschoben hat und daß dafür die Sammlung der Brüder Grimm ein beständiges Vorbild war.

Unterschiedliche Einstellungen gegenüber der Erotik hängen natürlich auch mit der Funktion der Erzählungen und den Gewährsleuten zusammen. Sicher spielt dabei eine Rolle, daß das Märchen überwiegend von Frauen tradiert worden ist und sich gerade im 19. Jahrhundert dazu noch zur Dichtung für Kinder entwickelt hat. Wo Märchen in Männergesellschaften erzählt werden, was im Orient noch heute die Regel ist, werden derb-erotische Versionen häufiger anzutreffen sein. Bünkers Gewährsmann, dem wir eine solche Kollektion erotischer Märchen verdanken, war ein Mann, der Ödenburger Straßenkehrer Tobias Kern. Es ist weiterhin bekannt, daß noch in der zweiten Hälfte des 19. Jahrhunderts Märchen sogar in Gruppenunterkünften und Kasernen erzählt wurden und jedenfalls vorwiegend noch Erwachsenenunterhaltung waren.

Die KHM der Brüder Grimm scheinen – mindestens vordergründig – jeder Erotik zu entbehren. Dies ist auf der einen Seite eine Folge ihrer Bearbeitungstechnik und der beabsichtigten Wirkung als Kinderbuch. Sicher muß aber auch in Rechnung gestellt werden, daß die Gewährsleute der Brüder Grimm zum größten Teil dem Bürgertum entstammten. Es waren Mädchen aus bürgerlich-gutem Hause oder auch Leute protestantisch-hugenottischer Herkunft, die sich der Wiedergabe einer erotischen Erzählung gewiß geschämt hätten. In ihrer Vorrede zur Gesamtausgabe der Märchen schreiben die Brüder Grimm: »Dabei haben wir jeden für das Kindesalter nicht passenden Ausdruck in dieser neuen Auflage sorgfältig gelöscht.« Sicher wollten die Herausgeber das Märchen im Stand der Unschuld erhalten, und so haben beide Brüder (nicht nur Wilhelm) dazu beigetragen, daß die Märchen eine naive Kindlichkeit und ausgesprochen unerotische Haltung zeigen. Der Bearbeitungsstil der KHM tendiert zur vorsichtig mildernden und verhüllenden Behandlung sexueller Verhältnisse. Dies läßt sich in vielen Fällen konkret nachweisen. Deutlich eingegriffen haben die Brüder Grimm z. B. im Falle des Rapunzel-Märchens (KHM 12): Rapunzel bekommt plötzlich Zwillinge, obwohl niemand weiß, von wem und wann. Jedenfalls ist die Jungfrau im Turm (AT 310) eben eines Tages keine

Jungfrau mehr. Wie das zugeht, haben die Brüder Grimm diskret weggelassen. Noch die Erstausgabe war da sehr viel deutlicher. Dort heißt es unmißverständlich: »So lebten sie lustig und in Freuden eine geraume Zeit, und die Fee kam nicht dahinter, bis eines Tages das Rapunzel anfing und zu ihr sagte: ›Sag' sie mir doch, Frau Gothel, meine Kleiderchen werden mir so eng und wollen nicht mehr passen‹.« Allerdings erscheint Rapunzel auch hier sehr unaufgeklärt und vermutet noch nicht einmal die Gründe für ihre immer enger werdenden Kleider. Aber Freuden und Gefahren vorehelicher sexueller Beziehungen sollten nach dem Willen der Brüder Grimm in einem Märchen für das deutsche Bürgerhaus nicht vorkommen. Anstößige und frivole Stellen wurden deshalb ausgemerzt oder umgeändert,

Bei dem Märchen »Mädchen ohne Hände« (KHM 31) haben die Brüder Grimm das in der Urfassung vorhandene Inzestmotiv, daß der Vater seine Tochter begehrt, gestrichen. Gemildert haben sie es im Allerleirauhmärchen (KHM 65), während andere Erzähler im Gegensatz dazu die Schuld des Vaters eher noch zu vergrößern suchten.

Volkserzählungen, in denen sexuelle Probleme eine Rolle spielen, brauchen noch nicht notwendigerweise *erotische Erzählungen* zu sein, gerade z. B. Inzest-Märchen. Aber die Grimmschen Märchen sind geradezu asexuell und anti-erotisch; der Mensch erscheint in ihnen fast geschlechtslos. Sexuelle Szenen sind verhüllt oder jedenfalls ihrer erotischen Komponente entkleidet, wenn z. B. der Dummling der Königstochter ein Kind anwünscht oder der Drachentöter sich zum Schlaf neben die befreite Jungfrau legt oder die Prinzessin den Frosch mit in ihr Bett nimmt. Dagegen sagt der Froschkönig (KHM 1) in der Urfassung ganz unmißverständlich zur Königstochter: »Bring mich in dein Bettlein, ich will bei dir schlafen!« Und als er gegen die Wand geworfen wird, »so fiel er herunter in das Bett und lag darin als ein junger schöner Prinz; da legte sich die Königstochter zu ihm.« Andere Varianten sind zum Teil noch deutlicher: der Frosch darf drei Wochen im Bett der Königstochter schlafen. Als er zu ihr ins Bett kommt, legt sie ein Bettlaken, eine Windel oder ein Röckchen zwischen ihn und sich; oder der Großknecht muß sich zwischen beide legen, aber der Frosch springt über ihn hinweg, und sie muß ihn schließlich küssen. »Wilhelminke, ick will in e Schoot«, singt die Kröte im ostpreußischen Froschkönig-märchen; oder es wird ausdrücklich hinzugefügt, daß die beiden sich erst angezogen haben, ehe sie sich am anderen Morgen bei dem alten König meldeten.

Daß es sich beim Amor- und Psyche-Stoff einmal um einen erotischen Roman gehandelt hat, das merkt man seinem Grimmschen Nach-fahren, dem Märchen vom singenden springenden Löweneckerchen (KHM 88), nicht mehr an.

Die Brüder Grimm haben die Märchen nicht nur bewußt in einem kindertümlichen Ton gehalten und sie einem entsexualisierenden Purifizierungsprozeß unterzogen; zweifellos haben sie selbst die Märchen auch ganz naiv aufgefaßt, wenn sie im Vorwort zu ihrer Sammlung schreiben: es »geht innerlich durch diese Dich-tungen jene Reinheit, um derentwillen uns Kinder so wunderbar und selig erscheinen; sie haben gleichsam dieselben blaulich-weißen, makellosen, glänzenden Augen.« Daß dies nicht unbedingt auch die Auffassung der Zeitgenossen war, beweist die Debatte zwischen Achim v. Arnim, Wilhelm und Jacob Grimm über das Märchen von der Frau Füchsin (KHM 38), der Erzählung vom Fuchs mit den neun Schwänzen, in denen Arnim ein Zeichen »frz. Muthwillens« sieht, während Wilhelm Grimm sich gegen eine »liederliche Auslegung« dieses Märchens wehrt und die Meinung vertritt, daß dieses Märchen »Kinder eben so unschuldig hören, als Frauen erzählen.« Noch leidenschaftlicher ist Jacobs Zurück-weisung einer sexuellen Anspielung. Er möchte »schwören, daß es rein und unschuldig sei. Wer anderes hineinlegt, legt eine sündliche Ansicht hinein.« Arnim rechtfertigt sich und meint, nur die deutsche Version sei »ins Keusche umgesetzt« und für die französische Fuchssage »ihre Unschuld schwer zu beweisen.« Die Antwort Arnims zeigt vollauf, wie weit Jacob Grimm von der Kindlichkeit der Märchen überzeugt war. Und auch Wilhelm Grimm glaubte an die *Reinheit* und *Unschuld* der Märchen.

Es muß der Aktivität unserer Grimm-Philologen überlassen bleiben, festzustellen, wie weit die Persönlichkeitsstruktur der Brüder Grimm Anteil an dieser Bearbeitungstechnik und Enterotisierung der Kinder- und Hausmärchen gehabt haben kann.

Im umfangreichen autobiographischen Werk der Brüder Grimm oder in den 4000 Briefen, die uns von ihnen erhalten sind, ist von Liebe nicht eigentlich die Rede. Und über Liebe wird auch in den Grimmschen Märchen nicht geredet. Wir wissen von den Kontaktschwierigkeiten insbesondere Jacob Grimms, von seiner Partnerlosigkeit und von seinen Beziehungsschwierigkeiten zu Frauen, daß er im Haushalt des Bruders lebte und im Grunde nur mit der Philologie verheiratet war. Wir wissen aber andererseits auch, daß die Grimms in den nicht zur Veröffentlichung bestimmten und erst jetzt, 1985, veröffentlichten Niederschriften von Volksliedern nicht beschönigend oder verkindlichend eingegriffen haben.

Es handelt sich nämlich beileibe um keine »Kinder- und Hauslieder«. Die Lieder handeln nicht nur von harmlosen Dingen, sondern auch von Verführung und außerehelicher Schlafbuhlschaft, von Vergewaltigung und verlorener Jungfernschaft, von Nacktheit und in flagranti ertapptem Ehebruch, von Schwangerschaft und Wochenbett, oder von den sexuellen Nöten von Klosterfrauen. Da ist auch die Rede von geilen Mädchen, von begehrlichen Pfaffen und von impotenten Männern. Da stehen deftige bayrisch-österreichische Schnaderhüpfel neben amourösen französischen Liedern, spanischen Schäfer-Romanzen und mittelalterlich-lateinischen Vulgärliedern.

Stilistisch gibt es einerseits typische Volksliedmetaphern, die doch nichts verbergen, weil ohnehin jeder sie in ihren Klartext auflösen kann, wenn Liebespaare ins Gras oder in die Pilze gehen, ins Heu steigen oder zusammen Haber säen. Andererseits gibt es neben Verblümtem auch ganz Unverblümtes, das ungeschönt und nicht purifiziert geäußert wird. Da fallen manchmal derbste Ausdrücke (wie Rotz, Pisse und Ficken) – recht ungewohnte Töne bei den Grimms!

Aber man muß eben auch in Rechnung stellen, daß die Brüder Grimm selbst diese Lieder niemals publiziert haben, sondern ihre Veröffentlichung einer weniger prüden Zeit vorbehalten blieb. Hätten die Brüder Grimm selbst diese Veröffentlichung besorgt, wäre vielleicht manches unter den Tisch gefallen.

Einen völlig anderen Zeitstil zeigt das französische Märchen der Aufklärungszeit. Im französischen literarischen Feenmärchen des

17./18. Jahrhunderts herrscht eine galante Auffassung der Liebe. Insbesondere gibt es bei Charles Perrault eine sehr viel erotischere Erzählweise, die vom kindlichen Grimm-Bearbeitungsstil stark abweicht und sich ausgesprochen an erwachsene und aufgeklärte Zuhörer und Leser wendet. Ein gutes Beispiel bietet der Vergleich von Perraults *Le petit Chaperon rouge* und Grimms *Rotkäppchen* (KHM 26, AT 333). Schon in der Wortwahl kommt die Erotik in der französischen Fassung klar zum Ausdruck. Sexualität wird als animalisch dargestellt. Der Wolf hat die Großmutter aufgefressen und sich in ihr Bett gelegt. Nun betritt das kleine Mädchen das Zimmer der Großmutter. Unverblümt fordert der Wolf die Kleine auf, sich zu ihm ins Bett zu legen: »Viens de coucher avec moi.« (»Rotkäppchen zog seine Kleider aus und legte sich ins Bett. Es staunte, wie seine Großmutter ohne Kleider aussah.«) Um solche Peinlichkeiten den deutschen Kindern zu ersparen, muß sich der Wolf bei Grimm partout in die Kleider der Oma zwängen – sonst wäre er gegenüber Rotkäppchen *nackt* gewesen. Das Kind fragt bei Grimm auch nicht nach den behaarten Armen oder Beinen des Wolfes unter der Bettdecke, sondern anständigerweise nur nach dem, was aus der Bettdecke herausragt, nach Ohren, Augen und Händen. Kurz: das Grimmsche Märchen duldet keinen unbekleideten Wolf im Bett. In Perraults Moral wird dagegen der Wolf deutlich mit den menschlichen Verführern gleichgesetzt. Offen warnt der Autor vor den männlichen Wölfen, die die Mädchen schmeichlerisch verführen. Moral:

Man sieht hier, daß die jungen Leute
und im besonderen die kleinen Mädchen
– so hübsch gewachsen, schön und lieb –,
sehr schlecht dran tun, wenn sie auf jeden hören:
nicht selten ist's der Wolf, der sie dann frißt.
Ich sage ›Wolf‹; jedoch nicht alle Wölfe sind sich gleich.
Es gibt die von gewandtem Wesen,
die sind nicht laut, nicht rauh und wütend;
sie tun sehr zahm, gefällig und so sanft
und folgen dann den kleinen Fräulein
bis in die Häuser, in die Kammern nach.
Und ach, wer weiß nicht, daß grad diese Schmeichler
von allen Wölfen doch die schlimmsten sind.

Wir haben also bei den Brüdern Grimm eine Warnerzählung, die den Kindern mit den Gefahren im Walde droht und zwar mit der Gefahr von wirklichen Wölfen, die es in hessischen Wäldern damals wohl noch gegeben haben muß. Zugleich ist die Erzählung ein massiv didaktisches Exempel, in dem die Folgen des Ungehorsams gezeigt werden. Bei Perrault jedoch, der Vorlage der Grimms, wird nicht nur vor wilden Tieren, sondern vor dem *Wolf in jedem Manne* gewarnt. Hier spinnt auch der moderne Märchenwitz die Erzählung weiter und verfremdet die Kindergeschichte zu einem sexuellen Witz.

Aber zurück zu Perrault und seinen galant-erotischen Märchen. Auch bei der *Moralité* der *Schlafenden Schönen im Wald* (AT 410) wird erotisch gedeutet: der Zauberschlaf wird als das Warten eines jungen Mädchens auf die Defloration verstanden:

Man findet keine Mädchen mehr,
die so in Ruhe schlafen können!

und *La belle au bois dormant* ist trotz ihres hundertjährigen Schlafes auch kein Mädchen mehr, das auf die Ehe noch länger warten will. Nach einem zwei Jahre andauernden geheimen Liebesverhältnis schenkt sie noch vor ihrer Ehe dem Prinzen zwei Kinder. Ganz im Gegenteil zum Grimmschen »Dornröschen« (KHM 50) ist »La belle au bois dormant« eine Erzählung später legitimierter vorehelicher Beziehungen, wie denn auch Perrault in seinen Schluß-versen nur scheinbar resignierend und mit Augenzwinkern meint, er habe nicht die Kraft und das Herz, diesem Geschlecht Moral zu predigen.

Perrault hat aus Basile geschöpft, und es lohnt sich darum, auch diese Fassung auf den Zeitstil in der Darstellung erotischer Verhältnisse zu untersuchen. In der Dornröschen-Fassung des »Pentamerone«, *Sonne, Mond und Talia* wird die Heldin, Talia, durch eine Hanffaser in einen todähnlichen Zustand versetzt. Auf der Jagd findet ein König das Schloß und die Prinzessin. »Endlich gelangte er in das Zimmer, in welchem die bezauberte Prinzessin sich befand und rief sie, indem er glaubte, daß sie schliefe; da sie aber trotz alles sei-nes Schreiens und Rüttelns nicht erwachte, er aber von ihrer Schön-heit durch und durch erglühte, so trug er sie in seinen Armen auf ein Lager und pflückte dort die Früchte der Liebe. Hierauf ließ er sie auf dem Bette liegen und kehrte in sein Königreich zurück, woselbst er eine lange Zeit an diesen Vorfall nicht mehr dachte. Talia aber gebar nach neun Monaten ein Zwillingspaar, einen Knaben und ein Mädchen.« Noch immer ist Talia nicht aus ihrem Zauberschlaf erwacht. Erst als die Zwillinge »nun einmal wieder saugen wollten und die Brustwarzen nicht fanden, so erfaßten sie einen Finger und saugten daran so lange, bis sie die Faser herauszogen, worauf Talia wie aus einem tiefen Schlaf zu erwachen schien, den kleinen Engeln, welche sie neben sich sah, die Brust darreichte und sie lieb gewann wie ihr eigenes Leben, während sie jedoch gar nicht wußte, was mit ihr vorgegangen war.«

Hier zeigt sich kreatürliche Natürlichkeit. Von den Brustwarzen eines im Schlafe deflorierten und geschwängerten Mädchens zu berichten, wäre den Brüdern Grimm wohl kaum in den Sinn gekommen. Geschlechtsverkehr, weibliche Fruchtbarkeit, Kinderwünsche wie männliche Impotenz werden in Basiles Märchen mit Bildern umschrieben. Die Erzählung »Die Schlange« handelt von einer »Bäuerin, welche... danach verlangte, Kinder zu bekommen... Wie fleißig aber auch ihr Mann das Feld bestellen mochte, so hatte sie doch nie die Freude, die gewünschte Fruchtbarkeit zu sehen.« Angesichts einer Schlange (!), die aus einem Bündel *dürrem Holz* hervorkriecht, das ihr Mann heimbringt (!), stößt die Bäuerin einen tiefen Seufzer aus und ruft:» ... nur ich bin so unglücklich in der Welt, einen so untüchtigen Mann zu haben, daß er, obwohl ein Gärtner, dennoch nicht im Stande ist, einen Baum zu pflanzen!«

Das Pflanzen eines Baumes ist eine von Basile gern gebrauchte erotische Metapher. In blumigen Worten spricht der Verliebte: »Dies ist denn nun die Stunde, wo ich den Baum, den Amor mir in die Brust gepflanzt hat, einkerben kann, um das Manna der Liebessüßigkeit hervorzulocken; dies ist die Stunde, wo ich den Schatz, den Fortuna mir versprochen, ausgraben kann...«

In barocken Metaphern werden bei Giambattista Basiles »Pentamerone« die Stadien der Liebe geschildert: Liebeswerbung wird mit dem Angelhaken nach einem schönen Goldfisch verglichen, Liebeserfüllung häufig mit dem Bild der Ernte: »Er genoß die ersten Früchte seiner Liebe«, oder auch mit merkantilen Vergleichen vom Bezahlen einer Ware umschrieben: sie »zahlten der Natur den Zoll, den sie ihr für die Ware des Lebens schuldeten.« Die Schilderung von Frauenschönheit vermischt realistisch-rustikale, nüchterne und barock-übersteigernde Vergleiche zu einem Feuerwerk erotischer Darstellung; wie etwa die Beschreibung der dritten Fee im Märchen von den drei Zitronen.

Es zeigt sich, daß erotische Schilderungen, Unterdrückung wie Hervorkehrung sexueller Vorgänge wesentlich abhängig sind vom Zeitstil und der Moralauffassung der literarischen Märchenbearbeiter und Herausgeber, was hier nur an den Beispielen Grimm, Perrault und Basile aufgezeigt werden konnte.

Neben dem Zeitstil der Erotik sind auch Nationalstile, d. h. ethnische Unterschiede von Volk zu Volk zu berücksichtigen. Sie werden an keinem anderen Beispiel so deutlich wie bei einem Vergleich mitteleuropäischer Märchen mit den Erzählungen aus 1001 Nacht. Die Sinnlichkeit der orientalischen Märchen ist immer wieder hervorgehoben worden. Hugo v. Hofmannsthal spricht von der »erotischen Pantomime der Liebenden, die nach tausend Abenteuern endlich ein erleuchtetes, starkduftendes Gemach vereinigt.«[7] Entsprechend sind auch die Illustrationen Marc Chagalls zu den Märchen von 1001 Nacht hochkarätig erotische Kunstwerke. In der Tat bringen die Märchen von 1001 Nacht Schilderungen von Frauenschönheiten und Liebesszenen, die sich den großen orientalischen Lehrbüchern der Liebe gleichwertig zur Seite stellen. Ein Beispiel für viele: »Sie selbst trat auf mich zu, zog mich an ihren Busen und küßte mich. Auch ich küßte sie, und sie sog an meiner Oberlippe, während ich an ihrer Unterlippe sog. Dann legte ich meine Hand auf ihren Leib und streichelte sie. Und alsbald ruhten wir gemeinsam auf dem Boden; da band sie ihre Hose auf, die ihr bis zu den Knöcheln hinabglitt. Nun begannen wir zu tändeln und uns zu umschlingen, zu kosen und flüstern von zarten Dingen, zu beißen und Leib an Leib zu legen und im Umlauf um das heilige Haus und seine Pfeiler uns zu bewegen, bis ihre Glieder erschlafften und sie dahinsank und der Welt entrückt war. Fürwahr, jene Nacht war eine Freude für das Herz und ein Trost für das Auge.«[8]

Aber nicht nur Könige haben ihre Freude an ungehinderter Erotik. Auch die Wiedergabe derb-umgangssprachlicher erotischer Metaphern hat eine erotisierende Wirkung. Sie setzen voraus, daß sexuelle Beziehungen auch zwischen sozial unterschiedlichen Partnern dargestellt werden. In der »Geschichte des Lastträgers und der drei Damen« wird »eine Dame von stattlichem Wuchs... mit schwellendem Busen...« geschildert: »Ihr Mund war wie der Ring Salomos, ihre Lippen korallenrot und ihre Zähne wie eine Schnur von Perlen... Ihr Hals glich dem der Antilope, ihr Busen einem Marmorbecken, und ihre Brüste glichen zwei Granatäpfeln; ihr Leib war weich wie Samt, und die Höhle ihres Nabels hätte eine Unze Benzoesalbe gefasst.« Der einfache Lastträger kommt in das Haus dreier solch schönen Damen, und er »begann mit ihnen zu tändeln; er küßte, biß, streichelte, befühlte, betastete sie und trieb allerlei Kurzweil... als die Trunkenheit über sie herrschte, stand die Pförtnerin auf und zog ihre Kleider aus, bis sie ganz nackt war. Und sie ließ ihr Haar um ihren Leib herabfallen wie einen Vorhang und warf sich in das Bassin und spielte im Wasser... dann wusch sie sich die Glieder und zwischen den Schenkeln. Nun sprang sie heraus aus dem Wasser und warf sich dem Träger auf den Schoß und sagte: O mein Herr, wie heißt dies? indem sie auf ihren Schoß zeigte.« In gleicher Weise verhalten sich auch die zweite und dritte Dame. Der Lastträger nennt allerlei vulgäre Namen für das weibliche Genital. Alle werden von den Damen verworfen, die statt dessen metaphorische Umschreibungen bringen: »Die Krauseminze des Kühnen«, »der enthülste Sesam«, »die Herberge des Abu Mansûr«. Dann badet und wäscht sich der Lastträger seinerseits und fragt die drei schönen Damen nach den Namen für die männlichen Genitalien. Dabei verwirft er zunächst alle vulgären Namen und erklärt schließlich – auf die Metaphern der Damen eingehend: »Dies ist das Maultier, das durch alles dringt, dem die Krauseminze des Kühnen als Weide winkt, das den enthülsten Sesam als Nahrung verschlingt und in der Herberge des Abu Mansûr die Nacht verbringt.«[9]

Liebesspiele im Bade, das Auftreten von Freudenmädchen, Haremsszenen mit Lieblingsfrauen spielen in den Märchen von 1001 Nacht eine Rolle.

Die Sexbereitschaft geht in diesen Geschichten in ganz anderem Maße von der Frau aus, die ihren Körper darbietet, als dies in mitteleuropäischen Märchen möglich wäre. Dies hängt natürlich zunächst mit der Rahmenerzählung zusammen. Scheherezade erzählt allnächtlich dem Sultan Märchen, auf daß er sie nicht wie seine vorigen Frauen umbringen läßt. Jedes einzelne Märchen, das sie vorbringt, ist Mittel zum Zweck: von Nacht zu Nacht zu überleben. Die Erotik der Erzählungen hängt sicherlich auch mit den erzählerischen Funktionen zusammen: eine Frau erzählt einem Mann, der dazu noch ein unumschränkter Herrscher ist. Aber das orientalische Märchen ist ja bis zum heutigen Tag alles andere als ein Frauenmärchen. Es wird von Männern und für Männer erzählt und es schildert, was Männer sich von Frauen versprechen: orientalische Männerphantasien. Das Märchen hat dabei deutlich sexuelle Ventilfunktionen, und die sich entblößende Frauenschönheit der Erzählungen steht im krassen Gegensatz zu den tiefverschleierten Frauen und zu den realen Sexualpraktiken der islamischen Welt.

Wir haben in den vergangenen Jahren mehrfach in Pressemeldungen gelesen, daß militante islamische Sittenhüter im Iran, aber auch in Ägypten, Nachdruck und Verkauf der Märchen aus 1001 Nacht unterbunden haben, weil diese Märchen die öffentliche Moral untergrüben und als Instrumente der Zerstörung der Volksseele eine Gefahr darstellten.

»Unfaßbar«, entsetzte sich ein Mitglied der Zensurbehörde in Ägypten, »daß unsere Vorfahren acht Jahrhunderte lang nicht bemerkt haben, was für ein volksgefährliches Gift in dieser Buchstabenkloake enthalten ist.« »Verbrennt dieses Buch vor allen Leuten auf einem großen Platz«, eiferte sich der Staatsanwalt. Die Frommen sind im nahen Osten allenthalben auf dem Vormarsch, denen der Islam alleinige Richtschnur für das Leben ist und die sich nicht davon beeindrucken lassen, daß die Abenteuer- und Liebesgeschichten der Scheherezade in 1001 Nacht bereits seit 150 Jahren von der ägyptischen Staatsdruckerei gedruckt und in Umlauf gebracht wurden.

Gerade weil nun das europäische und speziell das deutsche Märchen – im Unterschied zum orientalischen – so wenig offen von Erotik spricht, hat man versucht, hinter den manifesten Texten erotische Symbole in verschlüsselter Form zu suchen und zu finden. Solche meist der Psychoanalyse verpflichteten Märchendeutungen gehen davon aus, daß das aus der bewußten Welt verdrängte Tabu der Sexualität sich im Unbewußten bahnbricht. Dafür nur wenige Beispiele:

In der Erzählung vom Tierbräutigam, der in der Hochzeitsnacht zum strahlenden Prinzen wird, und in den entsprechenden von der Tierbraut, die sich in eine Prinzessin verwandelt, spiegelt sich symbolisch das ambivalente Verhältnis der Geschlechter zueinander, das psychologische Umschlagen der Abneigung in Zuneigung. Sehr deutlich wird dies in der Motivik des Märchens vom Froschkönig (KHM 1, AT 440): die Heldin ist zu Beginn des Märchens noch ein spielendes Kind, und am nächsten Tag heiratet sie. Mit dem goldenen Ball geht dem Mädchen auch die goldene Welt der Kindheit, des Spiels, der Unschuld verloren. Mehrere psychologische Interpretationen von KHM 1 haben das Märchen jedenfalls als einen Reifungsprozeß interpretiert, als ein Überwinden von sexuellen Ängsten mit dem schließlichen Ende einer sexuellen Wunscherfüllung, die in die Heirat mit einem erstrebenswerten und begehrten Partner mündet. Aber zweifellos handelt es sich beim »Froschkönig« im Hintergrund um eine ausgesprochen erotische Erzählung, nicht um ein Kindermärchen. Die Abneigung der Königstochter gegen den Frosch betrifft doch nicht nur die ekelerregende Gestalt des Tieres, des kalten und schlüpfrigen Frosches, den sie mit in ihr Bett nehmen soll – »Das kalte, glibbrige, glabbrige Ding will in meinem warmen Bettchen schlafen« – dahinter steht doch das männliche Prinzip, und dies bringen andere Fassungen auch deutlich zum Ausdruck, worum es dem Frosch eigentlich geht.

Die Sexualität erscheint als ein ekelerregendes Tier, und je näher der Frosch der Prinzessin körperlich kommt, umso mehr ekelt sie sich vor ihm, vor allem aber fürchtet sie sich vor der Berührung mit ihm. Deutlich hat das Froschkönig-Märchen etwas mit Sexualität und Angstgefühlen zu tun. Es zeigt, daß zur Liebe eine radikale Veränderung der bisherigen Einstellung notwendig ist. Dies wird in dem höchst eindrucksvollen Bild der Verwandlung eines häßlichen Tieres in einen wunderbaren Menschen zum Ausdruck gebracht.

Das Aufspüren erotischer Symbole kann zu sehr subtilen psychologischen Interpretationen führen, aber auch zu eher grobschlächtigen Deutungsversuchen. Gewisse pansexualistische Deutungen stehen aber leicht in der Gefahr der Überinterpretation, hinter allem und jedem ein phallisches oder vaginales Symbol zu sehen. Aschenputtels verlorener Pantoffel oder die zertanzten Schuhe (AT 306) werden zum Symbol verlorener Virginität ebenso wie der Spindelstich Dornröschens (KHM 50) oder auch der blutige Schlüssel zur verbotenen Tür im Schlosse Blaubarts. Im selben Sinne hat man Sneewittchen (KHM 53) als *Masturbationsmärchen* bezeichnet: sieben Zwerge sorgen für den privaten Lustgewinn der Prinzessin, bis sie der erlösende Prinz zu Ergiebigerem führt.[10] Der kleine Däumling (AT 700), der dann Riesenkräfte entfaltet, ist für C. G. Jung ein Symbol des Phallus. Das Rotkäppchenmärchen wird dann – selbst wenn man von dem scheinbar harmlosen Grimm–Text ausgeht – zu einer Pubertäts- und Deflorationserzählung (Reifung). Schon das signifikante und namengebende *rote Käppchen*, das übrigens nur bei Perrault und – davon abhängig – bei Grimm vorkommt, hat man als Menstruationszeichen eines geschlechtsreifen Mädchens interpretiert; und ebenso die Flasche Rotwein, die das Mädchen im Körbchen trägt. Die mütterliche Warnung, »nicht vom Pfade wegzulaufen«, um »die Flasche nicht zu zerbrechen« sei eine deutliche Warnung vor den Gefahren der Sexualität und dem Verlust der Jungfräulichkeit. Dazu gehöre auch das Blumenpflücken abseits vom Wege oder die Frage des Wolfes, was Rotkäppchen unter der Schürze trage. Nachdem der Wolf Rotkäppchen aufgefressen hat, wird das bei Grimm (KHM 26) mit den Worten wiedergegeben, daß er »sein Gelüsten gestillt hatte.« Eine solche Formulierung läßt freilich den Verdacht aufkommen, daß sein *Gelüsten* nicht nur rein kulinarischer Art war. Das Auffressen erscheint als eine symbolische Vergewaltigung. So auch im modernen Märchenwitz.[11]

In der Bechstein-Fassung denkt der Wolf: »O du allerliebstes, appetitliches Haselnüßchen du – dich muß ich knacken.« Erotik bedient sich ja gern eines kulinarischen Vokabulars. Wir sprechen davon, daß wir jemand *zum Fressen gern haben* oder *appetitlich finden*. Wir können uns an einem *leckeren, süßen Mädchen* nicht *sattsehen*. Es wird mit den *Augen verschlungen* oder *vernascht*.

Bei seiner Deutung des Rumpelstilzchen-Märchens (KHM 55, AT 500) geht Ottokar Graf Wittgenstein aus von der Formulierung *Stroh zu Gold spinnen*. Stroh verbindet sich ihm mit der Assoziation eines einfachen Lagers, sprich Bett. Gold aus dem Stroh zu machen, das bedeutet: das Bestmögliche aus dem Bett zu machen. Das

Mädchen selbst kennt diese Fähigkeit (noch) nicht – kein Wunder, da sie noch eine Jungfrau ist. In ihrer Ratlosigkeit hilft ihr Rumpel-, stilzchen. Das kleine Männchen, dessen Namen man nicht weiß und das auf einem Bein im dunklen Wald herumspringt, ist für Wittgenstein nichts anderes als das männliche Glied. Die Müllerstochter, eben noch ein unerfahrenes Mädchen, kennt den Namen dieses besonderen, hilfreichen, aber auch gefährlichen Männleins, das ein Kind von ihr haben will, nicht; sie ist noch unaufgeklärt.[12]

Aufgrund solcher Ergebnisse bin ich grundsätzlich höchst mißtrauisch gegen alle Deutungen, die nicht auf einer vergleichenden und kulturhistorischen Grundlage aufgebaut sind. Dies will ich an einem Beispiel verdeutlichen, dem Motiv von der verbotenen Tür.

Im Blaubartmärchen scheint das Motiv der verbotenen Tür, deren Betreten mit einem blutigen Ei oder blutigen Schlüssel verbunden ist, auf eine Deflorationsszene hinzuweisen. Gerade dieses Motiv der verbotenen Kammer, die mit einem Schlüssel geöffnet wird, der dabei blutig wird, scheint mehr oder weniger eindeutige Interpretationen zu provozieren. Eine sexuell-erotische Auflösung dieses Bildes liegt umso näher, als die in diesem Zusammenhang vorkommenden Dinge, nämlich verbotene Kammer, blutiger Schlüssel, Ei etc. in anderen Kontexten phallische oder vaginale Bedeutung haben. Dennoch läßt sich eine solche Deutung nicht ohne weiteres verallgemeinern. Unser Motiv taucht nämlich in den verschiedensten Märchentypen als ständiges Strukturelement auf: außer bei Blaubart im treuen Johannes, im Marienkind oder in den Erzählungen von Feenlieben, wie auch in der Melusinen-Sage. Und im Grunde hat es in jedem Erzählzusammenhang wieder eine andere Funktion.

Eine Deutung gilt offensichtlich nicht für alle Erzähltypen. Darum müßte näher differenziert werden: der Beweggrund zum Ungehorsam, der Inhalt der Kammer sowie seine Wirkung auf den Helden. Weitere Fragen, die sich stellen, wären: wer darf ein solches Verbot aufstellen und aufgrund welcher Machtvollkommenheit? In den meisten Fällen ist der Verbotssteller ein übernatürliches Wesen: Blaubart, Melusine, ein Drache, die Jungfrau Maria u. a. Oder eine andere wichtige Verstehensfrage: was sind die Gründe für das Verbot? Will der böse Dämon seine früheren Untaten dem neuen Opfer verbergen? Aber im treuen Johannes ist es der treu-besorgte

Vater, der den Sohn vor Schaden bewahren will. Im Marienkind hat die verbotene Kammer die Funktion eines geradezu geheiligten Bezirks.

Je nach Art des Verbotes wird der Ungehorsam einmal als gut und ein andermal als schlecht angesehen. Im Blaubart sind Neugierde und Ungehorsam nicht notwendigerweise eine Schuld. Vielmehr ist die Jungfrau (im Unterschied zu ihren Schwestern oder Vorgängerinnen) klug und listig. Klugheit ist jedoch eine gute Eigenschaft, wenn es darum geht, einen Dämon zu überlisten. Alle Mittel zur Überlistung des Bösen sind sittlich gut. Anders im Marienkind: hier wird der Ungehorsam als Schuld bewertet; Erlösung gibt es erst durch Bekennen dieser Schuld.

Die Inhalte und Motivationen der verbotenen Kammer sind also von Typ zu Typ, von Variante zu Variante recht unterschiedlich. Häufigstes Motiv zur Verbotsübertretung ist die Neugierde. Die Tendenz, das Verbotene zu sehen, ist ein Urtrieb. Im Grunde gehört es zur generellen Stuktur von den vielen erlaubten Dingen und dem einen unerlaubten Ding, wie schon die Erzählung von Adam und Eva in Genesis 2. Männer wie Frauen können die Neugierigen sein. Blaubart und Marienkind zeigen die für spezifisch gehaltene Neugier des weiblichen Geschlechts. Im getreuen Johannes wie bei den Schwanenjungfrauen oder im Goldener-Märchen finden wir dieselbe Neugier aber auch beim Mann. Es gibt in diesem Erzählzusammenhang überhaupt nichts Geschlechtsspezifisches, und das macht unsere zunächst so einleuchtende sexualpsychologische Deutung so unsicher. Immerhin ist es auffällig, daß die Bewährungsprobe, die mit dem Verbot der Kammer gegeben ist, oft in der Pubertät, an der Schwelle von Kindheit zum Erwachsenenleben gestellt wird. Das läßt die Frage stellen, ob vielleicht hinter diesem Motiv alte Pubertätsriten durchschimmern – nicht als *survival* von einst vorhandenen Bräuchen, sondern als ein psychologisches Funktionsäquivalent.

Wie sehr im Märchen verborgene erotische Botschaften verschlüsselt sind und dementsprechend natürlich auch entschlüsselt werden können, erkennt man sehr deutlich an der Benutzung von Märchenfiguren und -inhalten in Heiratsanzeigen unserer Zeitungen. Dort ist häufig von Liebe wie im Märchen die Rede. Beispiele:

Bislang träume ich nur von dem Richtigen, der mich vom Dornröschendasein erlöst, von einem Mann, mit dem ich Freude und Leid des Lebens, sowie geistige Interessen teilen kann, und der mich akzeptiert, wie ich bin: 33 Jahre, 160 cm, 100 Pfund, evangelisch, christlich-sozialer Beruf, sensibel introvertiert. Falls Sie es wagen möchten, schreiben Sie bitte unter Nr. ... an DIE ZEIT.

Dornröschen schläft schon 34 Jahre, hat keineswegs den Ehrgeiz, die 100 durchzuhalten! Mein Prinz sollte: schlank, zärtlich, lieb, sinnlich, naturverbunden, häuslich, umgänglich, optimistisch, offen, fair, flexibel, zwischen 28 bis 42 jung, liberal und doch Nichtraucher sein, denn ich 159/50, Stier-Jungfrau, langhaarig, brünett, Jeanstyp, eheerfahrene Mami einer 5jährigen Tochter, bin's auch. Liebevolle Beantwortung jeder Fotozuschrift Ehrensache.

Schneewittchen hinter den 7 Bergen langweilt sich. Ohne Hab und Gut und ohne eigenes Königreich möchte sie doch als Prinzessin tätig sein. Im Klartext: Werbefachfrau, 33 Jahre, nicht schlank, doch gutaussehender Schneewittchentyp, sucht den Unternehmer, dem dieser Job selbst noch Spaß macht und der eine vielschichtige Frau an seiner Seite gebrauchen kann. Privat und Beruf zu verbinden wäre für mich das Ideal.

Aschenputtel, 28 Jahre, blond, attraktiv, schlank, 169, sucht ihren wohlhabenden Prinzen.

Reißender Wolf sucht nettes Rotkäppchen. Ich möchte Dich zum Fressen liebhaben. Zuschriften unter Nr. ... an ...

Solche Aussagen verdeutlichen wieder einmal mehr, daß es im Märchen um die Erfüllung von Wünschen, auch um die Erfüllung von erotischen Wünschen geht. Dies ist ganz gattungsspezifisch. Am pfiffigsten und zündendsten ist Erotik freilich dort, wo sie nicht nackt und schonungslos, sondern versteckt und verhüllt auftritt; wenn das Gemeinte auf ein anderes Feld verschoben und das Verhältnis der Geschlechter in Bilder umgesetzt wird. Die Verschlüsselung des genitalen Bereiches treffen wir sehr häufig in den Rätselmärchen. Erotischer Natur sind oft die Antworten, die der kluge Bauernbursche vorbringt, der die Königstochter im Redewettkampf besiegt (AT 853): der dumme Tölpel findet unterwegs einige wertlose oder verschmutzte Gegenstände (Nagel, Pfanne, Ei, toter Vogel etc.), die aber darüber hinaus noch eine sexuelle Nebenbedeutung haben. In einem zotenhaften Wettgespräch bringt er so die Prinzessin zum Erröten.

In den Varianten des Märchens von der klugen Bauerntochter (AT 921) spricht die Heldin gelegentlich in einer Art Rätselsprache, die sich ausgesprochen obszön anhört. So fragt sie den König, der als Gast zu ihr kommt: »Womit soll ich Sie speisen? Mit dem, was zwischen den Beinen ist, was aus dem Arsch kommt oder mit dem, was unter dem Schwanz hervorkommt?« Die harmlose Antwort ist: mit Käse und Butter, mit Würsten oder mit Hühnereiern.[13]

Folklore kennt hinsichtlich der Erotik und Sexualität sowohl die direkt-offene, wie die indirekt verschlüsselte Aussage: von beiden Möglichkeiten machen alle Gattungen Gebrauch. Immer gibt es einerseits eine derbe und offenherzige Sprache, die selbst unappetitliche Beschreibungen geschlechtlicher Akte nicht ausklammert. Ihr gilt das Prinzip *naturalia non sunt turpia*. Andererseits gibt es auch die verbergende Sprache der Liebe im Volksmund, die Tendenz zur umschreibenden Metapher und zum Symbol. Dieses sind Stilmittel und Formen der Tarnung. Aber darum brauchen sie nicht weniger erotisierend zu wirken. Das sprachliche Bild gibt dem Erzähler oder Sänger erst die Möglichkeit, die verborgensten Gedanken auszusprechen, insbesondere die Gedanken der Liebeserfüllung, die ihm in einer konkreten Sprache nicht formulierbar wären. Oft aber erhöht die Verhüllung noch die Anziehungskraft des Darunterliegenden. »Die Spannung, das Zusehen, was sich hinter der Tarnung verbirgt, ist ungleich höher als sie es je sein könnte, wenn der Gegenstand von Beginn an hüllenlos präsentiert würde.« Mit den Worten aus Hebbels *Gyges und sein Ring:* »Denn was uns reizt, das lieben wir verhüllt!«

Die Entschleierung der Metaphorik geschieht im Verständnis des Hörers, ist seine eigene Leistung. Er wird belohnt durch die Lösung der Spannung und ein Erfolgserlebnis; so der psychologische Hintergrund. »... neben der Spannungsvermehrung bietet die erotische Metapher aber auch eine Sicherung gegen jenes Publikum, das Anstoß nehmen könnte am Thema.«[17] Die Meta-Sprache der Erotik wird zum Teil aus Rücksicht auf Sitte, Anstand und Schamgefühl gewählt, aber auch aus Rücksicht auf den geliebten Partner, der als empfindsames und verletzliches Du, als gleich- oder sogar höherwertig betrachtet wird, nicht als bloßes Lustobjekt der Sexualität.

Als Abbild wie als Gegenbild sexueller Realität macht erotische Folklore auch Aussagen über die Gesellschaft, in der solche Erzählungen umlaufen: wo sind ihre Schamgrenzen? Was gilt als *harmlos,* was als *unanständig* oder gar als *obszön?* Wie offen oder wie versteckt in Metaphern, Bildern und Symbolen wird über Sexualität gesprochen? Was ist in, was außerhalb einer Ehe erlaubt und legitim? Wer sind die Kontrollinstanzen und Überwachungsmechanismen und wie funktionieren sie? Wie beurteilt man Außenseiter oder Normabweichler, wie unverheiratete Frauen und Männer *(Alte Jungfern, Hagestolze),* Nonnen, Homosexuelle, Prostituierte? Welche Auffassungen bestehen über Ehebruch, Jungfräulichkeit, Sodomie, Onanie, Inzest? Was gilt als sexuelle Perversion (Mot. T 460–469)?

Man weiß sehr wenig über die *Performanz* von erotischer Folklore, und nur selten haben Sammler Kontextstudien geliefert, d. h. die Begleitumstände, in denen ihnen die entsprechenden Texte begegnet sind. Immerhin ist mehrfach bezeugt, daß ländliche Hochzeiten eine bevorzugte Erzähl- und Singgelegenheit für erotische Folklore waren. Da konnten ausgesprochene Zotenmärchen zum Besten gegeben werden und hier wurden auch jene Strophen von der »Vogelhochzeit« gesungen, die von Schul- oder Jugend–Singbuch gewöhnlich unterschlagen werden. Daß auch die allerorten üblichen Spinn- oder Lichtstuben als gesellige Zusammenkunft gerade auch der jungen Leute eine Erzählgelegenheit für erotische Folklore boten, ist ebenfalls mehrfach bezeugt. Bestimmte Formen des erotischen Liedes sind mit spezifischen Sitten der Brautwerbung (Kiltgang) und anderen brauchtümlichen Anlässen verbunden gewesen.

Aber erotische Folklore gehört auch zu städtischen Gesellschaften, zu den wandernden Handwerksburschen wie zu den Studenten und Soldaten. Es ist keineswegs nur die »Hefe des Großstadtvolkes, die Stromer und Landstreicher oder die Soldaten«,[15] die ihre Freude an erotischen Schwänken bekundet haben. Es wäre völlig falsch, erotische Folklore auf bestimmte Erzähl- und Singgelegenheiten oder auf bestimmte soziale Schichten, Alters- oder Geschlechtergruppen festlegen zu wollen. Allerdings gedeiht erotische Folklore – so darf man wohl zu recht vermuten – besonders in Männergesellschaften: beim Militär, in den Zünften, Vereinen, im Wirtshaus, am Stammtisch etc. Die freiwillige oder unfreiwillige Abkapselung und Separierung der Geschlechter, beispielsweise die Kasernierung, die Isolierung von Männern bei der Alm- oder Waldwirtschaft, in Schiffen auf hoher See oder auch bei anderen gesellschaftlichen Erscheinungen führen dazu, daß Männerphantasien erotische Folklore produzieren und reproduzieren. Auch nach ihrem Inhalt handelt es sich vorzugsweise um eine Männerangelegenheit. Das heißt, die herrschende Erotik ist eine Männererotik. In ihr ist die Rolle der Geschlechter als Abbild oder Gegenbild von gesellschaftlichen Normen festgelegt. Dabei kommt dem Mann vorwiegend der aktive Part zu. Trotzdem darf sich in den Volkserzählungen, speziell in den Märchen, auch die Frau einen Mann aussuchen und auch Frauen sehen den Mann als Objekt ihrer Wünsche (Mahrtenehen, Feenliebe), doch *normalerweise* muß die Frau erst durch den aktiven Mann sexuell erweckt werden (Dornröschensyndrom).

Sowohl die Frau als höchster erreichbarer Wert, wie auch das Gegenteil, die Frau als Lustobjekt des Mannes – beide Positionen sind aus der Perspektive des Mannes gesehen. In Zaubermärchen ist die Frau der Lohn des überstandenen Abenteuers und seiner Gefahren; in den Drachenkampferzählungen ist sie die Trophäe, die dem Sieger zufällt. Es gibt fixe Vorstellungen über das *starke* und das *schwache* Geschlecht. Negativ beurteilt werden darum der Typus der Virago, die von keinem Mann bezwungen werden kann oder auch die hochmütige Rätselprinzessin, die sich allen bisherigen Freiern auf intellektuellem Gebiet als überlegen erwiesen hat. Alle im Ansatz emanzipierten oder feministischen Frauentypen werden durch die Ehe und zur Ehe gedemütigt, wobei die Erzähler davon ausgehen, daß eine Frau letztlich doch einen stärkeren oder klügeren Mann braucht. So ist erotische Folklore durchgängig ein Spiegel der sie tradierenden Gesellschaft. Hier hat erst die sexuelle Revolution des 20. Jahrhunderts zu einem Durchbruch geführt.

Befreite Erotik hat etwas mit Lebensqualität zu tun und ist darum erstrangig ein gesellschaftliches Problem. Die Emanzipations- und Liberalisierungstendenzen haben allerdings nicht nur Befreiung gebracht; sie haben die Kommerzialisierung, Mechanisierung und Entfremdung von Sexualität nicht verhindert. Befreiung von Konventionen bedeutet auch keine absolut freie und ungezügelte Entfaltung von Sexualität. Vermutlich kann es in einer Welt, die von

Leistungsdruck, Konkurrenz und Gewalt beherrscht wird, eine Freiheit der Sexualität nicht geben. Auch gibt es keine Kultur ohne Schamgefühl. Die Verbote, mit denen jemand groß geworden ist, behalten auch später Macht über ihn. Man kann sie nicht vergessen. Indem man sie übertritt, zollt man ihnen noch Tribut. So bleibt ein entspanntes, selbstverständliches, fragloses Verhältnis zum eigenen Körper und seiner Sexualität oft eine Utopie. Auch sind die Normen, Einstellungen, Verhaltensweisen und Bewußtseinsunterschiede auf sexuellem und erotischem Gebiet besonders groß, sowohl differenziert nach sozialen und ethnischen Gruppen, als auch je nach Herkunft, Erziehung und Gewohnheit von Individuum zu Individuum. Was die einen als Signal neuer Freiheit sehen, sehen die anderen als anstößigen Schmutz.

So meine ich, wenn wir von Liebe und Erotik im Volksmärchen sprechen, ist es nötig, immer zuallererst unseren eigenen Standpunkt zu bestimmen, ehe wir über solche Erzählungen urteilen oder sie gar verurteilen. Zugleich begreifen wir eine Aufforderung an uns, noch mehr auf die verborgenen Inhalte der Märchen zu achten und im Märchen nach ihnen zu hören, um die inneren Botschaften des Märchens zu entschlüsseln. Dann wird es vielleicht auch für uns ein *zweites Erwachen Dornröschens* geben.

Ype Poortinga

EROTIK UND LIEBE IN DEN ZAUBER- UND NOVELLEN-MÄRCHEN DES ERZÄHLERS ROEL PITERS DE JONG

In seiner Formanalyse der europäischen Märchen kommt Max Lüthi zu dem Schluß, daß von »eigentlicher Erotik in den europäischen Volksmärchen wenig zu spüren ist, sie neigen dazu, alles Reale zu sublimieren.« Als ich dies wieder las, fühlte ich mich an eine Begegnung mit Lüthi im Jahre 1979 erinnert. Der Erzählforscherkongreß in Edinburgh hatte einen Ausflug organisiert, und wir saßen im selben Bus. Da redeten wir über sein Werk, und auf einmal fragte er mich, ob die Märchen, die ich im friesischen Sprachgebiet der Niederlande gesammelt habe, auch die stilistischen und inhaltlichen Eigenschaften und Merkmale besäßen, wie er sie als typisch für das Volksmärchen beschrieben habe. Ich antwortete, das variiere meiner Ansicht nach von Erzähler zu Erzähler, und ich berief mich auf eine Erkenntnis von Mihai Pop: »Die Volkserzählungen leben nur in Varianten.« Wir kamen auf das von Lüthi untersuchte Material zu sprechen und auch auf die Eliminierung von als anstößig empfundenem Erotischem bei Wilhelm Grimm und seinen Nachfolgern. Dieser Stilzug sei bis zur Mitte des 20. Jahrhunderts bestimmend gewesen. Meine Feldarbeit habe ich erst im Jahre 1971 begonnen, meine Texte sind also jünger.

Bei meiner zurückhaltenden Antwort an Lüthi dachte ich vor allem an meinen größten Erzähler Roel Piters de Jong. Ein wirklichkeitsferner, abstrakter Stil, Formelhaftigkeit, Sublimierung, Isolation, Flächenhaftigkeit: alle diese von Lüthi so glänzend formulierten Merkmale[1] wollten in meiner Vorstellung nicht gut auf de Jongs Texte zutreffen. »Wie oft auch von Werbung und Hochzeit die Rede ist, die eigentliche Erotik kennt das Volksmärchen nicht«, sagt Lüthi, und: »Das Märchen kennt keine Gefühlswallung.«[2] Lutz Röhrich betont ebenfalls, daß wenig Erotisches, geschweige denn Sexuelles im Märchen vorkomme: »Betten sind im Märchen nur zum Schlafen da, nicht zum Beischlaf.«[3]

Die Thematik des vorliegenden Bandes ist mir eine willkommene Gelegenheit, dies alles einmal an meinem guten alten de Jong nachzuprüfen. Ich konzentriere mich dabei auf die vordergründige Geschichte; für das Aufzeigen einer möglicherweise dahinterliegenden Metaphorik und Symbolik fehlt es mir an Kompetenz.

Zuvor einige Anmerkungen zum Erzähler selber. De Jong wurde 1905 in Ouster-Nijegea, einer kleinen Dorfgemeinschaft von Bauern und Torfgräbern im Süden von Friesland, geboren. Besonders die benachbarten armen Torfarbeiter kannten viele Märchen; im Winter hatten sie wenig Arbeit, und es blieb Zeit zum Erzählen. De Jong war einziges Kind eines Fleischers. Wenn die Torfstecher abends wegen des Hausschlachtens zu Besuch kamen, erzählten sie sich oft Märchen. Manche hielt man nicht geeignet für Kinderohren. Und da Roel im Wohnzimmer im Wandbett schlief, sah man erst nach, ob der Junge wirklich eingeschlafen war. Der hielt dann die Augen zu, schlief aber nicht ein, bevor nicht der letzte Besucher gegangen war. Er war nämlich äußerst wißbegierig und geradezu versessen auf Geschichten. »Ach«, sagte er einmal zu mir, »alles war mir damals noch nicht klar, aber später konnte ich wohl verstehen, wie es sich verhielt.« Er hatte ein erstaunliches Gedächtnis, so daß er die Erzählungen nicht vergaß. In seinem Großvater, der mit im Hause lebte, hatte er einen persönlichen Märchenerzähler. Offenbar war Roel in seinem Wissen frühreif. Als er elf Jahre alt war, erzählte der Großvater ihm das Märchen vom Lebenswasser (AT 551). Darin schläft der Held mit einer Prinzessin, und sie wird schwanger. Ich fragte ihn: »Wie erzählte der Großvater das?« »Nun ja«, sagte er, »sie bekam später ein Kind. Großvater setzte darauf, daß ich noch nicht Bescheid wußte; aber er konnte mir nichts vormachen.«

Als das Niedermoor abgetragen war, zogen die meisten Torfgräber ab. Der Vater siedelte um und wurde Viehbauer. Ein Glück für Roel, denn das Schlachten war ihm zuwider. Er hat später den Hof von seinem Vater übernommen.

Zaubermärchen hörte er nach seinen Kinderjahren wenig mehr erzählen, die Tradition des Erzählens solcher Märchen war versiegt. Erst als de Jong in der Wirtschaftskrise der 30er Jahre für einige Zeit in die Arbeitsbeschaffung geriet, hörte er, an regnerischen Tagen etwa, in der Baracke noch einige neue Märchen. Obwohl erzählfreudig und erzählbegabt, wurde de Jong selbst nicht eigentlich ein aktiver Märchenerzähler. »Ich konnte sie nicht loswerden«, meinte er. Wohl hat er immer gern Exempelerzählungen, ad-rem-Geschichten (wie er sie selbst nennt) und Schwänke erzählt. Zugleich betrieb er auch Heimatforschung; aus seiner Feder stammt ein bemerkenswertes Buch über die Geschichte seiner engeren Heimat[4].

Als ich ihn von 1972 an regelmäßig besuchte, konnte ich etwa 1000 Volkserzählungen einschließlich Sagen aus seinem Munde auf Tonband festhalten[5], darunter viele Zauber- und Novellenmärchen. Wie heutzutage überall in Europa die letzten Märchenerzähler fast nur noch aus der Erinnerung erzählen, so auch er. Manche Märchen haben ein verwickeltes Gefüge: er hat sie mir zwar lückenlos erzählt; aber oft mußte er erst eine Nacht darüber wachliegen, um sie wieder voll ins Gedächtnis zurückzurufen. So manches Mal kam ihm dann auch die ganze Situation wieder zu Bewußtsein, in der er die Märchen zuerst gehört hatte. Er liebte sie alle, die Märchen, die er weitererzählte; doch traurige Geschichten, wie »Der singende Knochen« (AT 780), erzählte er doch eher mit Widerwillen, da sie ihn zu stark ergriffen.

Aus der Fülle der vorliegenden Texte möchte ich hier nur die Märchentypen zwischen AT 300 und 999 näher betrachten, Zauber- und Novellenmärchen also; und es kommen noch einige nicht leicht klassifizierbare Novellenmärchen hinzu. (Die unter den genannten Nummern befindlichen Legendenmärchen können außer Betracht bleiben, da unser Thema darin kaum je berührt wird.)

Es ist nicht zu übersehen, daß wir in diesen Texten einen Spiegel der Liebesmoral vieler Zeiten besitzen. Es würde zu weit führen, hier nun etwa auf die Altersbestimmung des Märchens einzugehen. Stoffe, oder zumindest Motive bzw. Motivreihen der Zaubermär- chen, sind oft archaisch. Die meisten Novellenmärchen sind schon als Novelle oder sonstiges episches Gebilde im Mittelalter bzw. in der Renaissance belegt. Bevor die Geschichten de Jongs Gewährs- leute erreichten, konnte allerlei mit ihnen passiert sein, oft haben sie schriftliche Zwischenstationen erlebt. In der Zeit, aus der diese Gewährsleute stammen, waren Märchen zuweilen noch in der sogenannten Volkslektüre zu finden, also etwa in einem Kalender, Almanach oder in den gängigen Kolportageheften. So trägt eines von de Jongs Novellenmärchen den selben Titel wie eines dieser Hefte: »Der Prinz als Teppichweber« (AT 888 A*).

Die Gemeinschaft, in der de Jong aufwuchs, war nicht roh, aber auch keineswegs prüde und durchaus nicht zu vergleichen mit dem geho- benen Bürgertum, in welchem die Brüder Grimm ihre Erzähler und – noch mehr – ihre Erzählerinnen fanden. Der Umgang zwischen jungen Leuten verlief damals auf dem friesischen Lande nach festen Regeln: die Jungen besuchten am Sonnabend die Mädchen, und nachdem die übrige Familie zu Bett gegangen war, blieben sie noch einige Zeit zusammen. Sie trafen selbständig die Wahl ihres Herzens, und sie konnten selbständig eine Verbindung auch wieder lösen. Das war alles einfach und übersichtlich. Zwischen de Jongs eigener Jugend und den 70er Jahren, als er mir seine Märchen erzähl- te, liegt jedoch die sogenannte sexuelle Revolution. Die friesische Jugend wohnt heute zusammen und praktiziert die Versuchsehe wie überall im Westen. Alte Leute haben, wenn es um ihre Enkelkinder geht, die neuen Sitten in der Regel erstaunlich schnell akzeptiert. Das Fernsehen, das die ganze moderne Welt ins Wohnzimmer bringt, hat daran in einem nicht zu unterschätzenden Maße mitgewirkt. Wie viel leichter die Menschen einander erotisch gefärbte Geschichten mitteilen als früher, das habe ich in meiner Eigenschaft als Feldforscher vielfach erfahren. Es mag sein, daß de Jong immer schon über eine gewisse Scheu oder Verschämtheit erhaben war, jedenfalls ist sein Idiom in dieser Hinsicht von einer höchst erfreulichen spielerischen Vielfalt, nie jedoch geschmacklos.

In den meisten Märchen, auch bei de Jong, ist mindestens eine der Hauptfiguren ein Prinz oder eine Prinzessin. Wo das einmal nicht der Fall ist, war es naheliegend für ihn, das entsprechende Märchen in seiner eigenen bäuerlichen Umwelt spielen zu lassen, in der Welt seiner Jugend, wo der Freier sonnabends Schlag 8 am Hause des Mädchens erscheint. Die so vertraute Situation mit ihren immer im Rahmen des Erwartbaren und Gewohnten liegenden Ereignissen läßt sich gut mit grauenhaften, übernatürlichen Dingen verbinden, wie im Vampirmärchen AT 363, von ihm mit »Der Leichenfresser« bezeichnet. Er hörte es damals in der Baracke der Arbeitsbeschaffung erzählen. Es beginnt so:

Zu Sankt-Nicolaus war Jahrmarkt in Sneek gewesen und ein Mädchen hatte einen jungen Mann mit nach Hause gebracht. Er kam aus der Gegend nördlich von Leeuwarden, und das tat dem Mädchen leid, denn es wollte den Umgang gern fortsetzen – es war ein hübscher Bursche, und er gab sich grundehrlich. Aber jedesmal ein solcher Ritt bis in die Nähe von Sneek, das würde ihm wohl zu viel werden. Er sagte dennoch:»Alle zwei Wochen läßt sich das schon machen, und ich meine, es lohnt sich...«

Das Märchen erzählt weiter, daß einige Zeit später das Mädchen Verdacht schöpft, ihm nachschleicht und ihm aus einem Versteck zusieht, wie er vor seiner Abreise auf dem Kirchhof zwei frische Leichen verzehrt. Ihren Eltern sagt sie nichts, und beim nächsten Besuch stellt sie ihn zur Rede. Da ist sie selber an der Reihe, und nur die alte Familienbibel, die sie in ihrer Not zur Abwehr ergreift, rettet sie noch. – Etwas Ähnliches widerfährt einem Mädchen, das am Sonnabend lieber einen unbekannten vornehmen Herrn empfängt als ihren guten schlichten Freier.

Trotz Klassifizierung und trotz glücklichem Ausgang besitzen diese und andere im häuslichen Milieu spielenden Geschichten kaum die eigentliche Märchenstruktur. Den alten friesischen Sitten angepaßt ist auch AT 940, die Geschichte vom hochmütigen Mädchen, das jeden dritten Sonnabend einen anderen ihrer drei Freier zu Besuch kommen läßt. Ihre Freierprobe auf dem Kirchhof ist so drastisch, daß sie schließlich keinen bekommt. In dieser Geschichte begeht das Mädchen also eine Torheit; in den meisten aber, die in der eigenen Umwelt spielen, zeichnet das Märchen die Frau oder das Mädchen als die Entschlossenere und Überlegene.

In der Geschichte vom männlichen Aschenbrödel ist der hintangesetzte Sohn aus erster Ehe der wenig versprechende Held, der immer zu Hause bleiben und die schmutzige Arbeit verrichten muß. Die Magd auf dem Hof liebt ihn jedoch und läßt ihm heimlich das Schlittschuhlaufen beibringen. Als Unbekannter bringt er es zur Meisterschaft; er erhält zwar keine Prinzessin und kein Königreich, aber doch immerhin den Hof eines Oheims und, natürlich, diese Magd zur Braut. Im übrigen sind Held und Heldin hier, wie oft, eher Handlungsträger denn Liebespaar.

Erwähnen möchte ich noch zwei weitere Heiratsgeschichten, in denen verwitwete Leute eine Rolle spielen. Dabei ist zu bedenken, daß in der alten Bauernwirtschaft beide Ehepartner gleich unentbehrlich waren: die Frau führte die Butter- und Käsemacherei und war, in ihrer Weise, durchaus emanzipiert. Der eine Erzähltypus ist in Friesland sehr bekannt; van der Kooi hat ihn in seinen friesischen Typenkatalog als Nummer 998* eingefügt[6]: Eine junge Witwe hat einen klugen, tüchtigen Knecht und will ihn heiraten. Er aber ist viel zu bescheiden, ihr einen Antrag zu machen. Früher setzte man nun am Vorabend von Sankt-Niklaus, der bei uns ein Geschenktag ist, seine Holzschuhe an den Kamin, und morgens fand man sein Geschenk darin. Der Knecht nun fand am Morgen die Witwe selbst darin stehen. Es wurde eine glückliche Ehe. – Das andere ist die entzückende Geschichte von einem Witwer und einer Witwe. Sie begegnen sich auf dem Viehmarkt und finden Gefallen aneinander. Beide verschweigen jedoch aus Furcht die Größe ihrer Kinderschar und kommen erst nach Vollzug der Ehe damit heraus. Sie haben einander nichts vorzuwerfen und bilden nun eine zwar riesige, jedoch nur um so glücklichere Familie.

In den meisten Märchen aber ist mindestens eine der Hauptfiguren ein Prinz oder eine Prinzessin. De Jong läßt seine Märchen in einer fernen Vergangenheit und in einem unbestimmten Lande spielen. »Die Königreiche waren damals noch nicht so groß«, sagt er ein paarmal. Er besitzt einige historische Kenntnisse, ist aber nicht gerade zimperlich in der Wahl seines Requisits, das halb mittelalterlich, halb frühneuzeitlich ist. Das ist eine völlig andere Welt als die heimische Bäuerlichkeit, und entsprechend geht es auch in den Dingen von Eros und Liebe anders zu.

Bleiben nun seine Hauptfiguren bloße Handlungsträger, oder sind sie doch eher charakteristische Liebespaare? Um es vorwegzunehmen: in dieser Hinsicht finden sich in de Jongs Märchen erhebliche Unterschiede. Zum Teil sind sie so etwas wie Glasperlenspiele; seine besten Texte können wir aber mit Fug und Recht Liebesgeschichten nennen.

Für die Turandotfigur, jene Prinzessin, welche die Köpfe der Verlierer bei der Freierprobe auf Pfähle spießt, kann de Jong offensichtlich keine Sympathie aufbringen. Er zeigt auch wenig Verständnis für das Ornamentale, das dieses Motiv, Lüthi zufolge, besitzt. »Sie ist ein Aas, ein Luder«, heißt es von der Prinzessin. Ihr Vater, der König, ist mit ihrem Tun und Treiben ganz und gar nicht einverstanden. Er warnt sogar den Helden vor dem Abenteuer, natürlich vergebens. Als der Held sie besiegt hat, wird nur mitgeteilt: »Toll vor Wut war die Prinzessin. Jedoch, sie hatte verloren, und der Bauernknecht heiratete sie.« Wie er in der Ehe mit ihr fertig geworden ist, erfahren wir, wie gewöhnlich im Märchen, nicht.

Im Märchen von der klugen Bauerntochter (AT 875) ist bei de Jong nicht im geringsten die Rede von Erotik oder Liebe. Wenn das Mädchen auf jede Frage die richtige Antwort weiß, konstatiert der König am Ende nüchtern: »Es scheint mir am besten, wir heiraten, denn es gibt keinen Menschen, der dir gewachsen ist.« Daß das Mädchen ihn abweisen könnte, kommt nicht in Betracht; Königin zu werden, ist identisch mit dem Erlangen höchsten Glücks. So bedeutet es auch bei de Jong, wie immer bei Märchen, das endgültige Glück für den Helden, die Prinzessin zu heiraten, selbst wenn er nicht immer König wird. – Nur einmal gibt es dabei ein Problem:

drei geschickte Burschen retten nämlich die entführte Prinzessin aus einem hohen Turm (AT 653). Der König hatte für den Retter nicht nur seine Tochter, sondern auch einen Batzen Geldes als Belohnung ausgesetzt. Welcher von den dreien sollte nun die Prinzessin bekommen? Ganz einfach: der Kletterer und der Schütze hatten wenig Lust, sie zu heiraten; sie teilten das Geld. Der Kleber bekam die Prinzessin, und alle drei waren zufrieden. (Die Tochter natürlich gewiß nicht weniger.)

In den übrigen Zaubermärchen, in denen der Held die Prinzessin rettet, indem er den Drachen tötet, sie aus der Sklaverei loskauft oder sie aus der Unterwelt befreit, ist es auch bei de Jong typisch, daß die Prinzessin sich sogleich in ihren Retter verliebt und ihm die Ehe verspricht. Ebenso selbstverständlich ist es, daß der Held dieses Glück akzeptiert. Wenn er dann hernach, im letzten Augenblick, den falschen Usurpator entlarvt, wirft sie sich ihm, toll vor Freude, an die Brust. Aber auch da ist von Erotik nicht die Rede.

Auf eine Besonderheit bei de Jong möchte ich noch aufmerksam machen: wenn es zu einer freiwilligen Verbindung einer Prinzessin mit einem Partner geringerer Herkunft kommt, dann ist es immer die Prinzessin, welche den Heiratsantrag macht; einem Prinzen gegenüber hält sie sich jedoch zurück. Ein schönes Beispiel dafür ist der Märchentypus von der Frau, die durch bösen Zauber ein Ferkel (oder ein Halbferkel) zur Welt bringt (AT 413 A*). De Jong hat den Typus mehrmals gehört und erzählt zwei Varianten. In dem einen Fall ist das entzauberte Schwein ein Prinz, im anderen ein armer Junge. In beiden Varianten erlöst er eine ebenfalls in ein Schwein verwandelte Prinzessin. Zum armen Helden sagt die Entzauberte dann: »Wir haben in einer fremden Weise Bekanntschaft geschlossen, und es ist auch am besten, wir bleiben zusammen.« Sie möchte »nächste Woche schon« heiraten, und das scheint dem Jungen auch gar nicht schlecht. – In dem anderen Text heißt es einfach: »Das Mädchen war eine Königstochter aus einem andern Land. Da haben Prinz und Prinzessin geheiratet.«

De Jong hat auch zwei Märchen erzählt, in denen eine sportliche Prinzessin die Sache ein wenig anders einfädelt: sie macht bei einem Pferderennen mit und wird beide Male vom Helden des Märchens besiegt. Was tut sie? Sie nimmt ihn zum Reitlehrer und sorgt dafür, daß die Geschichte mit beider Hochzeit endet.

55

Zuweilen hat aber die Prinzessin nichts zu vermelden, und der Vater verfügt einfach über sie. Er setzt sie als Preis bei einem Turnier oder irgendeinem Wettbewerb aus. In »Kaninchenhirt« (AT 570) verspricht der Vater gar demjenigen seine Tochter zur Braut, der wohlschmeckende Pflaumen herbeischafft; recht eigentlich ist hier der König jedoch nur eine Scherzfigur. Eine derart passive Rolle des Mädchens geht de Jong jedoch spürbar gegen den Strich, deshalb findet er fast immer eine auch für ihn akzeptable Lösung. Wenn der jeweilige Sieger oder Gewinner von zu niedrigem Stande ist und das Königspaar ihn am liebsten beseitigen möchte, dann hat die Prinzessin ihn bereits liebgewonnen und weiß die Hochzeit durchzusetzen. Einmal schlägt de Jong in einem solchen Märchen einen tiefernsten Ton an, in dem Märchen vom dankbaren toten Ritter nämlich, welcher dem Helden im Turnier zum Sieg verhilft (AT 505). De Jong stellt am Anfang eine Betrachtung an: ein solches Turnier war zumeist ein abgekartetes Spiel, sagt er. »Man fragte die Prinzessin gar nicht, ob sie einverstanden sei oder nicht. Sie hatte sich dankbar zu zeigen, daß sie einen solch tüchtigen Mann bekam.« Der zum Sieger ausersehene Prinz oder Ritter ist in diesem Märchen ein Schurke, der unterwegs einen Ritter getötet und liegen gelassen hatte. Der eigentliche Held der Geschichte läßt dem Toten ein christliches Begräbnis angedeihen, und damit gewinnt er in diesem einen unsichtbaren Helfer. Die Prinzessin und er waren einander in heimlicher Liebe zugetan, und nun kommen sie unverhofft zu ihrem Glück.

Überhaupt hat de Jong, wenn Standesunterschiede den Weg zum Glück verhindern könnten, immer einen deus ex machina zur Hand: der König erhebt seinen künftigen Schwiegersohn in einem solchen Falle in hohen adligen Stand. (»Der Mensch«, so Fürst Metternich, »beginnt beim Baron...«)

In allen bisher erwähnten Texten und auch bei einer Reihe weiterer Märchen, die ich hier nicht berücksichtigen kann, bleiben Erotik und Liebe innerhalb der von Lüthi so bezeichneten Abstraktion. Der wesentliche Unterschied zwischen einerseits den Grimmschen Märchen und Lüthis Charakterisierungen sowie andererseits de Jongs Texten in einigen großen Zaubermärchen und einer beträchtlichen Zahl von Novellenmärchen besteht darin, daß de Jong die

Erotik, ja selbst die voreheliche Liebesvereinigung, nicht verheimlicht, sondern sie als einen wesentlichen Teil der Liebe darstellt.

Da ist eine Szene im Märchen von der Suche nach dem Wasser des Lebens (AT 551). Mit Hilfe einer Tarnkappe und eines Zauberschlüssels gelangt der Held ins Schlafgemach einer fremden Prinzessin. Sie ist einem Prinzen verlobt, den sie nicht mag. Die beiden erzählen einander nun erst ihre Geschichte: »Jan (unser Held) hatte die Prinzessin schon ein paarmal betrachtet, und er dachte: ›Nun, diese ist der Sünden wohl wert.‹ Die Prinzessin ersehnte anderes als die Ehe mit jenem Prinzen, und sobald sie wußte, daß auch Jan ein Prinz ist, zeigte sie sich entgegenkommend. Es dauerte gar nicht lange, da lag Jan mit ihr unter einer Decke. Nun, sie kriegten die Nacht wohl herum, aber am Morgen, als die alte Königin kam, lag Jan schon unter dem Bett.« So leben sie vergnügt eine Woche zusammen, bevor sie verraten werden. Im Wirrwarr, der dann entsteht, tötet der verhaßte Verlobte in einem Duell ihren Bruder, den Kronprinzen. Der Verlobte flieht, Jan aber ist auch verschwunden und läßt die Prinzessin schwanger zurück. Sie ist jetzt Kronprinzessin. Nach einiger Zeit erscheint sie mit einem starken Heer im Land des Vaters ihres Kindes. Natürlich endet es mit der Hochzeit.

Im Novellenmärchen »Der Prinz auf Freiersfüßen« zieht der Held aus, eine Gemahlin zu suchen. Er besteht viele Abenteuer und gelangt schließlich an einen Königshof, wo die Prinzessin nicht länger auf einen Gemahl warten will. Ein Wettkampf soll entscheiden, wer der Glückliche wird. Der Prinz meldet sich auch. In der Nacht vor dem Kampf besucht er die Prinzessin heimlich in ihrem Schlafgemach, und da findet ähnliches statt wie im vorigen Märchen. Nur wird hier alles ein wenig ausführlicher und schwankhafter erzählt. Die alte Königin entdeckt das Paar im Bett und schneidet dem Prinzen – er stellt sich schlafend, während die Prinzessin wirklich schläft – eine Haarlocke ab. Der Prinz seinerseits schneidet blitzschnell etlichen noch im Schlummer liegenden Rivalen im Palast ebenfalls eine Locke ab, und das rettet ihm das Leben. Diesem Motiv begegnen wir schon im »Dekameron«. Der Held wird nun im Wettkampf auch Sieger und heiratet die Prinzessin, die ihm in jener Nacht so sehr gefiel.

Mit der größten Unbefangenheit erzählt de Jong den Anfang von »Nein, sagte die Prinzessin« (AT 853A). Bevor der König und die Königin verreisen, sagen sie zu ihrer unerfahrenen Tochter: »Du sollst uns versprechen, wenn du durch einen unglücklichen Zufall mit Männern in Berührung kommst, so sollst du auf alle ihre Fragen und Bitten nur mit › nein‹ antworten. Nun, die Prinzessin dachte, eine solche Gelegenheit ergibt sich doch nicht, das kann ich leicht versprechen.« Ein junger Leutnant der Palastwache hat aber alles mit angehört und steigt nachts durchs offene Fenster in ihr schwer verriegeltes Schlafgemach. »Sie erschrak. Aber als sie sah, daß es der Leutnant war, da lächelte sie, mehr nicht. Er trat heran und grüßte sie. Da brauchte sie nicht › nein‹ zu sagen. Er fragte: › Haben deine Eltern dir verboten, einen Mann zu dir zu lassen?‹ › Nein ‹, sagte die Prinzessin. (Die Eltern hatten diese Möglichkeit wohl nicht erwogen.) »Nun ‹, fragte er weiter, › haben deine Eltern dir dann auch verboten, einem jungen Mann einen Kuß zu geben?‹ › Nein ‹, sagte die Prinzessin. ‹ So geht es weiter, sie braucht nur › nein ‹ zu sagen, und bald liegen sie beieinander. So geht es jede Nacht, und die Folgen bleiben nicht aus. Diesem schwankhaften Anfang folgt dann aber ein eher filigranes Lustspiel mit vielen Verwicklungen. Mit feiner Ironie erzählt de Jong in dieser Geschichte, wie zwei alte Königspaare von ihren Kindern hintergangen und ausgenutzt werden. Er sagt: »Die Prinzessin schien einfältig zu sein, aber in Wirklichkeit war sie klug.«

Nach Rudolf Schendas »Volk ohne Buch« war das Motiv eines Mädchens bzw. einer Frau in Soldaten- oder anderen Männerkleidern in der Volkslektüre des vorigen Jahrhunderts sehr beliebt[7]. De Jong hat vom Typenkomplex AT 888 nicht weniger als drei Texte dieses Genres. Darunter trägt »Das Mädchen als Soldat« neben ernsten auch heitere, ja lustige Züge, zumal sie bis zum Schluß eine Doppelrolle spielt: als Mädchen rettet sie den verwundeten Kronprinzen; als militärische Kämpferin erwirkt sie den Sieg. Es bleibt nicht bei der Pflege des verwundeten Prinzen; auch sie wird schwanger.

Auch hier ist das Mädchen ihrem Prinzen haushoch überlegen und wird trotz allem Königin. In den beiden weiteren Geschichten dieses Typs spielt nicht die Erotik, sondern allein die eheliche Liebe eine

Rolle. Eine wahre Charakternovelle ist »Der Pilger mit der Geige«. Als Spiel»mann« zieht eine Edelfrau ins Türkenland und befreit ihren Gemahl aus der Sklaverei – ein alter Stoff, den die Brüder Grimm in ihre historischen Sagen aufgenommen haben[8]. Besonders der spannende Schluß – die Frau wird verleumdet und muß ihre Unschuld beweisen – ist von de Jong ergreifend erzählt.

Die Charaktere, die sich in einer bedeutenden Weise als Liebende bewähren, sind bei de Jong fast immer Frauen oder Mädchen. Hingegen sind die männlichen Helden eher Abenteurer denn Liebhaber. Eine dieser beeindruckenden Frauen ist die Heldin in de Jongs König–Drosselbart–Märchen (AT 900). Sexualität fehlt auch hier nicht, die Prinzessin wird vor der Ehe von einem sogenannten Hofnarren schwanger, der in Wahrheit ein abgewiesener Prinz ist. Grundthema dieser Geschichte ist ihre Entwicklung von einer widerspenstigen, launischen Prinzessin zur treuen und verläßlichen Gemahlin.

De Jongs überragende erzählerische Leistung ist aber gewiß das novellenartige Märchen »Die Prinzessin und der junge Mann, der gehängt werden sollte«. Von Sexualität ist darin keine Rede, aber um so mehr von der Sphäre der hohen Liebe. Alles Innerseelische hat de Jong dabei in Handlung übertragen und die Spannung in kunstvollster Weise gesteigert. Das Märchen trägt keine AT–Nummer, ist jedoch gleichwohl eine Volkserzählung. (Auch Schenda erwähnt die Rettung vom Galgen in letzter Minute als ein beliebtes Motiv der Volkserzählung[9].) Die Titelhelden sind einander in heimlicher und zugleich hoffnungslos scheinender Liebe zugetan. Wegen Hochverrats zu Unrecht verurteilt, soll der Held in Anwesenheit des Königs, eines Bruders der Liebsten, hingerichtet werden. Noch unter dem Galgen weigert er sich, um Gnade zu bitten oder gar zu beichten, denn er ist unschuldig. Die umherstehende Menge ist schwankend und tobt. Da bietet der König, aus Furcht, seine Popularität einzubüßen, zum Schein einen Ausweg an: wenn ein fürstliches oder adeliges Fräulein bereit sei, den Verurteilten unter dem Galgen zu ehelichen, so sei dieser frei und erhalte obendrein einen hohen Adelstitel. Der König ist überzeugt, daß keine Dame zu einem solchen Schritt bereit ist. Im letzten Augenblick jedoch erscheint eine verhüllte vornehme weibliche Gestalt.

Noch ahnt der König nicht, daß diese Gestalt seine eigene Schwester ist. Die innere Beteiligung der Menge überträgt sich hier vollkommen auf den Hörer oder Leser; und der Erzähler erweist sich in der Kunst der Ausmalung von Triumphszenen als besonders begabt.

Seine eigene Ergriffenheit und seine Freude über den glücklichen Ausgang im Sieg der innigen Liebe sind in der Erzählkunst de Jongs aufs schönste entfaltet. Dazu ein letztes Zitat: »Da trat der Priester nach vorne und vermählte sie. Das Paar dankte der Menge und wollte vom Schafott steigen, aber sie erreichten den Boden nicht, denn das Volk ließ sich nicht mehr zurückhalten, und man trug das Brautpaar auf den Schultern um den Schloßplatz herum. Als sie wieder vor den Treppen des Schafotts standen, hatten viele Menschen ihre Jacken schon abgelegt, und das Paar sollte darüber hinschreiten, vom Galgen zu den Treppen des Palastes. Der König war unterdessen vom Balkon herabgestiegen, sie zu empfangen...«

Ich habe zeigen wollen, daß die Märchen de Jongs, die in den 70er und zum Teil noch in den 80er Jahren aufgenommen wurden, hinsichtlich Erotik und Liebe durchaus nicht alle Glasperlenspiele sind. In den von mir zugrundegelegten 7 Bänden »Friesische Volkserzählungen« habe ich die erotischen Details nicht eliminiert oder retuschiert. Die Sammlungen finden in meiner Sprachgemeinschaft sowohl in der Familie als auch im Unterricht vielfältig Beachtung. Ein Protest in Bezug auf zu große Deutlichkeit hat mich nie erreicht. Ganz offensichtlich empfindet man solche die Erotik nicht schamvoll verschweigende Darstellungen heute als unanstößig und harmlos. Mag dies auch gewiß Spiegel des Zeitgeistes sein; die Unbefangenheit und das sprachliche Gespür des Erzählers de Jong tun freilich das ihre dazu.

Heino Gehrts

VOM BEISCHLAF IM ZAUBERMÄRCHEN

Dem Andenken
der niederländischen Märchenforscherin
Dr. Françoise Wiersma–Verschaffelt[1]
1901–1981

Der Begriff des Zaubermärchens, der zweite im Titel, wird durch das Typenverzeichnis von Antti Aarne und Stith Thompson erklärt: zwischen den Tiermärchen und den Legendenmärchen, auf die dann die Novellen- und die Schwankmärchen folgen, haben die Zaubermärchen ihre Stelle. Antti Aarne hat sie durch das Wort *übernatürlich* gekennzeichnet. Wir bevorzugen das Wort *wunderbar,* und zwar in dem Sinne, daß im Zaubermärchen das Wunderbare im Mittelpunkt steht. Auf diese Weise rückt für uns ein Typus wie 580, den man mit dem Titel *Der Weiberheld* bezeichnen könnte, entschieden an den Rand, da in ihm gerade der Beischlaf nicht wunderbar ist.

Was den ersten Begriff betrifft, so ist nicht zu übersehen, daß mit ihm sprachliche Schwierigkeiten gesetzt sind. Infolge der Prüderie und der Hypokrisie der Jahrhunderte und der Kaltschnäuzigkeit der Gegenwart besitzen wir keinen schlicht treffenden Wortschatz, sondern haben fast nur die Wahl zwischen den Plumpheiten der Gossensprache auf der einen Seite und saft- und kraftloser Mediziner- und Anatomensprache auf der anderen. Für Menschen ohne lebendiges Sprachempfinden mag das gleichgültig sein. Wer das, was er im Bilde schaut, auch wirklich sagen, im Worte anschaulich machen oder am Ungenügen leiden muß, für den ist der Zustand unerträglich. Er ist vergleichbar einer Situation, in der ein Sprecher fortgesetzt lügen muß.

Es versteht sich von selbst, daß es im Märchen keinen Koïtus geben kann. Der Grund liegt zutage, da ein entzaubertes und entwundertes Wort keinen Gehalt des Zaubermärchens zu bezeichnen vermöchte. Selbstverständlich kann es im Märchen auch keinen Geschlechtsverkehr geben. Sind die Märchen überhaupt von tiefem Leben erfüllt, so ist der Verkehrs- und Maschinenjargon nicht geeignet, ein zauberhaftes Beilager, einen märchenhaften Beischlaf irgendwie treffend zu bezeichnen oder auch nur anzudeuten. Wir werden noch sehen, welche tiefe Bedeutung gerade das Wort Beischlaf für das Beilager im Zaubermärchen hat.

Andererseits läuft das Märchengeschehen, wie jeder weiß, durchaus nicht nur in einer Wunderwelt ab, sondern auch in der Alltagswelt. Der lebendige Erzähler kommt aus ihr, seine Abenteuer, seine Wünsche drängen sich mit ein; das Liebesspiel will auch in der Sprache, auch im Märchenerzählen gespielt werden. Gelegenheit macht Diebe, auch Liebesdiebe, und daher bringt der Erzähler bisweilen auch dort, wo der typische Handlungsablauf es nicht fordert, den Jungen und das Mädchen zusammen ins Bett. Das Liebesfeuer, das da über dem Paar zusammenschlägt, ist freilich weniger ein Zauberbrand als eine Brunst, die nicht in der Tiefe des Märchensinnes gründet. Auf der Suche nach dem für solche Umarmungen angemessenen Wort, stoßen wir auf einige Verse aus dem Faust:

Und mir ist's wie dem Kätzlein schmächtig,
das an den Feuerleitern schleicht,
sich leis dann um die Mauern streicht;
mir ist ganz tugendlich dabei,
ein bißchen Diebsgelüst, ein bißchen Rammelei.
So spukt mir schon durch alle Glieder
die herrliche Walpurgisnacht ...

Das ist es denn: die Hirten, die Bauern, die Landsknechte und nicht zuletzt auch fröhliche Frauen haben sich die Märlein selbstverständlich hier und da mit ein bißchen Rammelei gewürzt. Nur ... was ist das Schicksal solcher Szenen, wenn der Senn sie dem städtischen Sammler erzählt? Und was ist ihr Los weiter, wenn sie vom Sammler zum Druck befördert werden? Nun, der ländliche Erzähler schon tat sich schwer, und daher ward er oft nicht einmal richtig verstanden.

Ein drolliges Mißverständnis ist sogar bei dem großartigen Henßen zu finden[2]. In verfänglicher Weise teilen Jünglinge und Jüngferlein im Typus 313 Geheimnisse miteinander, wenn nämlich die Unterweltstochter dem Helden bei seinen todumdrohten Arbeiten beisteht. Da ist geschwind einmal eine Gelegenheit zur Rammelei, und der ländliche Erzähler einer wolhynischen Fassung nutzt sie aus. Das hilfreiche älteste von des Wasserkönigs drei Töchterlein sagt zu dem Jungen, als er wegen der unlösbaren Aufgabe ihres mörderischen Vaters bei ihr Klage führt: › Das ist alles Kleinigkeit, du kommst nach uns und füllst uns unsere Aufgabe aus, das andere wird dann später alles schon gemacht sein. ‹ Und der Wasserkönig hat bei die Töchter keine Mannsperson nicht dabei gelassen.« Das Wort *beilassen* ist härter, als es städtischen Ohren klingt; es ist, zumindest in jener Gegend, ein Ausdruck der Tierzucht. Wer sich von seiner Stute ein Fohlen wünscht, wird den Hengst einmal *beilassen*. Der Text fährt fort: »Waren schon erwachsen und haben gern Junge gewollt, und er hat keine dabei gelassen.« Hier liegt das erste Miß- verständnis vor; denn nicht Junge haben die wackeren Mädel gewollt, sondern Jungen, zum Beilassen nämlich. Das Töchterlein sagt weiter: »Tu uns alle den Gefallen, was wir wollen ...« Und nun wendet sich der Erzähler aufklärend an den Aufzeichner: »(Sie wissen doch, was vorgefallen)« – und das Mädchen fährt fort: »...dann wird das andere alles gemacht.« – Ein schöner Tauschhan- del: fröhliche Rammelei in drei Nächten gegen unnachahmlich hohe Zauberkunst durch Wasserkönigs Töchterlein. Spaßhaft ist aber im Druck der Satz, der dem eigentlichen Sinn ausweicht: Sie wissen doch, was vorgefallen. Der wirkliche Sinn ist: was vor Gefallen, nämlich was für einen Gefallen der Junge den Schönen erweisen sollte.

Das Abendland tut sich halt schwer mit der Vermischung von Mann und Weib. Doch wollen wir hier schon eine sprachphilosophische Bemerkung einschalten: das doppelseitig-einfache Geschehen kann im einzelnen Bewußtsein gar nicht vollständig vergegenwärtigt, nicht objektiviert und daher auch nicht unvermittelt begriffen und benannt werden. Im Beischlaf ist das Gefüge des In–der–Welt–Seins selber verändert, und da Sprache innerhalb dieser Struktur und für den Gebrauch in ihr geprägt ist, so versagt sie vor dem von grundauf gewandelten Erlebnis entselbsteter Verwobenheit. Unter diesem Gesichtspunkt ist das Wort, daß Liebende einander die Bürde der Existenz erleichtern, von tiefsinnigstem Gehalt.

Aus dem genannten Grunde sind die sachlichen Termini fremden Bereichen entnommen und werden als uneigentlich empfunden, so auch *rammeln* und *beilassen;* sie werden oft hergenommen aus der äußeren Leibhaftigkeit und sind daher nicht imstande, das innerseelische Erlebnis zu berufen. Dazu ist nur die dichterische Aussage imstande, also die echte dichterische Beschwörung, und die kann nur zu der sympathetisch schwingenden Innerlichkeit gesprochen werden: »Sagt es niemand, nur dem Weisen, weil die Menge gleich verhöhnet. Das Lebendge will ich preisen, das nach Flammentod sich sehnet.«[3] – Das nicht-direkte Verlautbaren, das Nichtnennen, die bildhafte Umschreibung hat im Zaubermärchen daher auch einen guten Sinn.

Noch entschiedener als an dem wolhynischen Märchen läßt sich dies zeigen an einer ähnlichen Fassung desselben Typs – mit einer bildhaften Verklausulierung des Beischlafes, die so deckend ist, daß dieses Märchen den noch nicht dreißigjährigen Brüdern Grimm durch ein damals höchstens neunzehnjähriges adliges Jüngferlein zugekommen ist[4]. Ludowine von Haxthausen, eine Verwandte der Droste, war 1795 geboren, 1814 erschien das Märchen »De beiden Künigeskinner« im Druck.

Die Situation im westfälischen Märchen ist der des wolhynischen sehr ähnlich, ja, der König *schlippet* den Helden durch ein großes Wasser an sein Schloß, so daß er ebenfalls als ein Wasserkönig erscheint. Hier aber steckt der Vater den Jungmann selbst zu den Jungfern in die Kammer, allnächtlich reihum bei allen dreien, und verspricht ihm sogar jeweils eine als Frau. Die Bedingung ist nur, daß er wachbleibt – was ja wohl keine unüberwindliche Schwierigkeit darstellt angesichts der Situation. Es könnte nur sein, daß der junge Mann, wenn der König kommt und fragt, ob er auch wach sei, was jedesmal beim Glockenschlag geschehen soll, daß der Jungmann da in seiner Aufmerksamkeit durch irgendetwas Wichtigeres abgelenkt wäre. Indessen bauen die Königstöchter jeder Gefahr der Unachtsamkeit durch einen merkwürdigen Helfer vor, der bei allen auf der Kammer steht, durch einen steinernen Christoffel nämlich, der von Nacht zu Nacht, von der ältesten bis zur jüngsten Königstochter, immer größer wird. Diese Figur kann sprechen und nickt mit dem Kopf, wenn ihr etwas aufgetragen wird, zunächst geschwind und dann immer langsamer und steht erst nach längerer Zeit wieder still. Und bei der Jüngsten, »da nickede de grote lange steinere Christoffel wol ene halwe Stunne mit den Koppe«. Nun hat der König den jungen Prinzen ja selbst beigelassen, und da könnte der den Königstöchtern den Gefallen ja wohl tun, ihr wißt schon welchen, aber so weit ist die Jungfer von Haxthausen dann doch nicht gegangen: he »legte sik up den Dörsül, legte de Hand unner den Kopp un schläp inne«, – mit einem bedauerlichen Mangel an Galanterie, dürfen wir wohl nachträglich sagen. Wie sich die Erzählerin und die Brüder Grimm die Christoffel-Rolle zurechtgelegt haben, wissen wir nicht; doch haben sie offenbar treu am überlieferten Text festgehalten. Wir aber, Kinder eines symbolverständigen Zeitalters, meinen, daß die Gewährsfrau der Ludowine das eigentliche Liebes- und Bettgeheimnis in dem beweglichen, stets wachen Christoffel verschlüsselt haben möchte. – Hinzuzufügen bleibt nur noch, daß der Vermerk über den Schlaf auf der Türschwelle bei der älteren Tochter, also in der ersten Nacht, fehlt. Aber das ist wohl nur eine versehentliche Auslassung; denn es ist am Ende nicht etwa sie, sondern die jüngste Tochter, die dem Königssohn hilft und schließlich seine Frau wird.

Wenden wir uns von den Märchen mit gelegentlicher Rammelei solchen zu, in denen der Beischlaf wesentlich, also eigentlich zauberhaft und wirklich märchenhaft ist. Von dieser Art gibt es nur zwei oder drei Typen. Im Typus 410, *Dornröschen*, ist das Motiv spätzeitlich verwendet und daher weitgehend entzaubert; wir werden auf dessen Ablauf daher nur beiläufig eingehen. Dann bleiben uns der Typus 304, der nach der Grimmschen Variante *Der Jäger* heißt und den ich, treffender wie ich meine, *Das Nachtwachenabenteuer* nenne, und der Typus 551, *Das Wasser des Lebens* oder *Der Goldvogel* zweiter Unterart.

In Kürze den Verlauf im Typus 304[5]. Drei Brüder und ihre Mutter sind auf der Wanderschaft. Sie lagern in einer Nacht am Walde; die Brüder halten, einander ablösend, Wache, der Jüngste um Mitternacht. Ihm erlischt das Feuer; er macht sich auf, einen Brand zu suchen, gewinnt eine Zauberwaffe und fesselt das die Zeit zeitigende Wesen. Bis er es wieder entfesselt, verläuft also das Geschehen in der Zeitlosigkeit. Der Held wird von Riesen oder ähnlichen Wesen für den Einbruch in eine Königsburg gewonnen, dessen Wachen zu schlafen pflegen, ein Hündlein ausgenommen. Dies aber erlegt nun der Bursche mit der Zauberwaffe. Er geht zur Erkundung auf die Burg, findet alles im Schlaf, auch die Königstochter, liegt ihr bei, nimmt irgendwelche Andenken mit, tötet die räuberischen Kumpane, verläßt die Burg, entfesselt die Zeit, bringt die Zauberwaffe zurück an ihren Ort, entfacht das erloschene Feuer und weckt den nächsten Bruder zu seiner Wache. Für die Mutter und die Brüder ist mithin gar nichts geschehen, und das stimmt auch in gewisser Weise, denn was geschah, trug sich zu außer der Zeit. Aber auf der Königsburg ist eine Wandlung eingetreten: die Verzauberung ist gehoben, die Mächte, die sie allnächtlich belagert hatten, werden am Morgen tot unter der Mauer gefunden, und im Schoße der Königstochter wächst der Reichserbe heran. Es muß offenbar der Befreier sein, der ihn mit der Schlafenden gezeugt hat. Nachdem das Knäblein geboren ist, sucht man den Vater ausfindig zu machen, und zwar mit Hilfe des Gasthauses an der Straße, in dem die Königstochter die Wirtin ist und alle Wanderer frei verköstigt, die eine Lebensbeichte ablegen.

Als jene reisende Familie dort einkehrt, wissen die Mutter und die älteren Söhne nichts Gewichtiges vorzubringen; der Jüngste aber berichtet nun von dem Abenteuer jener Nacht, unglaublich für die Seinen, da jenes vielfältige Geschehen gar nicht Raum hat in der Nachtwachenstunde. Die Königstochter indes weiß um die Wahrheit des Erzählten, und zum Überfluß legt nun der Jüngling auch die Wahrzeichen vor, die er aus dem Schlosse mitgebracht hat. Der Königshochzeit steht nichts mehr im Wege.

Schauen wir uns sogleich auch nach dem Wasser des Lebens um[6]! Drei Königsbrüder ziehen aus, um den Goldvogel oder das Wasser des Lebens zu suchen. Die beiden älteren verschmähen den Beistand eines helfenden Wesens. Der Jüngste aber gelangt mit dessen Hilfe an den Lebensquell, findet dort eine schlafende Prinzessin und liegt ihr bei. Die Besonderheit des Ortes wird des öfteren dadurch bezeichnet, daß der Weg zu ihm durch eine Sperre führt, die nur unter Todesgefahren und nur zu bestimmter Zeit hinüber und herüber zu durchschreiten ist, so das Eisentor in der Variante der Brüder Grimm[7]. Dieses öffnet man durch drei Schläge mit einer Zauberrute, muß aber vor zwölf Uhr wieder herwärts gekommen sein. Offenbar wird im Typus Nachtwachenabenteuer die Besonderheit jenes Ortes durch das Zeitigungsmotiv, im Typus Lebenswasser

aber durch das räumlich stärker betonte Motiv des Tores ausgedrückt. In beiden Märchen findet sich das Paar mithin außer der
Zeit – wagen wir zu sagen: in der Ewigkeit –, und zwar im Schlaf;
faktisch zwar nur das Mädchen, symbolisch gesehen aber beide, denn
auch der Jungmann ist entrückt. Auf der Heimreise wird er von den
Brüdern, die nichts ausgerichtet haben, um seinen Gewinn betrogen,
um den Goldvogel oder das Lebenswasser, ja, in einer Anzahl von
Varianten wird er von ihnen getötet oder doch einer tödlichen
Gefahr ausgesetzt. Auch nach der schließlich geglückten Heimkehr
bleibt er jedoch zunächst in der Rolle des Erfolglosen, und sein
Los und dessen Fortentwicklung beruhen ganz und gar in dem
drüben schwanger zurückgelassenen Weibe. In diesem Typus wartet
indes nicht sie auf den Vater des Kindes, sondern sie bricht auf mit
dem Söhnchen oder den Zwillingsknaben und einem Heer in die
Welt. Sie rückt vor die Stadt ihres Schwiegervaters, entlarvt die
betrügerischen Brüder und bringt den wahren Wert des Jüngsten
und seine lebenspendende Rolle ans Licht.

Bevor wir nach dem Sinn fragen, noch ein Wort zum Sprachlichen.
Man kann sich leicht denken, in welche Schwierigkeiten die beiden
Typen sowohl die Urerzähler gebracht haben als auch die Nacher-
zähler, zumal wenn diese glaubten, sie müßten Kindermärchen
vermitteln. Die Lebenswasser-Fassung in den Kinder- und Hausmärchen gibt ein Beispiel für den ängstlich vermiedenen Beischlaf
und für die schlecht verhehlte Schwangerschaft[8]. Dies ist indes keine
spezifisch Grimmsche Prüderie, sondern so geht's bis in unsere
Tage und in Sammlungen bei den verschiedensten Völkern.

Bisweilen ist im Nachtwachenabenteuer keine Rede von Zeugung
und Schwangerschaft, aber das Wirtshaus an der Landstraße mit
Gastung gegen Lebenslauf ist erhalten, obwohl die freie Kost ja
den eigentlichen Sinn nur in der Suche nach dem Zeuger findet.
Andererseits gibt es sehr schöne Symbole für den Beischlaf, so,
wenn der Held dem Mädchen nur einen Kuß gibt und einen Pantoffel mitnimmt, so daß die Prinzessin nachher ihren linken Fuß nak-
kend findet und das Schloß erlöst ist[9].

Besonders eigenartig sind manche Formen der Entkleidung. In einem
holsteinischen Märchen des Goldvogeltyps ist die Braut ganz in
Linnen vernäht – ein Motiv von höchster Eigenart und Rätselhaf-

tigkeit, das aber auch im Typus Nachtwachenabenteuer vorkommt, zum Beispiel in der Grimmschen Fassung, wo die Prinzessin »ganz in ihr Hemd eingenäht« ist[10]. Der Jungmann schneidet dann in der niederdeutschen Fassung »op een Steed 'n lütten Flicken ut, den stickt he in de Tasch. As he'n beten bi eer slapen hett – se is dar aver gar ne vun upwaakt –...« Der ausgeschnittene Flicken, der abgeschnittene Schlippen gehören später auch zu den aufzuweisenden Wahrzeichen, wobei wir dann auch an das in manchen Hochzeitsbräuchen vorzuzeigende Brauthemd mit dem Jungfernblut denken dürften.

Mit der Frage nach dem Sinn zielen wir ab auf diejenige Anschauung, die ursprünglich die Gestalter mit dem Märchen verbunden haben, das heißt, auf den erlebensgemäßen und den kulturgeschichtlichen Gehalt, die miteinander in Zusammenhang stehen müssen. Alle anderen möglichen Deutungsverfahren stehen in der Gefahr, auch wenn sie an sich sehr beherzigenswerte Gedanken entwickeln, das Eigentliche des Märchens zur bloßen Allegorie zu verflachen und nicht von ihm selbst zu handeln. Angedeutet habe ich schon, daß in dem Zeitigungsmotiv des Nachtwachenabenteuers und im Symplegadenmotiv des Lebenswassers, das heißt im Eisentor, ein Geschehen zwischen hüben und drüben ausgedrückt ist. Damit gelangen wir zu dem Schluß, daß die Prinzessin in beiden Typen ursprünglich eine Jenseitige ist. Außereuropäische, aber bisweilen auch europäische Varianten bestätigen uns das. Zu 551 vermerkt das chinesische Typenverzeichnis[11] lakonisch: »He meets a fairy maiden, not a princess: er trifft auf eine Feenjungfrau, nicht eine Prinzessin.« Im persischen Märchen ist die Prinzessin eine Peri, im lettischen ist die Schöne im Bernsteinschloß eine Königin des Meeres[12].

Nicht in allen Fassungen, doch oft genug wird in klaren Worten ausgesprochen, daß der Jungmann die Schöne und ihren Lebensbereich, indem er sie umarmt, aus einer Verwunschenheit erlöst. Im Dornröschen, trotz seiner sozusagen verweltlichten Form, liegt der Zauberbann auf dem Mädchen und dem ganzen Schloß, und der Zauber löst sich mit dem Kuß des Prinzen oder, in der vollständigen Fassung, durch das saugende Neugeborene. Auch in den ursprungsnäheren Typen 304 und 551 schlafen die Prinzessin, die

Schwestern, die Eltern, die Wachen. Der Schlaf muß offenbar auch als Ausdruck für die Stockung im Leben da drüben betrachtet werden, für ein Absinken der eigentlichen dortigen Lebendigkeit. Auf dieser, auf unserer Seite der großen Schranke glüht und leuchtet das Leben im Blut und im Samen, und im Beischlaf mit der schlummernden Jenseitigen zündet der Jüngste auch auf jener Seite das Leben aufs neue an.

Auf den älteren Kulturstufen sind es die Jenseitigen, die einer Erlösung durch die Diesseitigen bedürfen. Erst in den späteren Religionen kehrt sich das Verhältnis um, so daß der Diesseitige nach drüben blickt und um Erlösung fleht. Aber noch aus vielen unserer Volkssagen spricht nach wie vor die alte Grundüberzeugung; sie gilt ebenso für die mittelalterliche Gralssage und sogar noch für ein echt konzipiertes Märchen des vorigen Jahrhunderts, nämlich für *Die Regentrude* von Theodor Storm.

Nach den alten Anschauungen sind die Jenseitigen keine für sich seienden Wesen, sondern ihr Leben steht mit dem der Diesseitigen in polarem Austausch. Sehr schön bringt ein Mythenmärchen der Hopi das zum Ausdruck[13]. Es gibt dort zwei Göttinnen im östlichen und im westlichen Weltmeere, die unendliche Mengen von Kostbarkeiten, Korallen, Edelsteine, Perlen, Muscheln verwalten. Dem Jüngling, der die eine von ihnen besucht, die Harung Wuhti des Westmeeres, erscheint sie als ein gebrechliches uraltes Weib. Am Abend jedoch verwandelt sie sich in eine junge Schöne und fordert ihn zu einer Liebesnacht auf. Aber als er am Morgen erwacht, findet er an seiner Seite eine schnarchende alte Hexe und fühlt sich sehr unglücklich. Den ganzen Tag über sitzt die Greisin da, eine krumme alte Schachtel. Erst abends wird sie wieder zur jugendlichen Schönen, und nach der zweiten Liebesnacht bleibt sie es auch. Die rituell gebotenen vier Nächte hindurch hält er Beilager mit ihr, danach teilt sie ihre wunderbaren Kostbarkeiten dem Jungmann mit. Solchem Austausch entspricht auch die Erlösung der in sich zur Erstarrung, zum Versinken im Schlafe neigenden Jenseitswelt – durch den Diesseitigen – zum Leben hin, zur Entbindung von Licht und Kostbarkeit, zu Geburt und Wiedergeburt.

Nicht im Dornröschen-Typus, wohl aber im Goldvogel- und im Nachtwachenabenteuer gelangt der Held zu der Jenseitigen durch eine Ekstasis, in einer Seelenfahrt, und dies ist ja eben eines der Wesenselemente des Zaubermärchens[14]. Auch darum ist die Partnerin unerwecklich; die Umarmung findet in einem trancehaften Zustande statt.

Noch die Feenmärchen des Mittelalters sind voll von Liebschaften mit jenseitigen Partnern. Auf der schamanischen Kulturstufe ist dergleichen nichts Ungewöhnliches. Noch vor kurzem haben die Zeitungen von einer Ehescheidung in Ägypten berichtet – auf Verlangen der Frau, weil der Mann in eheverletzender Weise auch mit einer Geistin verheiratet war. Eine derartige Bigamie war jedoch in schamanischen Kulturen für Schamanen wie für Schamaninnen etwas durchaus Regelrechtes. Der jenseitige Partner war der Haupthilfsgeist des Diesseitigen; der diesseitige bedeutete für den jenseitigen den heißersehnten Zugang zum Wirken in dieser Welt. Die zeitweilige Ausgeschlossenheit eines Geistes von der Leiberwelt, das eben war seine Unerlöstheit, sein vertiefter Todesschlaf. Es gingen aus solchen Ehen auch Kinder hervor, wofür mannigfaltige Belege zeugen[15]. Es ist daher kein Anlaß zur Verwunderung, daß die Prinzessin in einer rein seelischen, ekstatischen Begegnung empfängt. Insofern die Zeugung im Schlafe stattfindet, bezeichnet dieses Märchenbild überhaupt den tieferen Sinn der zeugerischen Begegnung und des Wortes Beischlaf. Es bezieht sich keineswegs allein auf Zeit und Stätte des Liebesschlafes, sondern weit mehr darauf, daß die eigentliche Verwebung und Verschmelzung des Paares sich in den niemals erwachenden Zonen ihrer Leibseele vollzieht.

Ich habe bisher das Hauptaugenmerk gerichtet auf die Wirkung, die das Beilager des Jüngsten mit der Göttin drüben hat. Dabei kam doch notwendig auch etwas von dem zur Sprache, was es für ihn bedeutet: das Einheimsen schamanischer Begabung. Schon früher habe ich in ähnlicher Weise den Typus 400 als Muster einer schamanischen Einweihung gedeutet – mit Zerstückelung des Initianden, zunächst mißglückender Trance, Seelenreise mit dem tiergestaltigen Hilfsgeist, Vereinigung mit der Geistin als Gattin und Verbleiben drüben[16]. Der Typus wird benannt nach der Suchfahrt des Mannes, da er vorübergehend den Kontakt mit der Geistin verliert. Der Beischlaf spielt dort keine Rolle. Der eine Untertypus enthält erst am Schluß die Hochzeit; in dem anderen wird zwar frühzeitig gehochzeitet, aus der Ehe erwachsen Kinder, aber beides bleibt beiläufig. Auch haben die Hochzeiten nichts mit der Erlösung der Geistin zu tun; sie wird im Typus 400 durch die Qualennächte erreicht, die der Held durchduldet. Im Nachtwachenabenteuer und im Goldvogel aber ist der Beischlaf das zentrale Ereignis. Er hat erlösende Kraft, führt zur Geburt und nötigt damit der Geistin die Suche nach dem Manne auf – dies also in einer merkwürdigen Umkehrung gegenüber dem Typus 400.

Im Goldvogeltypus läuft diese Suche auf ein eigentümliches und höchst bezeichnendes Geschehnis hinaus. Die Suchende läßt nämlich von ihrem schließlich erreichten Standpunkt aus einen kostbaren Weg entstehen – entweder aus wertvollen Geweben oder aus Gold oder goldgezierten Baustoffen. Diesen Weg meiden aus äußerlicher Bedenklichkeit die älteren Brüder, die vorgeblichen Entdecker des Lebenswassers; der wirkliche Held, der auch der Zeugende und der Erlöser war, durcheilt die Bahn, ohne sich zu bedenken. Dieser Vorgang ist sicherlich nicht so pragmatisch zu verstehen, wie er in der epischen Darstellung erscheint, sondern esoterisch, wie es der Artung eines goldenen, von der Jenseitigen entworfenen Weges gebührt. Ihn *kann* eben nur der beschreiten, der drüben zu ihm geweiht ist. Im russischen Märchen lagert die Jungfrau im weißen Zelt auf seidigen Gräsern unterm weiten Himmel und baut von dort zum Zarenschloß eine drei Werst lange Brücke – mit vergoldetem Geländer und kostbar mit Tuch überzogenem Boden. Im lettischen Märchen bleibt der Sohn drüben und läßt, um seinen Vater zu trösten, in einem Augenblick vom Bernsteinschloß überm Meere eine goldene Brücke entstehen bis zum hiesigen Schlosse des Königs. Im ungarischen Märchen erblickt der alte König staunend eine schwebende Brücke aus Gold, die von seinem Palast bis zur goldenen Burg reicht, und oben steht die Königstochter und verlangt, daß man ihr den Räuber des Lebenswassers ausliefere[17]. Am Beschreiten der Brücke hindert hier die älteren Brüder die von ihr ausgestrahlte Hitze. Diese Hitze, nennen wir sie Tapas, hat aber der Jüngste, der drüben war, schon beherrschen gelernt. Demgemäß ergibt sich als eigentlicher Sinn des Motives dies: nicht die Bedenklichkeit wegen der Kostbarkeit des Weges entlarvt die Betrüger, sondern die Unfähigkeit, auch nur die Füße auf ihn zu setzen.

Der Eröffnung des Weges von drüben her entspricht es, wenn der Held am Ende, wie im Typus 400, auch König des jenseitigen Reiches wird. Das kann gar nicht anders sein im Typus Nachtwachenabenteuer, weil dort der Held kein Königssohn ist; es läuft bisweilen auch darauf hinaus im Goldvogelmärchen. Doch übernimmt der Erlöser dort auch oftmals das Reich seines Vaters, da die älteren Brüder wegen ihrer Anschläge auf sein Leben und ihrer Betrügerei sich selbst um das Erbrecht gebracht haben. Für den schamanischen Sinn ist es freilich nicht ausschlaggebend, ob der junge König auf den hiesigen oder den dortigen Thron gelangt; das Entscheidende ist, daß eine Jenseitige seine Königin wird.

Die Annahme, daß die alten großen Märchen rein Phantastisches, Niegeschehenes, ja Niegeglaubtes, bloße Wunscherfüllung erzählen wollten, geht demnach völlig in die Irre. Richtig ist, daß gewisse Märchen in beispielhafter Weise Ereignisse berichten, die für bestimmte Kulturzustände typisch waren und die als lebenswichtig betrachtet wurden. *In beispielhafter Weise* bedeutet, daß diese Erzählungen von allem Individuellen absehen und nur einen typischen Ablauf wiedergeben. Insofern könnte man die Märchentypen 400, 304 und 551 als schamanische Mythen ansprechen und hätte damit auch etwas Handgreifliches zu der Frage nach dem Verhältnis zwischen Märchen und Mythos ausgesagt.

Der Gedankengang hat uns zunächst auf den schamanischen Sinn der Ereignisse geführt. Doch kann es uns darum allein nicht gehen; wir fragen weiter nach dem inneren Sinn eines Beischlafes mit der Göttin. Was bedeutet überhaupt seine Jenseitigkeit im Hinblick auf seine metaphysische Wirklichkeit in der allnächtlichen Wirklichkeit? Die bei uns landläufigen Vorstellungen geben uns zur Beantwortung solcher Fragen keinen Schlüssel an die Hand. Mit den Zwangsvorstellungen von lediglich materiell-biologischen Vorgängen und mit den zellular-genetischen Terminologien werden die seelischen und die metaphysischen Hintergründe verdrängt. Als beschränkt verleumdete Eingeborene haben seit eh und je den seelischen Vorgängen bei der Zeugung das entscheidende Übergewicht beigemessen. Aber in Europa reicht die Begriffsverengung bis in die höchsten denkerischen Ränge hinein. Das eigentliche Leben, das Erleben selber fällt vielfach gar nicht in das philosophische

Okular, und, was schlimmer ist, das eingeschränkte Begriffsvermögen bedroht auch das seelische Erleben selber mit Verarmung[18].

Wenden wir uns daher den Dichtern zu! Wir beginnen mit Versen, die unter dem Namen Walthers von der Vogelweide überliefert sind, aber vermutlich nicht von ihm herrühren – immerhin: »Ist aber daz dir wol gelinget, / sô daz ein guot wîp dîn genâde hât, / hei waz dir danne fröiden bringet, / sô si sunder wer vor dir gestât, / halsen, triuten, bî gelegen, / von solher herzeliebe muost dû fröiden pflegen.« – Tiefe Lebenslust ist das Stichwort dieser Strophe, doch deutet das Wort *genâde* auch auf religiöse Zusammenhänge. Umfassenderes besagen diejenigen Dichtungen, die auf die Minne weitere religiöse Zentralbegriffe anwenden. So wird anderwärts die Liebesvereinigung *suone* genannt und die Geliebte *suonerinne,* so daß sie als Versöhnerin, als Heilandin erscheint. Bei Gottfried von Straßburg steht in der Liebeskapelle das Minnelager Tristans und Isolts an der Stätte des Altares[19].

Überspringen wir Jahrhunderte, so finden wir bei dem Schlesischen Engel, bei Johannes Scheffler den unvergeßlichen Zweizeiler: »Die Braut verdient sich mehr mit einem Kuß um Gott / Als alle Mietlinge mit Arbeit bis in'n Tod.«[20]

Und noch einmal zwei Jahrhunderte später bei dem weltzugewandten Theodor Storm: »Wer je gelebt in Liebesarmen, / der kann im Leben nie verarmen; / und müßt er sterben fern, allein, / er fühlte noch die sel'ge Stunde, / wo er gelebt an ihrem Munde, / und noch im Tode ist sie sein.«[21] Es erhöht unermeßlich das Gewicht dieser Worte, wenn wir bedenken, daß Storm an keine Unsterblichkeit glaubte.

Es ist angesichts solcher Dichterworte ganz verständlich, aber man muß es doch wiederholt lesen, um den Augen zu trauen, wenn in einem litauischen Märchen der Held mit der weltschönen Jenseitsbraut nur dadurch den todesmächtigen Verfolgern entrinnt, daß er die Braut immer wieder küßt, denn nur durch diese Küsse erlangt sein Pferd die zum Entspringen ins Leben notwendige Stärke[22].

Bekanntlich wird der Abfall vom eigentlichen Menschen und seinem Wesen in manchen Kulturen schon sehr früh angesetzt. Gemäß tibetischen Traditionen kannten die Menschen ursprünglich keine

Geschlechtsleidenschaft. Sie waren selber Licht, es gab weder Sonne noch Mond und auch keine Zeugungsglieder. Allein durch den Anblick ward das Verlangen nach dem anderen Geschlecht befriedigt, und Zeugung vollzog sich so, daß Licht, aus dem Leibe des Mannes austretend, die Gebärmutter des Weibes erleuchtete und befruchtete. Erst in der Folge erschienen Sonne und Mond am Himmel, die Geschlechtsorgane am menschlichen Leibe. Die Menschen begannen sich mit den Händen zu betasten und entdeckten – den Coïtus[23].

Wir müssen diese Vorstellung vom sexualistischen Sündenfall nicht teilen; noch immer leuchten wahrhaft Liebende sich gegenseitig an, strahlen einander in die Seelen hinein, lichte Sternbilder im Abendgewölke des Schicksals. Ein schönes schlichtes Beispiel für die Lichtspende aus Geschlechtskraft bietet Ghana, womit wir im Einklang mit den Stimmen Walthers, Gottfrieds, Schefflers, Storms und des litauischen Märchens nun auch im urtümlichen Ritual auf die klare Vorstellung stoßen, daß im Geschlechtserlebnis wirkliche Empfängnis auch auf Seiten des Mannes ist[24]. Bei einer bestimmten Festlichkeit wird auf den Straßen getanzt, und dann kann jeder Jungmann zu einem Mädchen gehen und sagen: Schieß einen Pfeil auf mich ab! – Daraufhin wird sie sich entblößen – bis auf ein rotes Tüchlein zwischen den Schenkeln. Dieser Pfeilschuß aus der Nacktheit des Mädchens, der des Mannes Lebenskraft erneuert, entspricht den belebenden Lichtstrahlen, die ursprünglich die Mondgöttin, die stets bereite Schützin, wie sie heißt, in den Kosmos, in Mensch und Tier hineingeschossen hat.

Die tibetische Sündenfallsgeschichte legt zeithaft auseinander, was in solchen Riten noch verwoben erscheint; der Ritus entbindet die lichte Kraft, die in der Mann–Weib–Polarität lebt, eine Entbindung, die immer da möglich ist, wo das Somatische nicht etwa verpönt, sondern im Vorwalten des Psychischen mit erhöht wird.

Indien hat im Shaktismus entsprechende Rituale entwickelt, in denen heute noch ein Hieros Gamos, eine Heilige Begattung gefeiert wird[25]. Seit alters gab es in den rituellen Kulturen die weihevolle Umarmung zweier Kultdarsteller in den Göttermasken, der Göttin und ihres Gefährten[26]. Aber das noch heute durchgeführte indische Ritual umfaßt den ganzen Kreis teilnehmender Männer und Frauen mit ihrem Kultführer und seinem Weib in der Mitte, und alle erleben nach entsprechenden Weihungen ihre Verwandlung in Shiva und Shakti, in Krishna und Rādhā, also jedes Mannes in den Gott, jedes Weibes in die Göttin, jedes menschlichen in das göttliche Paar. Diese *Verehrung im Kreise*, Cakrapūjā, gilt als gefahrbringend – für denjenigen nämlich, der seine Leidenschaft nicht völlig beherrscht. Das Kreisritual darf daher nur an einem günstigen Ort, nach Gebeten, Reinigungen und Versenkungen vollzogen werden. »Ohne den Leib gibt es keine höchste Glückseligkeit«, ein Zitat aus dem Hevajra–Tantra, aber um sie zu verwirklichen, muß das Leibhafte auch in seinen eigentlich göttlichen Sinn gesteigert werden. Auf ein höheres Niveau wird daher auch das vorherige Essen und Trinken gehoben; im Rauschtrank wird der Heiler und Freudebringer, in Fisch und Fleisch die Erhöhung der Zeugungskraft, der Geistes- und Körperstärke, in den Getreidekörnern die Lebenswurzel selbst erlebt und gefeiert. Die Liebesvereinigung krönt diese Erlebnisse in der Wonne, die aus der Schöpfungskraft des Weltengrundes selber erwächst und in der das mystische Paar die Einheit der Gegensätze erlebt, die Identität von Shiva und Shakti, von Weltengrund und immerwährender Weltenschöpfung. Dies also ist im Shaktismus der Heilsweg; er wird begangen nicht in der Askese, die immer das Weib abwertet, sondern gipfelt im Maithuna, in der Wonne der Vereinigung, die in jedem Weibe als Shakti die Hohe Göttin erlebt[27].

Haben wir den märchenhaften Beischlaf, den eigentlich menschlichen, nämlich den vom seelischen Erleben geführten Beischlaf ins Auge gefaßt, so verstehen wir nun, wieso das Ziel des wandernden Jungmannes der Lebensquell mit dem Lebenswasser hinter den Klappfelsen ist und daß er grad da auch auf die göttliche Beischläferin stößt. Das dort gefundene Lebenswasser ist eben das Symbol für die Empfängnis auch auf seiten des Mannes. In dem russischen Märchen Jungfrau Zar werden die beiden Vorstellungen verknüpft in den Worten der göttlichen Jungfrau – wenn sie nämlich ausruft: »Ein Dieb ist in unserem Reich gewesen und hat in meinem Brunnen sein Pferd getränkt. Unsere verjüngenden Äpfel und Wasser des Lebens und des Todes hat er geraubt!« – Eine starkwortige Bezichtigung, auf die eine harte Hetzjagd folgt, aber auch die Verzeihung und die Vereinigung am Ende.

Ein merkwürdiges Dokument über eine solche Dieberei als Tatsache ist in den letzten Jahren ans Licht gekommen, und es bedurfte dazu ohne Zweifel einer Frau als Ethnologin, um dergleichen zu entdekken[28]. Dieses Dokument führt uns abermals geradeswegs auf die schamanistische Grundlage, über der die behandelten Märchen entstanden sind.

Florinda Donner hat längere Zeit in einem der wenigen Indianerstämme Südamerikas gelebt, die unter der weißen Bedrohung ihre Kultur noch bewahrt haben, und sie ist darüber belehrt worden, was der Beischlaf für einen Schamanen bedeutet. Nicht um der Lust und der Zeugung willen legt er sich zu einer Frau, sondern um aus ihr die Kraft zu gewinnen, die er für seine Reisen ins Haus des Donners, zur Sonne und wieder heimwärts bedarf. In seinem Leibe, so heißt es, bedarf er des weiblichen Elementes, dies nimmt er im Beischlaf in sich auf und gibt der Frau nichts dafür wieder. Von einem uralten Schamanen wird ihr erzählt, daß er in manchen Nächten von Hütte zu Hütte wandert und sein Glied in jede Frau tunkt, die er findet. Und dies bleibt für die Forscherin nicht ein nur von Frau zu Frau anvertrautes Geheimnis, sondern sie erlebt es am eigenen Leibe. Ein junger Schamane, der noch nicht zu voller Entfaltung seiner Möglichkeiten gelangt ist, hat in ihren Augen ihre Hilfsgeister spielen sehen, und er versucht, diese Geister im Beischlaf in sich selbst hinüberzuziehen. Er versetzt die junge Frau dazu mit dem traditionellen Rauschtrank in einen visionären Zustand, in dem Wachen und Traum ungeschieden sind und in dem sie seine Annäherung nicht als gewaltsam empfindet – im Gegenteil, sie sagt: »Seine Augen säeten Lichtsamen in mich hinein.« Indes, der Versuch mißlingt; nach Tagen bricht der Shapori ihn ab, weil er fürchtet, daß die Frau umgekehrt seine eigenen Hilfsgeister ihm aus dem Leibe lockt[29].

Es spricht für Florinda Donners Rang als Weib und Forscherin, daß sie dem Manne den Versuch, ihr Lebenskräfte zu rauben, letzten Endes nicht übelnimmt, sondern, nicht ganz unähnlich der zwiefältig empfindenden Jungfrau Zar, versetzt sie ihm zunächst mit einer wassergefüllten Kürbisflasche einen heftigen Schlag ins Gesicht, beschenkt ihn dann aber mit einem kraftvollen Amulett, das sie zuvor erhalten hatte.

Es ginge nicht an, solchen kulturell spezialisierten Anschauungen Allgemeingültigkeit zuzuschreiben; es gilt nur, die Verwandtschaften zu erkennen: abseits nämlich sowohl von der Lust wie vom Fortpflanzungszweck die Erhöhung der innerlichsten Lebendigkeit der Partner aus dem Kraftquell des Zeugungsgeschehens, aus der Lebensquelle der Liebesvereinigung. Es entspricht ganz einem solchen Verständnis, wenn ein griechisches Märchen voraussetzt, daß der Beischlaf mit der Weltschönen den alten König verjüngt[30], oder wenn gerade dieses märchenhafte Motiv uns auch in seiner Verleiblichung begegnet. In Kashmir wurden vor 900 Jahren junge Sklavinnen ins Kaula-Ritual eingeweiht, wodurch sie aus aller menschlichen Endhaftigkeit entbunden und zu »Lebendigerlösten«, zu lebenden Göttinnen wurden. Bei ihnen pflegte der König Harsha zu schlafen, um lange zu leben[31].

In weiter zeitlicher Entfernung, aber innerer Nähe zu solchem rituellen Unterfangen kann noch die Ottilie der Wahlverwandtschaften in ihr Tagebuch schreiben – Goethe selbst schreibt ihr die Worte hinein: »Einem bejahrten Manne verdachte man es, daß er sich noch um junge Frauenzimmer bemühte. Es ist das einzige Mittel, versetzte er, sich zu verjüngen, und das will doch jedermann.«[32]

Am stärksten bringt Goethe das für uns fast verlorene Geheimnis zum Ausdruck im weiteren Verfolg jener Gedanken, die nur zum Weisen zu sagen sind: »In der Liebesnächte Kühlung, / die dich zeugte, wo du zeugtest, / überfällt dich fremde Fühlung, / wenn die stille Kerze leuchtet. – Nicht mehr bleibest du umfangen / in der Finsternis Beschattung, / und dich reißet neu Verlangen / auf zu höherer Begattung. – Keine Ferne macht dich schwierig, / kommst geflogen und gebannt, / und zuletzt, des Lichts begierig, / bist du Schmetterling verbrannt. – Und solang du das nicht hast, / dieses: Stirb und werde! / bist du nur ein trüber Gast / auf der dunklen Erde.«

Es ist gebührlich, daß wir uns nach den Amplifikationen noch einmal dem Märchen zuwenden, und zwar mit der Wiedergabe der drei Hauptszenen aus einer hessischen Fassung des Goldvogelmärchens[33]. Hinter dem Berge, der von elf bis zwölf Uhr aufklafft, findet der Jüngling das Wunderschloß. Dort zieht er im allerschönsten

Saale von dem Bett »die Vorhänge ein wenig zurück und siehe! da lag das schönste Mädchen von der Welt vor ihm. Er küßte sie erst leise, dann kühner, er nahm sie in seine Arme, herzte (sie) und drückte sie an sich und betrachtete sie mit wonnelachenden Augen, aber sie schlief so fest, daß sie nicht erwachte.« – Die zweite Staffel: »Neun Monate, nachdem der Jüngling in dem Schlosse gewesen war, genas die schöne Jungfrau eines Knaben, und damit war der Zauber gelöst, welcher auf dem Schlosse lag.« – Drittens die Wiederbegegnung: vom Gezelt der Prinzessin »lief eine lange Gasse zwischen den Zelten der Soldaten her; deren Boden war mit Teppichen von Sammet belegt, worin die kunstreichsten Stickereien zu sehen waren.« – »Der Jüngling aber sprengte gerade Weges zu dem Lager und Zelt der Prinzessin und kümmerte sich nicht einen Deut um die kostbaren Teppiche. Da trat die schöne Prinzessin aus dem Zelte und trug ihm ihr Kind entgegen, sie flogen einander in die Arme und küßten einander und weinten helle Tränen vor lauter Lust und Freude.«

Lynn Snook

DAS MÄRCHEN »AMOR UND PSYCHE« DES APULEIUS

> *Wer liebt mit wahrer Minne,*
> *wie weh sie auch im Herzen tu,*
> *den drängt sein Herz doch stets dazu…*[1]

Der Prolog zu »Tristan und Isolde« des Gottfried von Straßburg, dem diese Zeilen entnommen sind, rühmt eine traurige Sage des Mittelalters, die bei allem Leid und dem tragischen Tode der Liebenden die Liebe dennoch verklärt. Ihre menschliche Erfahrung liegt jedoch allen Liebesgeschichten zugrunde, auch wenn sie als Märchen gestaltet ein glückliches Ende nehmen.

Zum Grundstil des Märchens gehören Bedrängnis und Leid, aber dann auch wunderbare Wandlungen und eine glückhafte Erlösung zu neuem Leben. Was nun die menschliche Seele leisten muß, um dieses Märchenglück zu erreichen, das hat der römische Dichter Apuleius mit seinem Mythenmärchen »Amor und Psyche« vorbildlich veranschaulicht. Denn seine Heldin heißt Psyche, die in Gestalt einer Königstochter, von Gott Amor erwählt, die Liebe lustvoll erfahren und auch erleiden muß.

Während die dramatische Spannweite dieser Liebesgeschichte ins Mythische reicht, besteht der menschliche Reifungsweg der Psyche aus einer Reihe von Märchenmotiven. Damit ist eine Bewußtseinslage charakterisiert, in der die Macht der Götter für das Schicksal der Menschen noch bestimmend ist, während der Einzelne bereits heldenhaft zum Selbstbewußtsein und zum eigenen Handeln heranreift.

Apuleius von Madaura gestaltete sein Mythenmärchen mit griechischen Göttern im römischen Gewande und fügte es in seinen Roman ein, der zuerst »Metamorphosen« hieß und erst 250 Jahre später »Der goldene Esel« genannt wurde.

So wie Goethes »Märchen« meist vereinzelt gewürdigt und interpretiert wird, ungeachtet seines Stellenwertes, den es in den »Unterhaltungen deutscher Ausgewanderten« einnimmt, so hat auch der Einschub von »Amor und Psyche« in den Roman, trotz seiner sinnvollen Beziehung zum Ganzen, seine Eigenheit und selbständige Wirkung. Er hat, wie kaum ein klassisches Mythologem, fortwährende Nachbildung erhalten, in der Literatur wie in der bildenden Kunst, seine einzelnen Motive wurden jedoch wohl erst in den Volksmärchen des 18. und 19. Jahrhunderts allgemein bekannt.

Das Märchen, das Apuleius als literarisches Kunstwerk schuf, hat mannigfache Vorlagen in der antiken bildenden Kunst. Altgriechische Vasenmalereien, Reliefs und Plastiken, wie auch ägyptische Zauberpapyri zeigen Schmetterlinge, mit denen die menschliche Seele gemeint ist, oder Psyche als Mädchen mit Schmetterlingsflügeln, als Mädchen von Eros (Amor) verfolgt, meist aber von dem geflügelten Gott umarmt und geküßt. Dann wieder gibt es Psyche als Mädchen allein stehend als Gegenstück zu Eros. Es sind Metaphern für glückliche und unglückliche Liebe und für die göttliche Teilhabe daran. Ob die mythischen Vorstellungen, die jene Künstler anregten, zu ihrer Zeit bereits als zusammenhängende Geschichte erzählt wurden, ist unbekannt, obwohl es für die Liebesbeziehung zwischen Gott und Mensch, hauptsächlich von Zeus und seinen auserkorenen Mädchen und Frauen, reichliche Vorbilder gab. Ebensowenig ist bekannt, ob Apuleius ein Volksmärchen nacherzählte. So muß anerkannt werden, daß er ein Mosaik aus Mythologemen auf den gleichen künstlerischen Nenner gebracht und zu einem Märchen von allgemein psychologischer Tragfähigkeit erdichtet hat.

»Amors Geschichte mit der Psyche ist der vielseitigste Roman, der je gedacht ward, über den schwerlich etwas Höheres auszudenken sein möchte«, schrieb Herder in seinen »Briefen zur Förderung der Humanität« (1793–97)[2]. Man kann es schon einen Roman nennen, dieses Märchen von gut 50 Druckseiten, das einen zur Klassik herangereiften Herder entzückte, denn es erfüllte mit seiner ethischen Tendenz ein Idealbild an Humanität: es zeigte die Läuterung des Individuums zu einem Menschsein, das sich göttlichen Rang verdient.

Ein gleiches Lob kam aus dem Kulturkreis von Weimar. Da schrieb Goethes Freund Meyer in den »Propyläen«, einer Zeitschrift, die Goethe herausgab: »Schwerlich ist jemals in eines Menschen Geist etwas Lieblicheres und Zarteres aufgestiegen; der Verstand ist befriedigt, das Gemüt erfreut und das Herz entzückt und schlägt froh dem Werk entgegen, welches reizt, ergreift und unsere schönsten Empfindungen aufregt; die Kunst überschüttet uns mit ihren Wohltaten.«

Der Dichter Apuleius lebte im 2. Jahrhundert n. Chr. Er wurde 124 oder 125 in Madaura, einer kleinen algerischen Stadt römischer Provinz geboren, studierte in Karthago und Athen Rechtswissenschaft und Geometrie, Dichtkunst und Musik, Dialektik und Rhetorik. Er reiste durch Griechenland und Kleinasien, er ließ sich in verschiedene der damals beliebten Mysterien einweihen und lebte dann als vielseitiger Schriftsteller, Anwalt und Lehrer der Rhetorik in Karthago. Die Grundlage seiner Bildung war die griechisch-römische Mythologie, er beherrschte Latein und Griechisch. Apuleius sprach vermutlich auch Punisch, die Sprache der Einheimischen, so daß ihm der Mythen- und Märchenschatz der Berber bzw. der Kabylen zugängig war. In diesem hatte antikes Geistesgut einen volkstümlichen Erzählstil gefunden und in dessen Ton beginnt auch Apuleius sein Märchen von »Amor und Psyche«[3]:

Es war einmal in einer Stadt ein König und eine Königin, die hatten drei schöne Töchter. Zwar war auch der Liebreiz der beiden Älteren groß, aber doch von Menschenart, so daß Menschenzungen sie noch zu preisen vermochten. Aber die Jüngste, die war so wunderschön, daß es schier unmöglich wäre, mit der Armut irdischer Sprache auch nur ein annäherndes Bild davon zu geben. So kamen denn gar viele Jünglinge von nah und fern herbei, neugierig gemacht durch die Erzählungen von dem Wunderwerk; ganz versunken in Staunen ob solcher übermenschlicher Herrlichkeit beugten sie vor ihr, als wäre sie die Göttin Venus, zum Zeichen ihrer Anbetung die Knie. Schon verbreitete sich durch die benachbarten Städte und Reiche die Kunde, daß die Göttin, die der dunkle Schoß der Meerestiefe geboren und der Tau der schäumenden Wogen genährt, jetzt das Anschauen ihrer Majestät in der Fülle ihrer Gnaden allgemein gewähre und inmitten der Menschen wandle; andere glaubten, daß, wie einst das Meer, so jetzt die Erde, von frischem Himmelstau befruchtet worden und ihrem Schoß eine neue Venus entstiegen sei, die jetzt in der Pracht jungfräulicher Blüte prange. So verbreitete sich von Tag zu Tag ihr Ruf und wanderte über Land und Meer in weite Fernen. Schon wallfahrtete man sogar aus fremden Ländern und über des Ozeans Pfade scharenweise zu diesem berühmten Wunder der Welt...Unbesucht blieben die Feste der Himmelsfürstin; ohne Glanz ihre Tempel...kein Kranz schmückte ihre Bildnisse...Nur zu jenem Mädchen stiegen Gebete empor; ein Menschenantlitz war's, in dem man einer Göttin Majestät verehrte...

Diese maßlose Übertreibung himmlischer Ehren auf ein sterbliches Mädchen entfachte die wahre Venus zu grimmigem Zorn; voller Unwillen schüttelte sie ihr Haupt und sprach murrend zu sich selber: »Also ich, der Welt Urmutter, ich, der Elemente Uranfang, ich, des Erdkreises Herrin, soll mit einer Sterblichen meine Hoheitsrechte teilen...als mein Ebenbild soll auf Erden wandeln dürfen ein dem Tod verfallenes Menschenkind?...Doch nein: ihr soll's nicht gut bekommen, meine Ehre sich angemaßt zu haben, bald soll die unerlaubte Schönheit sie gereuen!« Sogleich rief sie ihren Sohn, den Flügelknaben..., der mit Fackeln und Pfeilen ungestraft bei Nacht durch fremde Häuser streift, ein nichtsnutziger Störenfried des Familienglücks. Diesen Ausbund von Sohn führte sie zu der Stadt und zeigte ihm Psyche, so hieß die Prinzessin. Darauf erzählte sie ihm ausführlich von dieser ihrer Rivalin und sprach vor Zorn: »Inständig bitte ich dich bei meiner Mutterliebe, bei deiner Pfeile wonniglichen Wunden, bei deiner Fackel süßem Brand: gewähre deiner Mutter Genugtuung...laß sie in glühender Liebe zu einem Menschen entbrennen, den das Schicksal zu Schande und Armut verdammt hat, kurz zu einem so Elenden, daß seinesgleichen nicht auf dem ganzen Erdenrund zu finden sei.« Darauf küßte und herzte sie ihren Sohn lang und innig und eilte zur nahen Küste des brandenden Meeres ...

Indessen hatte Psyche von all ihrer strahlenden Schönheit keinen Gewinn. Aller Augen ruhten auf ihr, aller Mund pries sie: aber niemand, kein König, kein Prinz, nicht einmal ein Mann aus dem Volke kam mit dem Wunsch, sie zu freien. Sie bewunderten alle die Götterfigur, aber nur wie ein kunstreich gefertigtes Bildnis. Längst hatten sich die beiden älteren Schwestern mit Königen verlobt und glücklich verheiratet. Aber Psyche saß einsam und allein noch immer zu Hause, weinte bitterlich ob ihrer Verlassenheit – siech am Körper, wund am Herzen –, und haßte ihre Schönheit, die allen wohl gefiel.

Wie in allen Wunder- und Erlösungsmärchen haben wir die typische Ausgangssituation, in der das Weiterleben stockt. Da die Götter mit ins Spiel kommen, ist das drohende Unheil sogar so furchter-regend wie in der griechischen Tragödie, in der die Menschen unschuldig schuldig werden und die Götter ihre Hybris strafen. Götter sind immer die personifizierten Mächte, die das Leben in seinen Belangen darstellen und regulieren, und wehe dem Menschen, der ihre Allgewalt mißachtet.

Psyches Vater ahnt, daß eine Gottheit seiner Tochter grollen muß und fragt aus Angst vor ihrem Zorn das Orakel des Apoll. Mit Opfern und Gebeten erfleht er einen Ehegemahl für die ungeliebte Jungfrau und erhält folgende Antwort:

König, stelle die Maid auf des Berges ragende Gipfel, / düsteren Schmuck des Grabes gib ihr als bräutlich Gewand. / Nimmer erwarte, dir werde zum Eidam ein sterblich Geborner, / sondern ein Untier, verrucht, grau-sam wie Otterngezücht... / Jupiter scheuet es selbst, den alle Götter doch fürchten. / Ja, der rächende Styx scheut es und bebet davor.

Mit diesem Spruch des Orakels kehrt der einst so glückliche König nach Hause zurück.

Da ward ein Trauern und Jammern, das dauerte gar manchen Tag. Aber der unheilvolle Spruch drängte zur grausen Erfüllung... Die tief-gebeugten Eltern zauderten...aber die Tochter selbst trieb sie an: »Seht, das ist der Lohn, den ihr von meiner Schönheit habt...Als die Völker der Erde mir göttliche Ehren erwiesen und mich einstimmig ›die neue Venus‹

nannten, da hättet ihr weinen sollen, da ging es zu Ende mit mir...Führt mich hin, stellt mich auf den Felsen, dem der Spruch mich weihte, ich eile, die Hochzeit zu feiern, ich eile, den Gatten zu sehen... Wozu mich wehren wider den Unhold der ganzen Welt?« Darauf mischte sie sich stumm und festen Schrittes unter die Prozession des Volkes. Der Zug nahm seinen Weg zu dem schroffen Felsgrat; dort ward die Jungfrau ausgesetzt. Darauf machten sich alle gesenkten Hauptes auf den Heimweg...Psyche stand in bebender Angst und weinte bitterlich.

Was geschieht? Der sanfte Hauch des Zephirs, der Westwind, hebt Psyche auf, trägt sie am schroffen Felsen hinunter in ein blühendes Tal und bettet sie auf taufrischem Rasen. Da schläft sie zuerst einmal allen Kummer aus und geht dann gefaßten Sinnes staunend umher. Inmitten eines Parks mit einer Quelle steht ein herrliches Schloß. Sie geht hinein und hört geisterhafte Stimmen, die sie freundlich als ihre Herrin begrüßen, die sie zum Baden und Essen ermutigen. Ein gedecktes Tischlein steht da, unsichtbare Diener bringen Speisen und Wein, singen und harfen für sie. Apuleius hat dies wie alle weiteren Ereignisse farbig und breit ausgemalt. Wörtlich zitiert seien nur noch dramatisch entscheidende Stellen wie folgende:
Der Abend mahnte zu Ruhe und Psyche legte sich schlafen. Schon war es Nacht, da tönte mild ein Klang zu ihrem Ohr. In ihrer großen Einsamkeit begann die Jungfrau sich gar sehr zu fürchten, denn sie wußte nicht, was ihrer wartete. Doch schon war auch zur Stelle ihr unbekannter Geliebter, hatte das Lager bestiegen, mit Psyche sich vermählt und war vor Morgengrauen auf und davongegangen. Gleich waren in der Kammer die Stimmen bereit, der jungen Frau aufzuwarten. So ging das eine ganze Zeitlang: sie gewöhnte sich allmählich an das Neue und fand Gefallen daran...
Unterdessen härmten sich die Eltern unaufhörlich um ihre Tocher. Auch die älteren Schwestern hatten alles erfahren und waren in Trauerkleidern herbeigeeilt, um ihre Eltern zu sehen und zu trösten.
In derselben Nacht sprach der Geliebte: »Meine süße Psyche, unheilvolle Gefahr droht dir vom bösen Schicksal. Deine Schwestern glauben, du seiest tot und suchen in ihrer Verzweiflung deine Spur. Bald kommen sie dort auf des Felsens Spitze. Sollten ihre Klagen dir zu Ohren dringen, antworte nicht, sonst wirst du mir gar tiefen Schmerz bereiten, dir selber Unheil und Verderben!« Sie versprach nach dem Wunsch des Geliebten zu handeln. Als der aber mit der Nacht verschwunden war, tat die Arme den ganzen Tag nichts als weinen und klagen. Jetzt, sagte sie zu sich selbst, sei es wirklich ganz und gar um sie geschehen, da sitze sie nun in

ihrem paradiesischen Gefängnis, ohne mit einem Menschen sprechen zu können: ihre Schwestern trauerten um sie, aber sie dürfe sie nicht erlösen, ja nicht einmal sehen... Sie nahm nicht Bad noch Speise, gönnte sich nicht Rast noch Ruhe, bitterlich weinend legte sie sich schlafen. Gleich war auch schon, etwas früher als sonst, der Geliebte zur Stelle. Er umarmte sie in ihren Tränen und sprach vorwurfsvoll: »War das dein Versprechen, liebe Psyche? Wie kann ich mich nun fernerhin auf dich verlassen?... Nun meinetwegen denn, wie du willst, hör auf des Herzens verderblichen Wunsch.«

Es kommt, wie es kommen muß: die Schwestern eilen herbei und – nach der ersten freudigen Überraschung, nach entzücktem Genuß aller wahrhaft himmlischen Herrlichkeiten – beginnen sie schon »in ihres Herzens Tiefe den Neid zu nähren«. Sie fragen, wem dieser Reichtum gehöre und wie der glückliche Gatte aussähe. Psyche weicht aus in die Notlüge: er wäre ein schöner Jüngling, der tagsüber jage ... (ohne zu ahnen, wie sehr sie den Kern der Wahrheit trifft). Doch hat sie beim zweiten Besuch der Schwestern ihre Antwort schon vergessen und beantwortet die erneute Frage nach ihrem Gatten im Widerspruch dazu. Nun wissen die bösen Weiber, die selbst nicht gerade glücklich verheiratet sind, daß diese Ehe einen wunden Punkt hat, aus dem heraus sie Psyche aufrühren und verderben können.

Unterdessen sprach der Unbekannte bei einem seiner nächtlichen Besuche mahnend: »Merkst du nun, welche Gefahr dir vom Schicksal droht?... Sie wollen dich bereden, auszuforschen, wie ich aussehe; ich aber sagte dir's schon oft: siehst du mein Gesicht, so ist's auf Nimmerwiedersehen... Wisse nämlich, das Kind, das du in deinem jungen Schoß trägst, wird, wenn du treulich schweigst, ein Gott, wenn du verrätst, ein Erdenmensch.« Wie strahlte Psyche bei der frohen Botschaft, welch ein Trost war ihr das Götterkind, der Liebe hohes Unterpfand, wie stolz war sie, daß sie bald Mutter heißen solle! Die Tage kamen und die Monde schwanden: Psyche zählte sie voll Bangen und staunte des wachsenden Segens in ihrem kindlichen Sinn. Aber schon kamen über's Meer in heilloser Hast die höllischen Unholdinnen.

Sie werden wieder glänzend bewirtet, hören von Psyches Mutterschaft, und der Gedanke, daß diese ein göttliches Kind zur Welt bringen könne, treibt sie in den Wahnsinn. In der Nacht wird Psyche nochmals gewarnt vor ihnen, sie solle sie nicht sehen, nicht einmal anhören, »wenn sie wie Sirenen ihr Grabeslied singen hoch vom Gipfel des Bergs.« Psyche aber schwört Treue und Verschwiegenheit und fleht, der Anblick der Schwestern möge ihr Ersatz sein dafür, daß sie ihn nicht erschauen dürfe. Und mit weichen Küssen und Umarmungen bezaubert sie den Geliebten, während sie sagt: »Nicht stört mich mehr die Finsternis der Nacht: du bist mein Licht, dich halt ich fest.«

Doch nun kommen die Schwestern in Trauer, mit geheuchelter Verzweiflung und Tränen für das grausige Schicksal, das der ahnungslosen Psyche bevorstünde. Sie erinnern an das Orakel, das ihr ein fürchterliches Untier als Gatten verhieß. Sie behaupten, daß ein solches – und zwar ein giftiger Drache – bei Tage die Bauern und Jäger der Umgebung schrecke und sie, die Geliebte, nur so lange täuschen würde, bis ihr Kind ausgetragen sei, um dann beide, Mutter und Kind, zu verschlingen. Darum müsse Psyche in der kommenden Nacht eine Lampe und ein Messer versteckt halten, um das Untier im Schlaf zu töten.

Leichtgläubig läßt Psyche sich verwirren. Das Orakel und des Geliebten ständige Warnung, nicht nach seinem Aussehen zu forschen, erscheinen ihr nun als die Bestätigung der furchtbaren Wahrheit, der ins Auge zu sehen sie jetzt entschlossen ist. Und doch, schwankend zwischen männlichem Mut und weiblicher Angst, zwischen zorniger Verzweiflung über den Betrug und die Demütigung, die ihr widerfuhr, erwartet sie die Nacht. Das gleiche Wesen, das sie noch immer liebt, empört und schreckt sie. So tritt sie, als der Geliebte eingeschlafen ist, vor ihn, in der einen Hand die Leuchte, in der anderen das Messer: sie erblickt aber kein wildes Tier, sondern einen Jüngling von göttlicher Schönheit, – den leibhaftigen Amor.

Vor Schreck zitternd, halb ohnmächtig, sinkt Psyche in die Knie. Sie will sich das Messer in die Brust stoßen, aber es entgleitet ihr. Sie kann sich nicht sattsehen an dem Antlitz, dem edlen Körper mit seinen schimmernden Flügeln. Sie bewundert die zierlichen Waffen, nimmt einen Pfeil aus dem Köcher und probiert dessen Spitze, wobei sie sich sticht. So von Amors Pfeil getroffen, ist Psyche ihm nun voller Sehnsucht hingegeben und ist jetzt fähig, ihn mit allen Sinnen zu lieben. Da aber fällt ein Tropfen brennenden Öls aus der zitternden Lampe auf die rechet Schulter Amors, und dieser springt vor Schmerz auf. Als er erkennt, daß die Geliebte ihr Wort gebrochen hat und im Begriff ist, ihn zu töten, fliegt er auf. Psyche umklammert einen Fuß, kann ihn aber nicht halten und stürzt zu Boden.

Amor flüchtet auf eine nahe Zypresse und verabschiedet sich vorwurfsvoll. Zudem gesteht er ihr, tiefbetrübt, daß er dem Befehl seiner Mutter, sie der Begierde eines elenden Mannes auszuliefern, nicht gehorchte und seinen liebe-entzündenden Pfeil auf sich selbst richtete:... »Deine schlechten Ratgeberinnen sollen mir sofort für ihre böse Lehre büßen; dich straf' ich nur mit meiner Flucht.« Sprach's und schwang sich hoch gen Himmel.

Um ihr Leben zu enden, stürzt sich Psyche in einen Fluß. Aber dessen Wellen tragen sie an ein fernes Ufer, wo Pan auf einer Wiese sitzt. Der alte Hirtengott erkennt ihren Kummer und erklärt ihr, gütig und weise, daß sie um ihrer Liebe willen nicht sterben dürfe, sondern die Gnade des mächtigen Amors verdienen müsse. So macht sich Psyche auf den Weg, um den verlorenen Geliebten wiederzufinden.

Sie erreicht auf ihrer Wanderung die Residenz der einen Schwester, dann die der anderen. Um sich zu rächen, sagt sie jeder, daß es Amor gewesen sei, den sie hinterging, und der sie darum verstieß, um sich nun mit ihr, der Schwester, zu vermählen. Da eilt eine jede völlig kopflos zu dem Felsen, um zu Amor ins Liebesparadies zu schweben. Aber kein gütiger Wind trägt sie hinunter, so daß sie sich zu Tode stürzen.

Psyche erfährt unterdessen, daß Venus sie suchen läßt und irrt, vor ihr flüchtend, umher. Sie kommt zum Tempel der Ceres (Demeter), dann zum Heiligtum der Juno (Hera), sie fleht zu jeder, sie möge sie vor der Rache der Venus verstecken. Aber beide, halb aus schwesterlicher Freundschaft, halb aus Angst vor ihr, versagen Psyche ihre Hilfe.

Erschöpft und verzweifelt beschließt die von allen Göttern Verlassene, sich freiwillig der zürnenden Herrin der Liebe zu unterwerfen, um ihren Zorn zu besänftigen. Venus aber ist eine unbarmherzige, rachsüchtige Göttin. Sie behandelt Psyche wie eine entlaufene Sklavin und läßt sie von ihren Dienerinnen, die *Sorge* und *Trauer* heißen, foltern. Dann stellt sie ihr vier Aufgaben, von denen sie annimmt, daß die verachtete Sterbliche dabei zugrunde geht.

Psyche soll zuerst einen Haufen vermischter Getreidekörner bis zum Abend auseinanderlesen. Doch Ameisen kommen ihr zu Hilfe. Dann soll die Verzagte Wollflocken vom goldenen Vließ hitzewütiger Widder holen, was so lebensgefährlich ist, daß sie sich lieber in den nahen Fluß stürzen will. Aber das Schilf am Ufer flüstert ihr zu, sie müsse warten, bis die wilden Tiere in der Kühle des Abends friedlich ruhen, und so vermag sie auch diese Aufgabe zu lösen. Zum dritten erhält Psyche einen Krug, den sie in der Gischt eines von hohen Felsen niederstürzenden Wasserfalls füllen soll. Völlig verzweifelt steigt sie hinauf, von Drachen bedroht, von Stimmen aus der Tiefe gewarnt. Sie weiß, daß sie das Gefäß nicht füllen kann und will sich aus der Höhe zu Tode stürzen. Da aber schwebt der Adler des Jupiter (Zeus) heran und füllt es ihr.

Venus jedoch gibt sich nicht zufrieden, sondern zürnt Psyche für die Lösung der Aufgaben, insbesondere wegen der Hilfe, die ihr, der Sterblichen, aus fremden Machtbereichen zuteil wurde. So schickt sie Psyche schließlich auf einen Weg tödlicher Einsamkeit. Sie soll ihr aus der Unterwelt eine Büchse göttlicher Schönheit von Proserpina (Persephone) heraufholen und dieser ausrichten, daß Venus die Salbe benötige, um ihre Erschöpfung durch die Pflege ihres Sohnes zu überschminken. Dieser Gang durch den Tod erscheint Psyche als ein nimmer endender, schreckensvoller Weg ohne Wiederkehr, sie besteigt darum einen hohen Turm, um sich von ihm in einen schnellen Tod zu stürzen. Nun aber redet dieser Turm zu ihr und sagt, was zu tun ist: sie müsse Münzen mitnehmen für Charon, den Fährmann, Honigkuchen für Zerberus, den dreiköpfigen Wachhund, vor allem dürfe sie unterwegs keinem Unseligen nachgeben, der sie um Hilfe anfleht, denn Mitleid ist in dieser Welt der Verdammnis verboten. Dann dürfe sie von der Göttin der Unterwelt keinen Stuhl und keine Speise annehmen und auf dem Rückweg deren Büchse um des Himmels willen nich öffnen.

Psyche befolgt jeden Rat – bis auf den letzten. Sie ist um Amors willen entschlossen, von der Schönheitssalbe der Göttinnen einen winzigen Teil für sich zu nehmen, denn nur die Sehnsucht, den Geliebten wiederzusehen und ihm erneut gefallen zu können, ließ sie alle Qualen ertragen. So öffnet sie, als sie das Tageslicht wieder erreicht hat, die Büchse; ihr entsteigt ein tiefer Schlaf, der dem Tod verwandt ist, und hüllt sie in seinen eisigen Bann. Sie ist dem Leben verloren.

Inzwischen aber ist Amor genesen. Mit langgehegter Sehnsucht entflieht er der Gefangenschaft im Palast der Mutter und eilt mit gekräftigten Flügeln zu der Verlorenen. Er scheucht den Schlaf in die Büchse zurück und belebt Psyche mit dem Stich eines seiner Pfeile. Und während Psyche die Gabe der Proserpina bei der strengen Mutter abliefert, schwingt er sich auf zu Jupiter, erschmeichelt von dem Göttervater, er möge die Geliebte zur Unsterblichkeit erheben und sie ihm für immer anvertrauen. Jupiter gibt nach. Er beschwichtigt Venus und versammelt alle Götter um sich, denen er erklärt, daß er dem hitzigen Temperament seines Sohnes mit einer unsterblichen Psyche als Gemahlin nun endlich Zügel anlegen wolle. Es gibt ein prachtvolles Hochzeitsfest, bei dem auch Venus, endlich versöhnt, mitfeiert und zu aller Entzücken tanzt. »So ward Psyche dem Amor feierlich angetraut. Sie genas einer Tochter, die heißt *Wollust*.« – Sie heißt aber auch, wie eine andere Übersetzung lautet, *Wonne*.

Die literarische Eigenart des Märchens von Amor und Psyche ist sein leicht manirierter und ironischer Stil im Zeitgeschmack des alexandrinischen Romans, der in virtuoser Weise von der Frische volkstümlichen Erzählens durchsetzt ist. Sie qualifiziert Apuleius als einen großen Dichter. Doch es ist nicht die Form, die seinen Roman »Der goldene Esel« mit den beziehungsreich hineinkomponierten Mythenmärchen zur Weltliteratur erhebt, sondern seine mythologische Wesentlichkeit mit ihrer welthaltigen, weltreflektierenden Lebendigkeit. Psyches Erhebung in den Olymp ist Weltereignis: sie begründet mythologisch eine Vergöttlichung der liebenden Seele; sie wird Vorbild einer menschlichen Antwort auf göttlichen Leichtsinn, dessen Willkür sich durch Psyches Liebe zur persönlichen Verantwortung wandelt.

Die irdischen Begebenheiten, die Apuleius schildert, sind wohlbekannte Märchenzüge: voran der unglückliche Vater, der seine Lieblingstochter einem Untier oder sonst einem vermeintlichen Verderben ausliefern muß, der nicht erkennt, daß diese ihr eigenes

Schicksal herausforderte, indem sie anders war als die Schwestern. Sagen und Märchen vom Mittelalter bis zur Neuzeit erzählen von der sogenannten *Mahrtenehe,* die immer von seiten des magischen Partners bestimmte Bedingungen einschließt. Da gibt es das Verbot, nachzuforschen oder zu schauen, eine verschlossene Tür zu öffnen, oder, falls ein Geheimnis mitgeteilt wird, das Gebot, dieses unbedingt zu wahren.

Amor ist kein verzauberter Prinz in Tiergestalt, sondern ein göttlicher Liebhaber, der charakterlos mit der Liebe Versteck spielt, weil er sich von seiner Mutter immer noch abhängig fühlt. Psyches eigenmächtiges Beleuchten erzürnt darum nicht ihn allein, sondern fordert die eitle Grausamkeit dieser Göttin-Mutter heraus. Anstelle der Venus, die die Heimlichkeit des Sohnes an der Schuldlosen straft, steht oft eine Schwiegermutter, die jedes neugeborene Kind der Gemahlin ihres Sohnes fortschafft. Oder es gibt eine böse Stiefmutter, deren Eifersucht eines Schneewittchens Schönheit nicht erträgt, oder jene, die einem Aschenputtel schwere Arbeiten auferlegt. Die Familiendramen der Märchen bieten immer wieder Mütter mit hexenhafter Zaubermacht oder lügenhafter Infamie, die verfluchen, verleumden oder quälen, die aber regelmäßig, wenn sich die Unschuld ihrer Opfer herausstellt, mit dem Tode bestraft werden.

Hier nun ist die rachsüchtige Mutter eine Göttin, die ein ewiges Recht darauf hat, Psyche zu zürnen, soweit diese ihr den göttlichen Rang streitig macht. Vor allem empört sie, daß diese Sterbliche als eine neue Venus angebetet wird, die der vom Himmelstau befruchteten Erde entsprossen sein soll. Das denunziert ihre eigene aphroditische Herkunft aus dem Meer, und so muß diese Fama aus der Welt geschafft werden.

Sie wird es auch, aber anders, als Venus es im Sinn hat. Ihr eigener Sohn macht ihr einen Strich durch die Rechnung, indem er die menschliche Schönheit, die er zugrunde richten soll, sich selbst zur heimlichen Freude reserviert. Ihm genügt Psyche als Geliebte der Nacht, sie muß nicht wissen, daß er ein leichtsinniges, göttlich-schamloses Leben führt. Amor ist beileibe kein Untier. Dennoch spricht das Orakel, gleichnishaft in der Vieldeutigkeit seiner Aussage, die Wahrheit. Er ist nicht zu Unrecht mit seinen Waffen der Liebe von Göttern und Menschen zu fürchten. Denn sie alle sind der Willkür seiner Pfeile ausgeliefert und müssen die Liebe in ihrer unmenschlichen Ausschließlichkeit als eine furchtbare und fressende Macht erleiden. Amors Pfeile machen die Betroffenen zu Opfern einer Leidenschaft, die ihnen – wortwörtlich genommen – Leiden schafft. Im Englischen sagt man *to fall in love,* und das meint, nicht minder treffend, ein Fallen in meist bodenlose Tiefe.

Amors heimliche Liebe läßt Psyche noch schöner werden, da sie unberührt bleibt von irdischer Mühe und Sorge. Aber seine Eigenmächtigkeit der Mutter gegenüber verändert nicht allein ihr menschliches Dasein, sondern auch sein eigenes, göttliches. Auch ihm geschieht etwas, als er sich in Psyche verliebt, d. h. in die seelische Komponente menschlicher Eigenart, die durch ihn unsterblich werden soll. Auch Amor muß sich wandeln, um das zu werden, was die Geliebte, bei Licht betrachtet, in ihm sieht. Amor muß sich vom verspielten Kuppler, den alle Welt fürchtet, und vom lichtscheuen, fressenden Nimmersatt, den Psyche verachten muß, zu einem Gemahl entwickeln, der für seine Wahl offen einsteht. Amors Wandlung ist jedoch göttlich-mühelos, während Psyche um seinetwillen Leiden und Mühen bestehen muß. Man könnte sagen, sie schenke ihm seine Wandlung.

Psyche muß vorbildlich erleben, was die Liebe der menschlichen Seele zumutet. Ihre Leiden beginnen mit dem Mangel an Liebe, als sie mit Ehren überschüttet wird, die ihr nicht zustehen. Sie erkennt, daß sie damit vor den Göttern unschuldig schuldig wird und fügt sich dem Orakel, das ihr ein Ungeheuer als Gemahl weissagt. Sie nimmt auf weibliche Weise ihr Schicksal an, ohne heldischen Trotz oder kluge Flucht: sie geht, mit Angst zwar, aber doch im Vertrauen auf die Gerechtigkeit des Schicksals, zu ihrer Todeshochzeit. Dies ist das uralte Motiv von der Braut als Sterbender, die ihrem Dasein als Jungfrau absterben muß, um ein neues Sein als Frau und Mutter zu gewinnen. Und es ist ein Bild archetypischer Erfahrung, daß ein Mann sich ihrer gewaltsam bemächtigt.

Psyche hat das Glück, daß sie nach dem tapferen Verzicht auf ihr Leben auf angenehmste Weise in ein Paradies der Sinneslust schwebt, den ersten beseligenden Zustand der Liebe erfährt und sich auch bald Mutter fühlt. Es wird ihr nur langsam, tagsüber, bewußt, daß sie weiterhin abgesondert bleibt und um alle Mitmenschlichkeit, wie auch die Würde einer Selbstverantwortung als Gefährtin eines Mannes, betrogen ist. Ihre Einsamkeit bedarf des Nachdenkens und des Zweifels – und dafür sorgen die Schwestern mit ihrem Einbruch in das Liebesparadies, das Psyche so lieblich verschlungen hält.

Die Schwestern hassen ihre eigenen Ehemänner, durch die sie in eine Sklaverei gerieten, die sie selbst verschuldeten. Denn sie heirateten aus Geld- und Machtgier. Und so wurde die Liebe für sie eine profane Angelegenheit und eine demütigende Pflicht, in der sie auf die Stufe eines männerfeindlichen Matriarchats regredierten. Im Gefühl ihres Unglücks und ihrer Ohnmacht müssen sie auf Psyche eifersüchtig werden und haben nun das Bedürfnis, deren Glück zu zerstören. Dennoch haben sie mit ihrem Mißtrauen nicht ganz unrecht. Sie vertreten das weibliche Recht auf ein eigenes Leben und wecken Psyches notwendige Empörung über ihre Gefangenschaft in Dunkelheit und Nicht-Wissen: sie bewirken – wie jeder psychologische Schatteneinbruch – eine Erweiterung der Persönlichkeit. Wie in anderen Märchen die Stiefmutter, drängen sie Psyche auf den Weg der Selbstwerdung, auf dem sie sich als das erweisen muß, was sie ihrem eigenen Wesen nach ist. Die Schwestern drängen zu einer Katastrophe, die jedoch im Schuldigwerden und dem Unglück der Trennung bereits die Kraft zum Wiederfinden auf einer höheren Bewußtseinsebene vorbereitet.

Weniger bewußt als getrieben von ihrem erwachten Instinkt der Selbsterhaltung wagt Psyche, die tödliche Waffe gegen den Geliebten zu erheben. Sie muß den Konflikt lösen, daß sie ihn liebt und gleichzeitig das vom Orakel und den Schwestern beschworene Untier haßt. Sie muß die Faszination seines vielleicht nur vorgetäuschten Liebreizes überwinden. So wagt sie die Lichtwerdung ihrer Nachtexistenz – und erkennt den jungen Gott. Sein Anblick ist ihre Erweckung als Psyche, als weiblich empfindende Seele, die Grund genug hätte, sich für das heimliche Ausnutzen ihrer Vertrauensseligkeit zu rächen. Aber gerade das kommt ihr nicht in den Sinn.

Sie hatte ihn bereits in der nächtlichen Finsternis, hellsichtig und ihrer Liebe entsprechend, »mein Licht« genannt. Jetzt, da sie Amor erkennt, wird er wahrhaft ihr Licht, das ihr durch all ihre bevorstehenden Beschwernisse leuchten wird. Denn sie liebt ihn jetzt mit ganzer Seele als ein höheres, wahrhaft göttliches Wesen, nicht als den bisher verantwortungslosen Geliebten. Ohne moralische Verurteilung nimmt Psyche das Wissen von seiner göttlichen Wirklichkeit mit auf ihren Weg.

Psyches erste Prüfung des Körnerlesens ist erst durch das Märchen von Aschenputtel mit ihren Tauben sehr viel später populär geworden, wie auch durch das Märchen von der weißen Schlange, wenn Ameisen einem Jüngling helfen, die Königstochter zu gewinnen. Hilfreiche Tiere veranschaulichen seelische Instinkte, die dem Menschen in kritischen Situationen zu Hilfe kommen. Mit ihrer Fähigkeit, systematisch zu sammeln und zu bauen, gelten Ameisen als Inbild für die Ordnungsfunktion eines kollektiven Unbewußten. Ihre Hilfe bedeutet Psyches eigene zum Auswählen begabte Gefühlsfunktion, um die keimhaften Möglichkeiten des Lebens zu differenzieren.

Als zweite Aufgabe soll Psyche goldene Wollflocken von Sonnenwiddern sammeln, die in der Wildnis grasen. Widder gelten astrologisch als Feuerzeichen, sie repräsentieren männlichen Machtwillen, Angriffslust und Wut. Erhitzt, erregen sie sich in Leidenschaft, die sich in höchstes Lebensgefühl zu steigern, aber auch als Feuer zu verzehren vermag. Darum kann Psyche sich ihnen nicht ohne Lebensgefahr nähern. Statt sich ihnen auszuliefern, will sie sich lieber in einem Fluß ertränken. Da aber flüstert das Schilf ihr seinen Rat zu. Erich Neumann erklärt in seinem einzigartigen Kommentar zu »Amor und Psyche« dazu: »Die Lösung der Aufgabe besteht hier nicht in einem Kampf, sondern in der Herstellung eines fruchtbaren Kontaktes... Psyche ist geradezu eine Umkehrung der Dalila. Sie raubt nicht einem entmachtet-ohnmächtig Männlichen seine Kraft, um ihn umzubringen... Sie stiehlt auch nicht wie Medea das Goldene Vlieẞ mit List und Gewalt, sondern sie findet das ihr vom Männlichen Nötige in einer friedlichen Situation, ohne daß diesem Männlichen das Geringste angetan wäre.«[4]

Die dritte Aufgabe gewährt Psyche das Begreifen einer notwendigen Vereinigung von Gegensätzen. Ein Adler, Symbol für den Höhenflug des Geistes, der präzisen Beobachtung und Auslese aus der

Höhe, hilft Psyche, die ihr zugemessene Portion an Lebensenergie aus den gewaltig herabstürzenden Wassern in das kleine Gefäß aufzufangen. Dabei verbindet sich exemplarisch der männliche Geist des Erfassens mit dem weiblichen Vermögen des Aufnehmens, des Empfangens und Bergens. Diese individuelle Beschränkung aus chaotischer Fülle gehorcht dem Gesetz menschlicher Individuation. Sie beseelt auch Amor, indem sie auf jeder Reifungsstufe ein höheres Ideal vom Archetyp liebender Bezogenheit verwirklicht. Die vierte und letzte Prüfung steigert die Gefahren noch mehr, sie entscheidet wahrhaft zwischen Leben und Tod. Doch wieder wird Psyche von einem Ratgeber angesprochen, diesmal von einem weitschauenden, von menschlicher Kultur erbauten Turm, der ein kollektiv-männliches Bewußtsein darstellt. Psyche muß diesmal alle Gefahren, auf die sie sich vorbereitet, persönlich bestehen. Aber nicht Finsternis und Schrecken der Unterwelt erschweren ihr den Weg, sondern das Gebot der unerlaubten Barmherzigkeit. Dieses ist eine Prüfung auf Ich-Festigkeit mit strenger Ausrichtung auf das Ziel, wie sie viele Mysterien-Rituale praktizieren, oder wie sie Orpheus auferlegt wurde, Eurydike, ohne sich umzuschauen, also rücksicht-s-los, aus dem Hades zu führen. Psyche bleibt zielbewußt, sie widersteht allen Versuchungen, die ihr Mitleid erwecken, und bringt die Gabe der Proserpina ans Tageslicht.

Nun aber kann sich die arme, vielgeprüfte Psyche kein besseres Mittel denken, um für den Geliebten wieder begehrenswert zu sein, als das, was Frau Venus zum Schminken beanspruchte. Ein Schönheitsmittel der Todesgöttin kann aber nichts anderes sein als die Schönheit des Todes – eine Todesmaske, mit der ein Schneewittchen im Glassarg ihren Prinzen bezaubert. Es ist das Urbild einer frigiden Schönheit, mit dem eine weltweite Kosmetikindustrie wirbt, wenn sie das faltenlose, alterslose Gesicht unerfahrener Jugend bis ins Alter verspricht.

Als Psyche die Büchse öffnet, wird sie von tödlichem Schlaf umfangen. Gewiß bietet sie Amor, als er sie findet, einen erneut liebenswerten Anblick, so wie damals als unschuldiges Mädchen. Er aber, der inzwischen zur Besinnung auf sich selbst kam, will seine Psyche doch lieber ungeschminkt und voller Leben und weiß gewiß ein besseres Mittel, um die Kummerfalten ihres Gesichts wieder zu glätten.

Amor braucht Psyche, um seine gewandelte Gottheit wahrzumachen. Da er aber nicht auf die Dauer ins Irdische absteigen kann, haben die Götter ein Einsehen und heißen Psyche im Olymp willkommen. Ihre hoch-zeitliche Vereinigung mit Amor wird damit zum unsterblichen Vorbild für eine Liebe, die das Wirken der Venus bejaht und sublimiert. Sie ist damit nicht mehr allein von dieser Göttin abhängig, sondern der Mithilfe weiterer Gottheiten gewiß. Die menschliche Seele wird in Psyches paradiesische Seligkeit immer von neuem eintauchen und muß auch deren Leiden und Prüfungen bestehen, wenn sich aus blinder Hingabe die Gemeinsamkeit gleichberechtigter Kräfte entwickeln soll. Der Mythos von Amor und Psyche begründet die Begabung der Seele zu einem numinosen Erleben, zu ihrer Fähigkeit, sich göttergleich zu fühlen. Der Mythos versichert ihr, daß sie mit der Wiederholung göttlichen Tuns auf Erden eine *Voluptas* zeugen und gebären kann, die sich je nach ihrer Mentalität als ein irdisches oder göttliches Kind erweist: Wollust wird oder mystische Wonne.

Verena Kast

MÄRCHENPAARE IN IHRER ENTWICKLUNG

Viele Märchen enden damit, daß sich die beiden, die füreinander bestimmt sind, trotz aller Hindernisse gefunden und erkannt haben und daß sie nun in Glück und Freuden leben werden.

Dieses glückliche Ende des Märchens, obwohl natürlich gefordert, reizt uns auch immer etwas zum Protest: in einer Situation, in der bei gewöhnlichen Menschen die Probleme erst so richtig beginnen, die Wunschbilder der Liebe und die gelebte Beziehung sich oft spannungsvoll entgegenstehen, Liebe sich bewähren muß, da sollen Märchenheldinnen und -helden ungetrübtes Glück erleben? Bleibt ihnen erspart, was keinem gewöhnlichen Menschen erspart bleibt, wenn er sich auf eine Beziehung einläßt?

Solche Fragen lassen nach Märchen suchen, die nicht mit der Heirat von Held und Heldin enden, sondern die eine Fortsetzung haben.

Und solchen Märchen möchte ich mich hier exemplarisch zuwenden, um herauszuarbeiten, wie denn eine solche Märchenbeziehung weitergehen kann, wie sich Liebe im Märchen bewährt und bewähren muß.

Unter dem tiefenpsychologischen Gesichtspunkt – und den vertrete ich hier – kann man auch schon das Sich-Finden des Paares und das Überwinden der Hindernisse, die sich diesem Sich-Finden entgegenstellen, bereits als Symbol sehen: als Symbol für die Notwendigkeit nämlich, daß Paare sich immer wieder finden müssen, sich immer auch wieder verlieren, oder aber sich mit den in der Beziehung vorerst nicht lebbaren Aspekten ihrer Persönlichkeit auseinandersetzen müssen und erst dann zueinanderfinden. Wenn sie aber zueinanderfinden, dann ist das eine ›hohe Zeit‹, Anlaß für ein Fest der Freude.

Diese Betrachtungsweise legt nahe, daß man einen Partner oder eine Partnerin nie ›hat‹, sondern daß man sich immer wieder suchen muß, und wenn man sich findet, dann ist das nicht nur eine Folge des Bemühens, sondern auch Gnade.

Wenn wir das Märchengeschehen als Ausfaltung eines typisch menschlichen Problems auffassen, die Wege des Märchenhelden oder der Märchenheldin als psychischen Prozeß, der dazu führt, daß das eingangs des Märchens gestellte Problem überwachsen werden kann, dann sind hilfreiche Gestalten hilfreiche Kräfte, die auch wir gewöhnlichen Menschen in unserer Seele und in unserem Leben erfahren können, hindernde Gestalten solche, die auch uns behindern auf unseren Wegen; dann macht uns das glückliche Ende des Märchens darauf aufmerksam, daß Probleme erst gelöst sind, wenn Weibliches und Männliches in einem guten Gleichgewicht einander verbunden sind, nachdem wir einen notwendig gewordenen Entwicklungsschritt geleistet haben. Ein Gefühl des Ganzseins entspricht dieser glückhaften Verbindung von Mann und Frau, erfüllt uns dann zumindest momenthaft. Dieses Erleben von Ganzheit ist verbunden mit einem Gefühl von Liebe, von Erfülltsein.

Wenn ich symbolisch so deute, dann sehe ich die Hochzeit als Symbol für eine glückhafte Verbindung in vielfältigem Sinn, die das Erlebnis der Fülle, der Lebendigkeit des geglückten Lebens vermittelt. Wie jedes Symbol kann auch dieses Symbol des Sich-Findens von Mann und Frau nie ganz erklärt werden; ein Symbol verweist auf Bekanntes, schon immer Gewußtes – und es verweist auch auf Geheimnisvolles, nie ganz zu Erfassendes, es behält – trotz allen Deutens – einen Bedeutungsüberschuß. Und Liebe und Eros, so bekannt sie auch sind, bleiben doch immer auch geheimnisvoll.

Wir können die Wege, die im Märchen gemacht werden, um einen Partner oder eine Partnerin zu finden, auch als Beziehungsphantasien verstehen.[1] Wir phantasieren uns in einer Beziehungsphantasie eine uns Ganzheit verheißende, anregende, erregende Verbindung von Mann und Frau, wir phantasieren, was er oder sie aus uns herauslieben, was er oder sie in uns beleben könnte, an Herrlichem und an Schrecklichem, aber auch, was wir im Partner oder in der Partnerin durch die Liebe anregen, beleben könnten. Wir phantasieren aber auch, wie der Umgangsstil miteinander sein könnte, sehen Freuden voraus, fürchten uns bereits vor Ängsten usw. Ein Erzähler oder eine Erzählerin würden dann phantasieren – und diese Phantasie uns als Märchen erzählen –, welche Paarkonstellation für sie die befriedigendste wäre, welchen Mann sie sich etwa suchen würde, welche Frau sie für diesen Mann sein möchte. Hindernisse auf dem Weg zu diesem Partner oder dieser Partnerin wären so besehen, Hindernisse in der eigenen Psyche, die sich der Verwirklichung dieser Beziehungsphantasie noch entgegenstellen. So besehen geben uns viele Märchen auch Hinweise auf Beziehungsprobleme und deren Überwindung, die es auf den ersten Blick für uns mit der Partnersuche zu tun haben.

Die tiefenpsychologische Betrachtungsweise des Märchens beruht darauf, daß Symbole des Märchens und Symbole des Unbewußten, aber auch der bewußten schöpferischen Gestaltung miteinander vergleichbar sind. Wir können an den Bildern des Märchens entlang ein Gefühl dafür entwickeln, wie psychische Prozesse sich entfalten, wir können aber auch am Mut der Märchenheldin oder des Märchenhelden uns selbst ermutigen. An den symbolischen Prozessen der Märchen kommen wir indessen auch mit unseren eigenen Bildern in unserer Seele in Berührung, kommen wir in Berührung mit unserem emotionellen Urgrund.

Da wir davon ausgehen, daß das Märchen von Problemen handelt, die den Menschen immer beschäftigen, Sehnsüchte beschreibt, die dem Menschen eigen sind, können wir bei der Betrachtung der Märchen darauf ausgehen, zu sehen, welche Lösungswege das Märchen für bestimmte Probleme anbietet. Dabei kann das symbolhafte Geschehen auf der Beziehungsebene verstanden werden oder aber auch als intrapsychischer Prozeß eines einzelnen Menschen. Dieser intrapsychische Prozeß spiegelt sich natürlich auch wieder auf der Beziehungsebene.

Ich meine aber, daß dieser deutende Zugang nur *ein* möglicher Zugang zum Märchen ist, daß das Lebendigwerden der eigenen Bilder an den Bildern des Märchens und daß die Identifikation mit der Lebenshaltung des Märchenhelden und der Märchenheldin auch vom tiefenpsychologischen Standpunkt aus ganz wesentliche Zugänge zum Märchen darstellen.

Nach diesen Vorbemerkungen möchte ich mich nun den Märchenpaaren in ihrer Entwicklung zuwenden. Ich möchte die Märchen auf der Beziehungsebene betrachten, also sowohl jeweils Mann und Frau wie exemplarische Menschen sehen, die miteinander in einem Entwicklungsprozeß stehen, die wir mit Entwicklungs- und Beziehungsprozessen von uns selbst in Beziehung bringen können. Ich habe dabei Paare gewählt, die sich im Märchen schon gefunden haben, und wo das Märchen dann erst beginnt oder zumindest nicht aufhört. Ich habe also weniger die Liebe als flammendes Begehren und die mehr oder weniger verschämten Andeutungen davon im Märchen im Auge als die Bewährung der Liebe, die liebevolle Bezogenheit von Partnern, der gegenseitige Anreiz, miteinander Schwierigkeiten zu bewältigen und sich dabei immer wieder neu zu finden.

DER PFIFFIGSTE[2] (Zusammenfassung)

Ein verwöhnter Kaufmann folgt in London einem armen Mädchen durch dunkle Straßen bis vor ihr Haus und schaut durchs Fenster. Als es dann Holz ins Feuer wirft, da leuchtet ihr Gesicht so sehr auf, daß er in Liebe zu ihr entbrennt, ins Haus geht und um sie anhält. Da er ihr auch gut gefällt, willigt sie ein. Sie heiraten und haben große Freude aneinander.

Die anderen Kaufleute, die reiche Frauen heirateten und fast alle häßliche hatten, beneideten ihn um seine schöne Frau und konnten gar nicht mitansehen, daß er mit ihr so glücklich war. An einem Abend sagte einer dieser Kaufleute, er wette sein ganzes Vermögen, daß seine schöne Frau ihm nicht treu bleibe, wenn er nur vier Tage auf Reisen gehe.

Der Kaufmann war sich der Treue seiner Frau gewiß, ging auf die Wette ein und verreiste. Der falsche Kaufmann aber bestach eine ehemalige Magd der Frau und erreichte, daß er in einer großen Kiste ins Schlafzimmer der Frau gestellt wurde. Mit einem Messer schnitt er ein Loch in die Kiste und konnte so sehen, daß die Frau am Arm ein kleines Muttermal hatte und daß ihre kleine Zehe schief war. Als sie schlief, stieg er vorsichtig aus der Kiste und nahm einen ihrer Ringe vom Tisch.

Nach einer Woche kehrte der Kaufmann zurück. Als er zu den andern Kaufleuten kam, lachten die ihn höhnisch aus und fragten ihn, ob seine Frau nicht ein Muttermal und eine schiefe kleine Zehe habe. Und der falsche Kaufmann zeigte ihm auch den Ring.

Der Kaufmann meinte, die Welt breche über ihm zusammen. Er stürzte wie wahnsinnig in sein Haus, überhäufte seine Frau mit Schimpfwörtern, schlug sie und ließ sie wie tot liegen. Er ging nach Dänemark und wurde dort gemeiner Soldat.

Als die Frau wieder zu sich kam, wußte sie zunächst nicht, was anfangen; dann entschloß sie sich, ihren Mann zu suchen. Sie packte das Kleid, das sie an dem Abend getragen, als der Mann sie geschlagen hatte und zog Männerkleider an. Sie zog durch alle Kaiser- und Königreiche – und konnte ihren Mann nirgends finden. Auf ihren Reisen aber las sie Bücher über Arzneikunst, und bald kannte sie alle Kräuter und Steine und deren Kräfte. Endlich kam sie ins Königreich Dänemark. Da kurierte sie den General, und der machte sie dafür zum Oberregimentsarzt. Dieser ließ nun alle Soldaten vor ihr erscheinen, und endlich kam auch ihr Mann, zu Haut und Knochen abgemagert. Sie wollte vor Jammer in den Boden versinken, aus lauter Liebe und Freude wäre sie ihm aber am liebsten um den Hals gefallen. Auf die Frage, was ihm fehle, sagte er, er sei am Herzen krank und ihm sei nicht zu helfen. Sie machte ihn zu ihrem Bedienten. Nun mußte sie ihn aber auch noch von ihrer Unschuld überzeugen. Dazu fuhr sie mit ihm nach London. Dort lud sie unter anderen auch den falschen Kaufmann in ihr Haus ein. Als nun einmal alle recht lustig waren, sagte der Regimentsarzt, jeder solle das pfiffigste Stücklein erzählen, das er im Leben ausgeführt habe. Der falsche Kaufmann wettete gleich, daß er das pfiffigste Stücklein ausgeführt hätte. Der Regimentsarzt wettete sein ganzes Vermögen dagegen, daß er ein noch pfiffigeres auf Lager habe. Der falsche Kaufmann erzählte, und der Bediente spitzte seine Ohren und staunte. Als er fertig erzählt hatte, meinte der Regimentsarzt, sein Streich sei noch pfiffiger: er ging ins Schlafzimmer, warf Montur und falschen Bart ab und zog die Frauenkleider wieder an. Als er fertig war, rief er seinen Bedienten. Der warf sich ihr zu Füßen, sie sich an seine Brust – es war eine große Freude. Der falsche Kaufmann mußte bekennen, daß dieser Streich noch pfiffiger war als seiner.

Vor der Frau zog in der Folge jedermann in London den Hut und die beiden lebten lange und glücklich miteinander.

Bei diesem Märchen steht die Liebesheirat im Vordergrund, abgebildet in den auflodernden Flammen, die das Gesicht des Mädchens so sehr verschönen und die Liebe im Herzen des Kaufmanns auflodern läßt. Diese Liebe ist etwas Neues in der Welt des Kaufmanns, und es muß sich auch erweisen, was denn die Treue im Zusammenhang mit einer wirklichen Liebesheirat, also nicht einer Heirat, bei der die Frau zum Eigentum, zur Ware des Mannes wird, bedeuten kann.

Darüber hinaus aber scheint mir bei diesem Märchen exemplarisch ein Entwicklungsweg von Liebenden ausgedrückt zu sein, dem ich hier nun nachgehen möchte.

Zunächst ist die Beziehungsgeschichte einfach ideal. Beide lieben sich, der Kaufmann wird gleich reich – die Frau ist wunderschön. Soviel Gelingen auf einmal ist auch im Märchen zu viel, das ist nicht mehr menschengemäß – und man fragt sich natürlich, worin denn etwa in dieser Beziehung das Mühsame bestehen könnte, das ja auch zu jeder Beziehung gehört. Wie die Neider im Märchen beginnt man also auch als Hörer oder Leser nach den Fehlern zu suchen, denn man ahnt, daß so etwas auf die Dauer nicht gut gehen kann, daß Leben immer Hell und Dunkel kennt. Und so – wie das Glück zu Beginn so ganz und gar strahlend ist, so schrecklich ist nachher das Unglück.

Verstehen wir die Ausgangssituation des Märchens als Beziehungsgeschichte von zwei Menschen, so hätten wir die Phase der Beziehung vor uns, in der zwei Menschen uneingeschränkt voneinander begeistert sind, einander alles sind und alle Zweifel aneinander ausschalten. Es wäre eine Phase, in der jeder den andern in seinen besten Seiten sehen und lieben kann, in der beide durch diese Liebe sich auch gemehrt fühlen, aber nicht wirklich die Schwächen aneinander sehen. Und jetzt taucht plötzlich ein Zweifel auf, vielleicht genährt von Neidern außen, denn soviel Glück, vor allem auch, wenn es noch gezeigt wird, erträgt die Umwelt nicht, vielleicht aber auch aus der eigenen Seele, ganz ursprünglich. Plötzlich entdeckt man das Muttermal, die schiefe kleine Zehe. Dabei ist eindrücklich, wie wenig Mängel diese Frau hat. War im Glück die Beziehung der beiden eine ganz symbiotische – nichts schien die beiden zu trennen –, so ist jetzt, durch den Zweifel, eine erste Trennung zwischen den beiden erfahrbar, ein erstes Gefühl von Abstand-Haben, so daß man auch wieder auf den anderen Menschen hinsehen kann. Und so sehr der Zweifel, die Kritik aneinander in der symbiotischen Phase ausgeschaltet war, so sehr gewinnt er jetzt die Oberhand, dominiert ganz und gar – so sehr, daß sie ihr erstes Haus fluchtartig verlassen. Das ist ein stimmiges Bild dafür, daß der Liebesraum dieser ersten Phase durch diesen grundlegenden Zweifel, der jetzt dominiert für sie, nicht mehr bewohnbar ist.

Jetzt folgt eine Phase der Trennung: die Enttäuschung, die Wut, die Ohnmacht des Mannes, die sich in den Schlägen äußert, werden übermächtig. Der Mann meint, Himmel und Erde brächen zusammen – Weltuntergangsstimmung also herrscht, und es geht auch eine Welt unter. Dies sind Phasen, die wir wohl alle aus unseren Beziehungsgeschichten auch kennen, wenn sie auch meistens nicht so extrem erlebt werden, wie hier im Märchen geschildert. Da hat man endlich einmal einen Menschen gefunden, den man ganz und gar lieben, den man idealisieren, den man so sehen kann und der einen selbst auch etwa so sieht, wie Gott einen gemeint haben könnte (Dostojewski), und plötzlich entdeckt man Fehler oder befürchtet auch nur Fehler, sieht Unstimmiges – und ist nun plölzlich maßlos enttäuscht.

Wie sehr auch die Beziehung zuvor als wunderbar gesehen wurde, jetzt fühlt man sich enttäuscht, verletzt. Im Märchen ausgedrückt in dem Bild, daß die Frau wie tot liegen bleibt, der Mann weit weg flieht, bloß um zu vergessen. Und jetzt zeichnet das Märchen einen Weg, wie eine solche Trennung, eine solche Entfremdung angegangen und letztlich überwunden werden kann.

Der Mann wird in diesem Märchen als der bezeichnet, der leidet, der depressiv ist, sich offenbar im Heer des Dänenkönigs doch noch bewährt, vielleicht als einer, der seine Depression mit Kämpfertum überdeckt, eine Reaktion, die vielen ja sehr wohl bekannt ist.

Die Frau macht sich auf die Suche, und dadurch, daß das Märchen sie so ganz und gar schuldlos zeichnet, wird diese noch heroischer. Das Märchen vermittelt, daß, so schwer die Enttäuschung auch sein mag, immer auch eine Möglichkeit des Neuanfangs besteht, wenn sich jemand in der richtigen Einstellung auf den Weg macht. Und die richtige Einstellung – sagt uns das Märchen – zeigt sich darin, daß die Frau nicht ruht, bis sie ihren Mann wiedergefunden hat: sie denkt dabei nicht an das Unrecht, nicht an Rache, sondern an die Beziehung.

Sehr entschlossen und entschieden macht sie sich auf den Weg, was sich auch im Tragen von Männerkleidern ausdrückt. Ihre Frauenkleider hat sie aber immer dabei; das Märchen erzählt auch immer wieder davon, daß sie ihren falschen Schnurrbart streicht. Entscheidend ist zudem, daß sie auf ihren langen Wegen die Arzneikunst lernt, lernt, welche Kräfte in Kräutern und Steinen vorhanden sind. Sie ist also nicht nur bestimmt von der Idee, ihren Mann wieder zu finden; auf diesem langen Weg entwickelt sie neue Seiten an sich selbst, erwirbt sich Kenntnisse. Sie mag in ihren Männerkleidern an die Amazonen erinnern, an die Frauen im Gefolge der Artemis, der Jagd- und Mondgöttin, die den mädchenhaften Aspekt der großen Göttin zum Ausdruck bringt, und die wir mit Ideen des Schweifens in der Natur, des immer wieder Aufbrechens, aber auch des Sich-die-Welt-Eroberns in einer abgegrenzten Haltung gegen Männer verbinden. Die Kaufmannsfrau pflegt diesen amazonischen Lebensstil: bezogen auf sich selbst und auf die Natur –, in Gedanken aber auch konzentriert auf den Mann, den sie wiederfinden will.

Auf ihrer Reise aber lernt sie mit Steinen und Kräutern umgehen, sie kommt mit dem Heilenden und dem Verwandelnden der Natur in Kontakt, auch mit dem Geheimnis der Natur. Sie lernt, in der Haltung der Großen Muttergöttin als der Herrin der Pflanzen zu leben. Das Muttermal, das sie hat, könnte schon darauf hingedeutet haben, daß sie eine Frau ist, die im Dienste der Großen Mutter steht, damit aber auch deren Weisheit und deren Wandlungsmöglichkeiten (Verwandlungskünste) ins Leben inkarnieren muß (Heil–Rausch–Giftkräuter). Sie wird auf ihrem Weg eigentlich zu einer

Priesterin der Großen Mutter. Hier zeigt es sich sehr deutlich, wie sehr dieser Weg der Trennung ein Weg ist, auf dem sie zu eigenen Möglichkeiten findet, die dann aber gerade wiederum die sind, die not-wendig sind, um einen Mangel zu beheben, der nicht nur sie allein betrifft.

In dieser Frau könnte modellhaft eine Frau gesehen werden, die in einer Beziehung, die ihr viel bedeutet, durch eine Enttäuschung keinen Kontakt zum Partner findet, die aber nicht aufgibt, sondern in der Weise sucht, daß sie das, was sich ihr auf ihren Such-Wegen anbietet, auch aufnimmt, dabei in Kontakt mit sich selbst, mit Möglichkeiten des Frauseins kommt, die zuvor in der Partnerschaft nicht geweckt wurden.

Mit diesen neuen Erfahrungen, Fähigkeiten und Verhaltensmöglichkeiten kommt sie plötzlich wieder in Kontakt mit ihrem Partner. Dadurch, daß sie sich auf ihren inneren spontanen Wachstumsprozeß zurückgezogen, die Beziehung aber dabei nicht aus den Augen verloren hat, ist es ihr möglich, wieder in die Beziehung zu treten. Wie belebend diese Frau wirkt, wird im Märchen ausdrücklich geschildert: die Burschen, die mit ihrer Medizin behandelt werden, die springen auf, flott und gesund wie die Fische im Wasser. Sie bringt eine Weisheit, eine Wandlungsmöglichkeit, die die Männer dringend nötig haben – scheint mir. (Es geht natürlich bei diesem Märchen darum, daß Aspekte und Wirkungsweisen, die wir dem Großen Mütterlichen zuweisen und die verdrängt worden sind mit ihr, wiederum ins kollektive Leben hereingeholt werden müssen und dieses entscheidend beleben.)

Durch ihre Medizin, durch ihre Haltung des Heilenwollens findet sie ihren Mann, von dem man in diesem Märchen den Eindruck hat, daß er sich in dieser Zeit überhaupt nicht gewandelt hat – allenfalls ist er zunehmend depressiver geworden.

Heilen allein aber genügt noch nicht, um die Beziehung wieder herzustellen: das Problem, das zur Entzweiung geführt hat, muß auch geklärt werden, was in diesem Märchen auf eine besonders pfiffige Art und Weise geschieht. Diese Klärung setzt aber erst ein, nachdem die lange Trennung ertragen worden ist, von der Frau her auch neue Lebensmöglichkeiten entwickelt worden sind. (Wir haben im Alltagsleben eher die Tendenz, zu klären, statt uns zu entwickeln.)

Das Märchen endet damit, daß die beiden glücklich und reich sind, die Frau aber ganz besonders geachtet wird.

Das Märchen vermittelt auch – fast nebenbei –, daß Treue in der Liebesehe nicht heißt, Eigentum des andern Menschen zu sein, sondern daß Treue sich in diesem gefühlsmäßigen Bezogensein und Bezogenbleiben auf den Partner, auch in der Situation der Enttäuschung und der Entwertung, also letztlich im Vertrauenswürdigbleiben zeigt. Auch wenn dieses Märchen ein paar spärliche erotische Andeutungen macht, dann meine ich, zeigt sich Eros hier weniger in erotischen Handlungen oder erotischen Darstellungen, als in diesem Hoffen auf die neuerliche Begegnung, in diesem mutigen In-die-Welt-Hinausgehen, wie wir es ja von vielen Märchenheldinnen her kennen, die sich auf die Suche nach ihrem verlorenen Partner machen.

Und obwohl die beiden von neuem glücklich miteinander sind, bekommt man den Eindruck, daß uns das Märchen nun wirklich zwei Menschen in ihrer Beziehung zueinander zeigt, von denen jeder dieser Partner auch eine Eigenständigkeit hat. Die Möglichkeit, ganz miteinander zu verschmelzen, aber auch die Möglichkeit, für sich zu sein, dürfte nun lebbar sein.

Daß aber nicht nur Frauen sich auf die Suche nach ihrem Mann machen, und daß Männer nicht nur depressiv warten, zeigt das nächste, bekannte Märchen.

JORINDE UND JORINGEL[3] (Zusammenfassung)

In einem alten Schloß mitten im dicken Wald wohnt eine alte Frau, eine Erzzauberin. Am Tag macht sie sich zur Katze oder Nachteule, nachts ist sie ein Mensch. Wer sich ihrem Schloß auf weniger als hundert Schritte nähert, kann sich nicht mehr von der Stelle bewegen, bis ihn die Zauberin freispricht. Kommt eine Jungfrau in diesen Bereich, dann verwandelt sie sie in einen Vogel, sperrt diesen in einen Korb und trägt den Korb in eine Kammer ihres Schlosses. Die Erzzauberin hatte schon 7000 Vögel. Jorinde und Joringel waren in den Brauttagen und hatten großes Vergnügen aneinander. Damit sie vertraut miteinander reden könnten, gingen

sie in den Wald spazieren. Und da ward ihnen – bei Sonnenuntergang –
so wehmütig ums Herz, und plötzlich sahen sie, daß sie bei der Schloß-
mauer waren. Und ehe es sich Joringel versah, war Jorinde in eine
Nachtigall verwandelt, und eine krumme Frau trug sie fort. Joringel
aber stand da wie ein Stein, konnte sich nicht regen. Endlich kam die
Frau wieder und erlöste Joringel mit einem Zauberspruch. Er bat, sie
möge ihm seine Jorinde wieder geben, sie aber sagte, er solle sie nie, nie
mehr haben... Er rief, er weinte, er jammerte: Was soll aus mir werden...?
Keine Antwort, keine Hilfe! Joringel ging in ein fremdes Dorf und
hütete Schafe, oft aber ging er um das Schloß herum, aber nie zu nahe.
Endlich träumte er, er fände eine blutrote Blume, in deren Mitte eine
schöne große Perle war. Die Blume brach er und ging damit zum Schloß:
alles, was er mit der Blume berührte, wurde von der Zauberei frei. Er
träumte auch, er hätte dadurch seine Jorinde wieder bekommen.
Er begann in Berg und Tal nach dieser Blume zu suchen, und nach neun
Tagen fand er am Morgen früh eine rote Blume, in deren Mitte war ein
großer Tautropfen, so groß wie die schönste Perle. Diese Blume trug er
zum Schloß, und obwohl er dem Schloß ganz nahe kam, wurde er damit
nicht fest, sondern die Pforte öffnete sich, und er ging hinein ins Schloß,
in den Saal, wo die Zauberin die Vögel fütterte. Die spie Gift und Galle,
als sie Joringel sah, aber sie konnte sich ihm nicht nähern. Wie aber sollte
er seine Jorinde unter den vielen Vögeln finden? Da sah er, daß die Alte
heimlich mit einem Körbchen verschwinden wollte; er sprang herzu,
berührte das Körbchen mit der Blume und auch das alte Weib. Jetzt konnte
sie nichts mehr zaubern – und Jorinde stand da und faßte ihn um den
Hals. Er machte alle andern Vögel auch zu Jungfrauen, ging mit Jorinde
nach Hause, und die beiden lebten lange vergnügt miteinander.

Auch wenn nur gesagt wird, daß Jorinde und Joringel sich in den
Brauttagen befunden haben, gehe ich auch hier davon aus, daß
sie bereits eine verpflichtende Bindung miteinander eingegangen
sind. Wie nah sie sich sind, ist auch in ihren beiden sich so sehr
ähnelnden Namen ausgedrückt, fast werden ihre Unterschiede
ausgelöscht. Wir haben auch hier wiederum eine Beziehung vor
uns, die sehr viel Gemeinsames und wenig Trennendes aufweist,
wie es für das erste Stadium der Verliebtheit typisch ist. Die Verliebtheit der beiden wird uns andeutungsweise geschildert. Sie
finden großes Vergnügen aneinander, wollen allein sein, um vertraut miteinander reden zu können. Auch die Wehmut, die sie
erfaßt, gehört zu großen Liebenden, das Gefühl der Todesnähe.

Das Märchen erzählt uns aber zu Beginn, daß im Schloß, mitten in einem dicken Wald, eine Erzzauberin wohnt. Weit ab von den ›normalen‹ Menschen, ausgegrenzt, lebt diese Frau, die Jungfrauen sammelt und sie in Vögel verwandelt.

Und diese Schilderung legt uns nahe zu bedenken, daß auch im Märchen die Probleme, die Paare miteinander haben, auch von der aktuellen Zeitsituation mit beeinflußt sind. Jede Liebe ist zwar etwas ganz Neues, ein schöpferischer Akt, aber jeder der Liebenden hat gute und schlechte Erfahrungen mit Liebe, mit Eltern, mit der Welt usw. Aber auch jede Liebe muß sich im Alltag mit seinen speziellen Problemen bewähren und diese Probleme sind nicht nur persönliche Probleme, sondern oft Probleme ganzer Generationen. Kollektive Probleme werden nicht nur als kollektive erlebt, sie werden oft als höchst individuelle erlebt, die auch individuell gelöst werden müssen. Das wird in diesem Märchen sehr deutlich ausgedrückt: die Erzzauberin hat 7000 Vögel, das hier geschilderte Problem dürfte also kaum nur Jorinde und Joringel betroffen haben. An Jorinde und Joringel aber wird gezeigt, wie mit diesem Problem umgegangen werden kann.

Was verbirgt sich hinter dieser Erzzauberin? Sie ist eine Frau, die mit Tieren umzugehen vermag und sich selbst näher definiert durch die Tiere, in die sie sich verwandeln kann: in Katze und Eule. Die Katze ist das Tier der ägyptischen Mutter- und Liebesgöttin Bastet, die Eule ist das Tier der Athena, der Göttin der Weisheit, des Kämpfertums, des Krieges, der Wissenschaften und der Künste. Ist bei Athena eher der mädchenhafte Aspekt betont, dann bei der Bastet der Aspekt der Liebes- und Muttergöttin. Die Katze kann als Symbol einer instinktbetonten Weiblichkeit gesehen werden, die auch als göttliche erlebt werden kann; anschmiegsam, zärtlich, aber sehr autonom, sehr selbstbestimmt.

Die Frau, die sich noch in diese Tiere verwandeln, die sich mit diesen Seiten identifizieren kann, ist aber tief in den Wald verbannt, verdrängt. Der instinkthafte, wilde weibliche Eros und das geisthaft Weibliche sind also verdrängt und wirken verzaubernd auf den, der zu nah an diese Bereiche herankommt. Daß dieser Lebensbereich einen ungeheuren Sog ausübt, zeigt sich darin, daß so viele Menschen in den Umkreis der Erzzauberin geraten, offenbar immer Menschen, die sich lieben. Das Zauberische, das Seherische, das sich im Ergreifen-Lassen von erotischen und von sexuellen Gefühlen, aber auch in einem Sich-Inspirieren-lassen, im Ernstnehmen von Ahnungen äußert, wird also verdrängt und zugleich gesucht. Wenn in diesem Märchen Menschen sich diesen Bereichen, die natürlich im Stadium der Verliebtheit am zugänglichsten sind, zu sehr nähern, können sie nicht mehr damit umgehen: Frauen werden zu Nachtigallen, also zu ganz besonderen Vögeln emporstilisiert, vor denen der Mann nur noch *erstarrt* stehen kann. Natürlich kann man sich nicht des Eindrucks erwehren, daß die Erzzauberin dafür sorgt, daß ihre Jungfrauen auch Jungfrauen bleiben und sie sehr schnell verzaubert, bevor es zu spät ist. Dabei müßte sie, wenn sie sich auch in eine Katze verwandeln kann, eigentlich nicht a priori etwas gegen Sexualität haben. Es ist ja bekannt, daß Katzen ein recht streunendes Sexualleben haben. Vielleicht aber ist sie weniger eine Hüterin der Jungfräulichkeit, als vielmehr eine Verkörperung der Großen Mutter, die vom Mann einen Entwicklungsschritt fordert.

Der zauberische, der magische, der mysthische Aspekt der Liebe, wie er sich in einer symbiotischen Verbindung zeigen kann, wird also so sehr gesucht, daß man geradezu in seinen Sog gerät; man möchte Ewigkeit. Da werden dann aber Frauen den Männern wieder entrissen, zu Nachtigallen emporstilisiert, aber nicht mehr menschlich und in der Gefangenschaft des Großen Mütterlichen, also auch jeder Individualität beraubt, und der Mann ist erstarrt, kommt nicht mehr vom Fleck.

Der Übergang von Eros zu Sexualität, zu Genitalität, damit aber natürlich auch zu normal-menschlicher Gewöhnlichkeit, kann nicht gefunden werden. Natürlich kann man in diesem Märchen der Romantik in den Nachtigallen auch die vielen ›schönen Seelen‹ sehen, die nichts mehr mit dem alltäglich-gewöhnlichen Leben zu tun haben wollen. Gerade weil die Gefühlskultur so lange verbannt war, gibt es ja in der Romantik eine Gefühlskultur wie kaum zuvor, verbunden mit einer gewissen Gefahr, von der Wirklicheit der Erde abzuheben.

Die Symbiose zwischen Jorinde und Joringel kann so nicht dauern. Das Weggerissenwerden von den großen Gefühlen der Liebe braucht eine Inkarnation ins Leibliche, sonst finden wir die Trennung, die hier im Märchen so eindringlich geschildert wird. Joringel soll seine Jorinde nie, nie mehr haben.

Joringel verlegt sich auf Bitten, so wie wir alle in solchen Situationen hoffen, das Schicksal erweichen zu können – vergeblich. Joringel muß zunächst Schafe hüten, es sieht so aus, als wäre das halt noch der Ausweg, der ihm bleibt in seiner schrecklichen Lebenssituation. Aber in Wirklichkeit setzt hier der Prozeß der Verarbeitung der Trennung ein. Eine gute Verarbeitung einer Trennungssituation bedeutet immer, daß wir neue Seiten an uns entwickeln. Indem Joringel Schafe hütet, findet er sich zunächst einmal mit der – im Augenblick – unveränderbaren Situation ab. Hüten heißt, etwas zusammenzuhalten; eigentlich hüten die Märchenhelden sich selbst, halten ihre vitalen Kräfte beisammen, konzentrieren sie und damit auch sich selbst. Entfernt von zu Hause, seiner gewohnten Umgebung, allein, auf sich gestellt. Auch umkreist er immer wieder das Problem, indem er – nicht zu nah – um das Schloß herumgeht. Auch er – vergleichbar der Frau im Märchen vom Pfiffigsten – bleibt auf Jorinde bezogen, auch wenn er vorerst keine Möglichkeit der Erlösung sieht, hütet Schafe, umkreist das Schloß. Er bleibt in einer Konzentration auf sich und auf das Problem. Dieser Akt der Zentroversion, der Selbstbesinnung und der Einsamkeit ist mit großer Trauer verbunden, die er aushält.

Und endlich eines nachts träumt er den erlösenden Traum: er träumt, er fände eine blutrote Blume, in deren Mitte eine schöne große Perle ist.

Joringel umkreiste sein Problem, schaute es dabei von allen Seiten an, war dabei bemüht, seine Kräfte zu sammeln – und dann träumte er einen Traum, der die Lösung des Problems nahelegt: das könnte die Beschreibung einer Sequenz eines therapeutischen Prozesses sein.

Auch das Traumbild legt Wert auf das Zentrum der Blume, auf die Mitte. Und sprach ich zuvor im Zusammenhang mit der Erzzauberin von Sog, im Zusammenhang mit der Nachtigall von Wegfliegen, ist hier die Bewegung des Zentrierens, der Konzentration wesentlich, als Gegenbewegung.

Im Blutrot der roten Blume steckt das Blut, steckt die Leidenschaft und das Leiden, die ganze Körperlichkeit und damit natürlich auch Sexualität, Tod und Vergänglichkeit. Die Blume steht oft für unsere Gefühle, für Eros, die rote Blume für das leidenschaftliche Gefühl der Liebe, das körperliche Gefühl auch. Blumen verwelken aber auch. Diese vergängliche rote Blume trägt eine weiße Perle. Die Perle gilt bei uns als große Kostbarkeit, als etwas Vollendetes; bei den Mystikern ist sie das Symbol für die Erleuchtung, das Symbol für den Prozeß, der den Menschen eine Einheit zwischen dem Göttlichen und dem Menschlichen finden läßt. Die Perle wächst konzentrisch, wenn also Symbol für Erleuchtung, dann für eine, die ganz langsam gewachsen ist.

In der Verbindung der blutroten Blume mit der weißen Perle sehe ich die geglückte Verbindung von körperlicher und mystischer Liebe, von Sexualität und Eros, von Vergänglichkeit und Ewigkeit. Die Perle aber ist eingebettet in der blutroten Blume, die blutrote Blume trägt sie. Joringel muß diesen Zusammenhang für sich sehen und erleben, erst dann kann er seine Jorinde wiederfinden, erst dann kann eine Liebesbeziehung zu einer Frau wirklich gelebt werden. Daß er dann, als er sich auf die Suche macht, die Blume auch findet – sie haben darf – und im Tautropfen die Perle erkennt, zeigt, daß er gelernt hat, im Alltäglichen, Gewöhnlichen die Zeichen der Transzendenz zu sehen.

Jetzt ist die Erlösung von Jorinde einfach: die erahnte, ersehnte und gefürchtete Gefühlssphäre muß nicht mehr einfach auf die Frau übertragen werden, die natürlich den Gefühlssturm ausgelöst hat, jetzt ist seine Liebe auch eine ganzheitliche. Jorinde muß keine Nachtigall mehr sein, denn Irdisches und Himmlisches sind in ihr verbunden – und mit ihr müssen 7000 Jungfrauen nicht mehr Jungfrauen sein. Erst jetzt können Jorinde und Joringel lang vergnügt miteinander leben.

Auch bei diesem Märchen folgt der Phase der Symbiose eine Phase der Trennung. Hier ist die Frau ›gefangen‹, entwickelt sich zumindest nicht ausdrücklich, und der Mann legt einen Entwicklungsweg zurück, der darin gipfelt, daß er die symbiotische Erfahrung, die er zuvor in der Liebe gemacht hat, als Erfahrung in sich macht, daß er dabei aber auch den Zusammenhang zwischen sexueller und mystischer Liebe erkennt. Erst jetzt ist er wirklich beziehungsfähig.

Die Entwicklung, die diese beiden Märchenpaare gemacht haben, scheint mir für viele Märchenpaare sehr typisch zu sein (vgl. Märchen vom Typus der Suchwanderung wie »Das singende springende Löweneckerchen« KHM 88; »Von der Frau, die auszog, sich ihren Mann zurückzuerobern«[4]; »Die Nixe im Teich« KHM 181; »Marja Morjewna«[5] u.a.).

Vergleichbar ist all diesen Märchen, daß der Phase der oft zu nahen Verbindung eine Phase der Trennung folgt. Diese Trennung ist aber eine produktive Phase, zumindest immer für den einen Partner oder für den einen Partner mehr. In dieser Phase wird etwas geholt, getan, entwickelt, was für die Lösung des grundlegenden Problems der jeweiligen Partnerschaft dringend gebraucht wird.

Ebenso typisch ist, daß auf diesen Entwicklungswegen der suchende Partner in je seiner Weise – trotz oft aussichtsloser Situation – auf den vermeintlich ›verlorenen‹ Partner bezogen bleibt, ihn in seinem Herzen behält, und so ist es denn auch immer wieder möglich, daß wieder eine Vereinigung der Liebenden stattfindet. Dabei geht es nicht in allen Märchen so meditativ zu, wie etwa in Jorinde und Joringel.

Im russischen Märchen Marja Morjewna ist die Marja vom Unsterblichen Koschtschej geraubt; Fjodor, der Zarensohn, raubt Marja immer einmal wieder zurück, wird erwischt und sogar in Stücke gehauen. Und erst, als er bei der Baba-Jaga sich sein Heldenroß verdient, ist er dem Unsterblichen Koschtschej und damit auch der Vitalität seiner Marja Morjewna gewachsen; nun kann die Beziehung wirklich gelebt werden.

Die Wege, die zurückgelegt werden müssen, sind verschieden, verschieden ist auch, was gesucht, gewonnen werden muß: einmal ist es der Partner selbst, einmal das Wasser des Lebens, das dann auch den Partner etwa wieder belebt (»Von der Frau, die auszog, sich ihren Mann zurückzuerobern«). Die Entwicklung, die zurückgelegt werden muß, hat – wie bei Nicht-Märchenmenschen auch – mit der Situation zu tun, aus der Heldinnen und Helden stammen, aber auch mit den kollektiv anstehenden Problemen. So muß etwa im erwähnten Märchen aus Mallorca das Wasser des Lebens geholt werden, weil der Vater bereits alt und blind geworden ist. Da die Söhne alle das Wasser des Lebens der Hexe nicht entreißen können, die es auf einer Felseninsel hütet, geht in diesem Märchen die Frau des Ältesten und holt es.

Der Partner macht im Märchen jeweils den Entwicklungsweg, der vom Problem weniger betroffen ist, der weniger gefangen, befangen ist. Dabei scheint mir wesentlich, daß Märchenhelden und -heldinnen so bemerkenswert wenig nachtragend sind – und ich denke, daß das Menschenpaare von ihnen unter anderem auch lernen könnten.

Wir können aber auch lernen, daß diese Bewegungen des Mehr-aufeinander–Zugehens und des mehr Distanz–Nehmens Bewegungen innerhalb von Partnerschaften sind, die nicht zu vermeiden sind; doch auch, daß Phasen der Trennung durchaus Durststrecken sein können, aber nicht einfach Durststrecken sein müssen, dann näm-lich, wenn uns deutlich wird, daß diese Phasen Zeiten sind, in denen wir uns selbst weiterentwickeln, ohne daß wir dabei unsere Partner aus dem Herzen und aus dem Sinn verlieren dürfen. Wenn wir diesen schöpferischen Aspekt von Trennungen, den uns das Märchen nahe-legt, begreifen können, dann haben wir die Möglichkeit, weniger destruktiv mit Trennungen – auch mit kaum merkbaren Trennungs-angeboten – innerhalb der Partnerschaft umzugehen, weil wir uns weniger ängstigen.

Walter Scherf

FANTASTISCHE VORSTELLUNGEN UND WEIBLICHE SELBSTFINDUNG

Bericht über eine Arbeitsgemeinschaft

In eine Arbeitsgemeinschaft, die sich das Thema weiblicher Selbst-findung, Geschlechtlichkeit und Liebe im Zaubermärchen gestellt hat, werden bedeutende Erwartungen auf die Texte, die Erzählweise, den Inhalt und das Miterleben eingebracht. Selbsterfahrung heißt, ergründen wollen, was durch die Erzählung in uns bewirkt wird, was miterlebend in uns geschieht, was im Verborgenen geschieht. Wir bringen bewußte und nur vage bewußte Erwartungen, wohl auch ganz unbewußte Erwartungen mit, mehr als wir ahnen. Und dem Erzähler geht es nicht anders, auch wenn er meint, es genau zu wissen. Die Hypothese zu diesem Vorgang lautet: ein jeder bringt vor allem seine vom Thema aufgerufenen Fantasmen mit, sonst wäre er nicht zugegen. Und der Erzähler bringt eine Erzählung mit, welche die eingebrachten Fantasmen durch eine Eingangskonfliktlage erfaßt und durch die Dramaturgie der Erzählung bei jedem einzelnen in individuelle Miterlebensprozesse umsetzt. Aber die Prozesse, sagt die Hypothese, laufen gleich ab, obwohl bereits jede einzelne Figur für jeden unverwechselbare Züge aus den Konflikonstellationen des eigenen Lebens angenommen hat.

Von diesen Vorgängen ein wenig ins Bewußtsein zu heben, uns selbst in unseren Konflikten ein wenig besser zu begreifen, ist der Sinn dieser Arbeitsgemeinschaft, die im Grunde eine fast zufällige Selbsterfahrungsgruppe ist.

Die Methode ist einfach und jederzeit anwendbar: pragmatisch den Text eines thematisch unseren Erwartungen entsprechenden Märchens auf sich wirken zu lassen und Satz für Satz zu prüfen. Keine, auch noch so geringfügig erscheinende Auffälligkeit zu übergehen, sondern sie untereinander zur Sprache zu bringen. Doch eine wichtige Beschränkung sollte man sich auferlegen: nicht zu deuten. Es gibt keinen Schlüssel, es gibt keinen »Klartext« hinter der Märchenerzählung, es gibt nur die Mannigfaltigkeit individuellen Miterlebens und die Gemeinsamkeit menschlicher Grundkonflikte.

Lauschen wir also in den Text, naiv und arglos, welche Bilder er zeigt, in welche Szenen er uns einführt, welche Konfigurationen und Konfliktkonstellationen, welche Signale er dabei setzt. Wir folgen dem Erzähler. Die mitgebrachten Theorien stellen wir zurück. Wir wollen uns nicht anmaßen, einen überall passenden Hauptschlüssel zu suchen, denn in dem individuellen Prozeß, den ein Märchen unbewußt in Gang setzt, liegt sein Sinn und seine Bedeutung. Erfassen wir die Signale des Textes, so fragen wir jedesmal, wie sie vom Zuhörer oder Leser wohl aufgenommen und miterlebt werden mögen. Und wie die Erzählung das Betroffensein und Miterleben wohl weiterleitet, wie der Erzähler den in Gang gekommenen Prozeß führt und wohin eigentlich seine spürbar werdende Dramaturgie führen mag. Wir fragen mithin nach den individuellen Fantasmen ebenso wie nach der allgemeinen Struktur, der Matrix.

Zum engeren Thema weiblicher Selbstfindung gehören viele Erzähltypen, nicht etwa nur das Paradestück vom Froschkönig (AT 440), die Zauberschlafmotivik des Dornröschens (AT 410) und des Märchens vom Vogel Phönix oder dem Wasser des Lebens (AT 551) und die Tabu-Verletzungsmotivik der Amor-und-Psyche-Märchen (AT 425). Hierher gehört die ganz auf sich selbst gestellte Ablösungs- und Transzendierungsmotivik vom fantasmatischen Partner Rumpelstilzchen (AT 500), die Ablösung von der Mutter und die Selbstfindung in der eigenen Weiblichkeit, wie man es in der Gänsemagd und den Königin-Berta-Märchen miterlebt (AT 513), die weiblichen Selbstfindungskonflikte in der Auseinandersetzung mit dem mutterabhängigen Geliebten (AT 708), Hans Wunderlich, ein wenig beachteter, aber motivreicher und sehr dramatischer Erzähltyp; das kindliche Fantasma vom verschlingenden Mutterdämon und dem Erkämpfen verinnerlichter mütterlicher Hilfe im Märchen von Vasilisa Prekrasnaja (AT 334 C*), aber auch der Kampf des jungen Mannes um die Geliebte gegen ihren Vaterdämon: vor allem in den Märchen vom dankbaren Toten, beziehungsweise vom Helfer und von der Selbsthilfe im Kampf gegen den Unsterblichen Koščej (AT 507 A und 302 C*)[1].

Vor allem aber gehört hierher das voll ausgebaute, weibliche und männliche Selbstfindungsdramatik ineinanderfügende Zaubermärchen von der männerfressenden, in der Kirche aufgebahrten Königstochter (AT 307, vorbildlich erzählt als Nr. 16 in der pommerschen Märchensammlung Ulrich Jahns: »Hans, der Grafensohn, und die schwarze Königstochter«)[2] – während die rätselhafte Zernichtungsangst und der völlige Identitätsverlust in solchen Erzählungen wie der vom Catherlieschen (KHM 59) deutlich werden und, jenseits der Zaubermärchen, die unglückliche Selbstzernichtung eines Paares, der gnadenlose, jegliche Entwicklung verweigernde Geschlechterkampf in der Sidi-Numan-Erzählung aus Tausendundeiner Nacht (AT 449 A, »Die Gula«, aus der mündlichen Überlieferung am besten nacherzählt von den Brüdern Molerovi in den »Vampirschwestern«)[3].

Unser Beispiel jedoch ist dem Erzähltyp AT 311 entnommen, am besten bekannt in der an Bildern reichen, tief beeindruckenden Grimmschen Fassung »Fitchers Vogel« (KHM 46). Doch der

Grimmschen Märchenpoesie sei als Kontrapunkt die sardische Fassung »Deusmi« entgegengestellt, die ihrerseits eine vortreffliche Parallele in dem sizilianischen Märchen »Ohimè« besitzt.

Der drastische Text aus Sardinien, 1953 von Felix Karlinger in Austis auf Sardinien nach der Erzählung der damals 60jährigen Maria Satta aufgezeichnet, wurde 1973 bei Röth in Kassel in Karlingers Sammlung »Das Feigenkörbchen« als Nr. 7 veröffentlicht[4].

Deusmi (AT 311 + 302)

1 Vor langer, langer Zeit lebte in den Bergen ein armer Hirte, der hatte drei Töchter: Rosangela, Salva und Itria. Itria aber, die jüngste von ihnen, war zugleich die schönste und die klügste. Der Vater aber war ein armer Mann, denn er besaß keine eigene Herde, sondern hütete gegen geringen Lohn die Schafe und Ziegen reicher Herren.

Eines Tages war eines seiner Tiere von der Herde abgekommen, und der Hirte suchte es vergeblich. Den ganzen Tag durchstreifte er den Wald und geriet immer mehr ins Dickicht. Am Abend aber setzte er sich todmüde auf eine Baumwurzel und stöhnte: »Deusmi« (mein Gott)! Im gleichen Augenblick stand ein großer Mann mit einem feuerroten Bart vor ihm und sagte: »Was willst du von mir?« »Ich?« versetzte der Hirte, »ich habe dich doch gar nicht gerufen.« »Wohl hast du mich gerufen. Du hast »Deusmi« gesagt, so heiße ich, also sprich: was willst du?« »Ach, das kannst du mir doch kaum verschaffen«, antwortete der Hirte, »eines meiner Tiere hat sich verlaufen, und ich kann es nicht wiederfinden. Bringe ich aber die Herde unvollständig zurück, dann wird mir mein Herr den Lohn nicht geben.« »Hier ist dein Tier!« sagte der Bärtige, und damit zog er es aus dem Dickicht hervor. »Ach, wie kann ich dir danken?« wollte der Hirte wissen, denn er war froh, nun seine Herde wieder vollständig zu haben. »Gib mir eine deiner Töchter zur Frau!« sagte Deusmi. »Sie soll's gut bei mir haben, und ich werde dir überdies eine fette Ziege schenken.« Da lobte der Hirte die glückliche Stunde, die ihn zu dem Bärtigen geführt hatte, und er versprach ihm die älteste Tochter. Deusmi aber führte ihn mit wenigen Schritten aus dem Wald heraus zu seiner Herde.

2 Am nächsten Tag kam Deusmi, brachte eine schöne Ziege, die war so weiß wie die Sonne, und nahm Rosangela als Frau mit sich. Er führte sie auf ein Felsenschloß mit vielen prunkvollen Gemächern und sprach: »Das alles soll dir gehören, wenn du mir brav folgst und alles tust, was ich dir befehle.« Rosangela war sehr vergnügt und versprach gern,

alles genau zu befolgen, was ihr Gatte ihr anschaffen werde. Als sie aber das ganze Schloß besichtigte, fand sie drei verschlossene Türen. »Was ist in diesen Zimmern, lieber Mann?« fragte sie ihren Gatten. »Eine Türe will ich dir öffnen, dann wird deine Neugier für immer vergehen«, entgegnete Deusmi. Er sperrte die mittlere Türe auf, und Rosangela sah einen ganzen Berg von Mädchenleichen, die tot, aber unverwest dort lagen. »Siehst du«, sagte Deusmi, »dies alles sind Frauen gewesen, die mir nicht gehorcht und mich betrogen haben, und wenn du es so machst wie sie, dann wird es dir auch genauso ergehen.« Da erschrak nun Rosangela doch ein wenig, aber sie dachte, daß sie es schon besser machen wolle, und kümmerte sich nicht weiter darum. So ging es einige Zeit recht gut, denn Deusmi war sehr freundlich zu seiner jungen Frau und machte ihr viele Geschenke.

Eines Tages aber trat Deusmi vor Rosangela und sprach: »Ich werde nun für einige Tage auf die Reise gehen. Indessen sollst du deinen Gehorsam zeigen. Bis ich zurückkomme, mußt du diese Hand gegessen haben, ob gekocht, gesotten, gebraten oder roh, das ist mir gleich.« Und damit gab er ihr eine haarige Totenhand, die war so gräßlich, daß es Rosangela bei ihrem Anblick fast schlecht wurde. Aber sie unterdrückte die Erregung und sagte: »Was du willst, das soll geschehen, Herr.« Dann ging Deusmi, und Rosangela blieb allein im Schloß zurück.

3 Sie dachte hin, und sie dachte her, was sie mit der Hand machen sollte, endlich aber warf sie dieselbe in die Abfallgrube. Hierauf putzte sie das Haus und säuberte alles gründlich, damit Deusmi mit ihr zufrieden wäre, wenn er von seiner Reise zurückkäme. Als der Rotbart aber das Schloß betrat, war seine erste Frage: »Nun, hast du getan, was ich dir befohlen habe? Hast du die Hand gegessen?« »Ja, Herr«, entgegnete Rosangela mit innerem Zittern. »Hand, komm her!« befahl der Dämon, und sofort kam die Hand aus der Grube hervor, schüttelte sich, so daß aller Schmutz Rosangela ins Gesicht flog, und legte sich vor Deusmi nieder. Dieser ergrimmte über den Bertrug Rosangelas, er packte sie bei den Haaren und schleppte sie in das Zimmer der Leichen. »Also auch du hast mich belogen und betrogen! So sollst auch du deine Strafe haben!« Und damit erstach er sie und warf sie zu den übrigen Toten.

4 Am nächsten Tag aber ging Deusmi zu dem Hirten und sagte: »Vater, Rosangela sehnt sich so sehr nach ihren Schwestern. Wenn du mir

deine zweite Tochter mitgeben willst, so nehme ich sie gerne in meinen Dienst und gebe ihr einen guten Lohn.« Der Hirte war sehr erfreut über dieses Angebot, er rief Salva: »Tochter, der Herr will dich in seinen Dienst nehmen, und du sollst nun wieder mit deiner Schwester zusammen sein. Bist du es zufrieden?« »Ja, Vater, ich gehe gerne mit«, entgegnete das Mädchen. Und bis sie ihre Sachen gerichtet hatte, um den Bärtigen zu begleiten, brachte dieser wieder eine Ziege, die war schwarz wie die Kohle. »Nimm dieses Geschenk als Dank dafür, daß du mir deine zweite Tochter überläßt.« Dann nahm der Dämon Salva bei der Hand und führte sie auf sein Bergschloß hoch oben in den Wolken. Salva eilte gleich durch alle Zimmer, um ihre Schwester zu suchen und zu begrüßen, aber sie fand sie nirgends; wohl aber fand sie die drei verschlossenen Türen.

»Herr«, sprach sie zu Deusmi, »wo ist denn meine Schwester Rosangela? Ist sie vielleicht in einem der verschlossenen Zimmer?« »Ja, sie ist in dem mittleren Zimmer, und ich habe sie umgebracht, weil sie mir nicht gehorcht hat, sondern mich zu betrügen versuchte. Und dir wird es genauso ergehen, wenn du nicht besser bist als deine Schwester.« Damit schloß er die Türe zu dem mittleren Zimmer auf, und der armen Salva wurde gleichzeitig heiß und kalt ums Herz – wie ihr euch vorstellen könnt. Aber sie nahm allen Mut zusammen und sagte: »Wenn sie dir nicht gehorcht, sondern dich betrogen hat, Herr, dann ist ihr ganz recht geschehen. Ich aber will dir treu dienen und alles tun, was du mir aufträgst.« »Wenn du mir treu ergeben bist, dann sollst du auch ein Leben führen, wie keine Königin und keine Fürstin es führen kann.« Damit verschloß Deusmi wieder die Türe. Einige Tage ging alles gut, dann sprach jedoch der Unhold: »Mädchen, ich muß nun verreisen. Hüte du mir das Haus und erfülle nun meine Befehle: hier, diese Hand, die mußt du essen, ob gekocht oder gesotten, gebraten oder roh, das ist mir gleich. Wehe dir, wenn ich zurückkomme und nur ein winziges Bröckchen übriggeblieben ist!« Er gab ihr die Hand und ging seines Weges. Die arme Salva aber blieb in Angst und Schrecken zurück und wußte nicht, was sie mit der ekelhaften Hand anfangen sollte. Endlich aber nahm sie sie und versteckte sie hinter einem Schrank. Dann putzte sie das Haus und gab sich Mühe, alles recht schön und sauber zu machen, damit Deusmi sie loben möge, wenn er wieder das Haus beträte.

Nach einigen Tagen kam der Rotbart auch zurück und fragte gleich: »Hast du die Hand gegessen?« »Ja, Herr!« antwortete das Mädchen. »Hand, wo bist du?« rief Deusmi. »Komm einmal her zu mir!« Da sprang die Hand hinter dem Schrank hervor, und Salva verlor vor Schrecken fast das Bewußtsein. »Du Treulose! Glaubst du, daß man mich betrügen kann? Weil du ungehorsam und schlecht bist, werde ich dich töten!« Und Deusmi ergiff sie bei den Haaren, schleifte sie in das mittlere Zimmer, erstach sie und warf sie auf den Haufen Leichen, der schon dort lag.

5 Am nächsten Tag aber erschien er bei dem Hirten und sprach: »Deine Töchter sehnen sich so nach ihrer jüngsten Schwester und wünschen, sie zu sehen. Wenn du sie mir mitgibst, will ich auch sie in meinen Dienst nehmen.« Der Hirte aber wollte nicht gleich, denn die jüngste Tochter liebte er besonders, weil sie schön, klug und zugleich sehr fromm war. Da fuhr Deusmi fort: »Ich werde sie gut entlohnen, und du sollst auch wieder eine schöne Ziege bekommen.« Da entschloß sich schließlich der Hirte, die Entscheidung seiner Tochter zu überlassen. Er rief sie herbei. »Itria, dieser Herr hier will dich mit sich zu deinen Schwestern nehmen. Du sollst ihnen in seinem Hause helfen und dafür guten Lohn empfangen. Wenn du aber lieber hier bei mir bleiben willst, so kannst du es sagen.« Aber Itria entgegnete: »Ich will gerne mit zu meinen Schwestern gehen.« Dann kehrte sie ins Haus zurück, um ihr Bündel zu schnüren. Deusmi aber verschwand im Wald und brachte bald darauf eine Ziege, die besaß Hörner wie der Mond. Itria aber hatte unter ihren Dingen ein Bildnis der lieben Jungfrau Maria, ihrer Patronin, das nahm sie heimlich mit. Dann ergriff sie Deusmi bei der Hand und führte sie hoch hinauf in sein Bergschloß.

Itria lief gleich durch alle Räume, um ihre Schwestern zu suchen und zu begrüßen, aber wohin sie auch schaute und so sehr sie auch danach forschte, nirgends konnte sie diese entdecken. Schließlich blieb sie vor den drei verschlossenen Türen stehen und rief nach Deusmi. Dieser kam und fragte: »Was willst du?« »Kannst du mir nicht sagen, wo meine Schwestern sind?« »Ei ja, die habe ich hier eingeschlossen, weil sie mir untreu waren und meine Befehle nicht befolgten.« Er schloß die mittlere Türe auf, und Itria erblickte mit Entsetzen die vielen toten Mädchen. »Dir wird es genauso ergehen, wenn du nicht besser bist als diese«, sagte Deusmi, »aber ich fange schon an, Vertrauen in dich zu setzen und hoffe, du wirst es besser machen.« »Aber gewiß will ich das, lieber Herr«, versetzte Itria, »und wenn meine Schwestern deine Gebote nicht befolgt haben, so ist ihnen recht geschehen. Du aber wirst sehen, daß ich dir stets treu diene und alle deine Wünsche erfülle.« »Dann wirst du es auch gut bei mir haben, und jede Königin soll dich beneiden.«

Wiederum ging es einige Tage gut. Dann trat Deusmi zu Itria in die Küche und sagte: »Nun muß ich verreisen. Hier aber bringe ich dir eine Totenhand, die sollst du essen, ob gekocht oder gesotten, gebraten oder roh, das ist mir gleich.« Und Itria antwortete, obwohl ihr Herz vor Entsetzen zu Eis erstarrt war: »Gewiß, Herr, das will ich tun.« Damit ging Deusmi und ließ Itria in Sorge und Angst zurück. Als sie sich gar keinen Rat mehr wußte, holte sie aus ihrem Bündel das Bildnis der himmlischen Mutter und kniete vor ihr nieder und betete: »Madonna, komm mir zu Hilfe und sag mir, wie ich mich retten kann!« Da fing das Bild an zu sprechen und sagte: »Itria, weil du stets fromm und gut gewesen bist, will ich dir helfen. Nimm die Hand und verbrenne sie! Die Asche aber fülle in ein kleines Säckchen und verbirg es bei dir, so wird niemand sie entdecken!« Da machte Itria im Kamin ein großes Feuer an und röstete die Hand so lange, bis sie zu lauter Asche verkohlt war. Die Asche aber füllte sie in ein Säckchen und verbarg dieses in ihrer Achselhöhle.

6 Bald darauf kam Deusmi zurück und stellte gleich die Frage: »Nun, hast du mein Gebot befolgt?« »Ja, Herr!« »Und wie hast du die Hand verspeist?« »Geröstet, Herr!« »Nun, das werden wir gleich sehen! Hand, komm einmal her zu mir!« »Ich kann nicht«, entgegnete die Hand, »ich bin in Itrias Leib.« Da war Deusmi sehr vergnügt und sagte: »Nun, Itria, sollst du es gut bei mir haben, denn ich sehe, daß du mir treu bist und alle meine Gebote aufs Wort befolgst!« Und er führte sie durch das Schloß, öffnete alle Truhen und Schränke und sprach: »Hier, alle diese Reichtümer gehören dir.« Als sie aber vor den verschlossenen Zimmern ankamen, schloß er die linke Tür auf. »Hier ist ein Fläschchen mit Öl, das alle Toten wieder lebendig machen kann. All das sage ich dir, weil ich weiß, daß ich dir vertrauen kann. Und hier hast du auch die Schlüssel. Das Zimmer dort rechts indessen, das sollst du nie aufschließen, sonst würde etwas Fürchterliches geschehen, und ich würde dich umbringen müssen.« Da dankte ihm Itria für sein Vertrauen und für die kostbaren Geschenke und versprach ihm, auch weiter alle seine Gebote zu erfüllen.

7 Sobald aber Deusmi das nächstemal auf die Reise gegangen war, holte Itria das Bildnis der Madonna heraus und betete davor, um für den guten Rat zu danken. Das Bildnis indessen sprach: »Gehe schnell in das Zimmer zur Rechten! Dort wirst du einen Jüngling finden, den rufe mit der Salbe ins Leben zurück!« Sogleich nahm Itria die Schlüssel, holte das Fläschchen mit dem Öl aus dem linken Zimmer, eilte dann ins rechte Zimmer, wo sie einen erstochenen Jüngling fand, dem sie ins Leben zurückverhalf. Kaum hatte er die Augen aufgeschlagen, da sprach

er: »Ist denn der böse Dämon tot, daß du mich erlösen konntest?«
»Nein«, sprach Itria, »er ist noch nicht tot, sondern nur außer Haus.«
»So will ich mich verstecken, und du mußt versuchen zu erfahren,
wie man den Unhold töten kann, sonst bringt er uns beide um.« Nun
führte Itria den wiedererweckten Jüngling, der ein Königssohn war,
aus dem Zimmer heraus, und an seine Stelle legten sie die tote Rosangela, nachdem ihr Itria die Haare geschnitten und ihr die Kleider des
Jünglings angezogen hatte. Der nackte Prinz aber versteckte sich auf
dem Dach.

Bald darauf kam Deusmi zurück; er warf nur einen kurzen Blick in das
Zimmer zur Rechten, und da er dort eine Gestalt in den Kleidern des
Prinzen liegen sah, merkte er den Betrug nicht. Er ging zu Itria in
die Küche und lobte sie ob ihres Fleißes. Nach dem Essen aber wurde
er müde, er legte sich nieder und befahl Itria, ihn zu lausen. Da nahm das
Mädchen den Kopf in ihren Schoß und fragte ihn: »Sage mir einmal,
Herr, ich leide immer eine solche Angst, daß dir etwas zustoßen
könnte.« »Aber du Dummchen«, versetzte der Rotbart, »was soll denn
mir schon zustoßen? Mich kann man nur im Feuer töten, aber das
wird niemandem gelingen, denn ich habe einen so leichten Schlaf,
daß ich immer aufwache, wenn Gefahr droht.« »Und gibt es nichts, was
deinen Schlummer vertiefen könnte?« »Du hast mich ja lieb und bist
mir getreu, deshalb kann ich mich dir anvertrauen. Vor unserem
Schloß wächst ein Baum, wenn man mir dessen Rinde in die Ohren
stopfen würde, dann müßte ich in einen tiefen Schlaf verfallen.« Das
sprach er noch, dann fiel er in einen leichten Schlummer, indes sein
Haupt im Schoß der schönen Itria lag.

Aber der Prinz auf dem Dache hatte alles mitgehört. Er schlich eilends
vom Dache herunter und brach ein Stück Rinde von dem besagten
Baum ab. Das reichte er durchs Fenster dem Mädchen, und Itria
stopfte es behutsam dem Dämon in die Ohren. Nachdem sie gemerkt
hatte, daß er fest schlief und auch durch kein Schütteln zu wecken war,
ging sie eilends hinaus und benetzte alle toten Mädchen mit dem Öl,
welches das Leben spendet. Dann rafften sie alle die Schätze zusammen,
die in dem Schloß aufbewahrt waren, und stiegen von dem Berge hinab
ins Land. Wie groß war die Freude, als der Hirte seine Töchter wieder-
kommen sah, wenn auch die Älteste ihre Haare eingebüßt hatte. Er
schloß alle in seine Arme und wollte nicht glauben, daß die Jüngste nun
einen richtigen Prinzen heiraten sollte. Der aber führte die drei Mädchen und ihren Vater mit sich fort aufs Königsschloß seines Vaters, gab
Rosangela einen Fürsten und Salva einen Grafen zum Gatten, so daß
sie fröhlich eine dreifache Hochzeit feiern konnten.

8 Indessen lag Deusmi wie tot in der Küche seines Schlosses, aber das Unglück wollte es, daß in der Rinde, mit der das eine Ohr verstopft war, ein Holzwurm saß, der langsam das Holz der Rinde so zerfraß, daß es schließlich in Krümeln aus dem Ohr herausfiel. So erwachte Deusmi plötzlich; er sah sich verwundert um und dachte: »Wo ist Itria? Sollte sie mich nicht lausen?« Aber wo er sie auch suchte, er konnte sie nirgends finden. Schließlich schloß er die drei verschlossenen Zimmer auf, und da sah er, daß alle geflohen waren. Zornentbrannt machte er sich auf den Weg, um sich zu rächen. Er kam zu der Hütte des Hirten, aber diese war längst verlassen. Durch Nachbarn erfuhr er, daß die Mädchen mit ihrem Vater in die Stadt gezogen seien. Er eilte in die Stadt, wo man gerade die Hochzeit von Itria, Salva und Rosangela feierte.

Nun kehrte er zu seinem Schloß zurück und nahm ein Stück von der Rinde des Baumes mit.

Indessen war die Feierlichkeit mit Tanz und Musik zu Ende gegangen, und Itria ging mit ihrem Gatten ins Brautgemach. Da bat sie ihn: »Laß doch bitte das Bild der heiligen Jungfrau holen, das ich immer bei mir geführt habe und das uns aus der Gefangenschaft des Bösen befreit hat.« Ihr Gemahl wollte lange nicht, denn er meinte, das Bild wäre schon alt und häßlich und man hätte im Palast viele schönere Bilder von der Madonna. Aber Itria gab nicht nach und setzte ihren Willen durch. So stellte man das Bild der heiligen Jungfrau zu Häupten des Bettes auf.

Als es aber dunkel geworden war und im Palast alles eingeschlafen war, schwang sich Deusmi durchs Fenster ins Schlafgemach des Prinzen, verstopfte dessen Ohren mit der Rinde des Baumes, so daß er in tiefen Schlaf verfiel, und weckte sodann Itria. »Nun, du Verräterin! Du sollst mir büßen, daß du mich betrogen hast!« Und damit faßte er sie und schleppte sie, sie mochte sich wehren so viel sie mochte, zum Fenster, um sie aus dem Palast zu entführen. Aber in diesem Augenblick fiel das Bildnis der heiligen Jungfrau um und polterte so gegen den Kopf des Prinzen, daß die Rinde aus dem Ohr sprang. Der Prinz erwachte sogleich und schrie Alarm. Da kamen viele Diener herbei und ergriffen den Unhold. Auch der König kam herbei, er ließ im Kamin ein großes Feuer entfachen und Deusmi hineinwerfen, so daß er gänzlich verbrannte. Itria aber lebte mit ihrem Gemahl, ihren Schwestern und Schwägern und ihrem lieben Vater lange und glücklich unter dem Schutz der Madonna.

Und wenn ihr klug seid, dann macht ihr es ebenso, denn einen besseren Schutz gibt es nicht.

1. Vor langer, langer Zeit...

Da ist also die Rede von einem Hirten, der drei Töchter hat. Er ist arm und hat Angst um eines seiner Tiere. Im Dickicht spricht er ein Stoßgebet und ruft damit einen feuerrot Bärtigen herbei, der sich als Lohn für seine Hilfe die älteste Tochter erbittet und dem Hirten eine fette Ziege verspricht. Was ist das für eine Eingangslage? Bei dem Hirten herrscht Mangel, in mehrerer Hinsicht: er ist arm, von anderen abhängig, verliert gar ein Tier aus dem Besitz anderer und hat für drei unverheiratete Töchter zu sorgen. Was heißt also: er geriet immer mehr ins Dickicht? Doch wohl, daß seine äußere Lage genau seiner inneren Verfassung entspricht. Mein Gott! stöhnt er in seiner Ausweglosigkeit. Wissen wir uns eins mit ihm, oder schauen wir ihm gelassen zu und ahnen, daß das Verschwinden des Tieres die dramatische Änderung der schon lange zu einem Dickicht gewordenen Ausweglosigkeit bewirken muß? Wo aber sind wir selbst als Zuhörer in dieser Szene?

Spontan kommen zwei Antworten aus der Gruppe: wir sind die Töchter und kennen das Klagelied des Vaters seit langem. Und: eigentlich erfüllt mir das davongelaufene Schaf den Wunsch daß sich endlich etwas ändert. Wer aber kommt durch diesen Ru, ins Spiel? Doch wohl ein Dämon. In den Märchen, die von einem Vater mit drei Töchtern erzählen, macht sich der Vater fast regelmäßig zum Mittler zwischen den Töchtern und einem Dämon, so im »Eisenofen«, im »Löweneckerchen« oder in der »Schönen und dem Tier«[5]; auch in »Oda und die Schlange«[6]: Er soll vom Markt mitbringen, was hinter seinem Wagen herläuft. Und das ist der Freier in seiner Dunkelgestalt, seiner dämonisch fantasmatischen Übergangsform. Es könnte noch manches Märchen aufgezählt werden, etwa das hinreißend erzählte russische von »Finist Hellfalke«[7].

Aufgabe des Arbeitsgruppenleiters ist es, für das Einhalten der Spielregeln zu sorgen, nicht in uferlose Vergleiche geraten zu lassen, immer wieder zum Miterleben der Dramaturgie zurückzuführen, notfalls durch bohrende Fragen die Teilnehmer zu Bemerkungen und Antworten zu veranlassen, durch beharrliches Schweigen zum Nachsinnen zu drängen. Das ist obendrein die beste Korrektur für vorgefaßte Meinungen und Schreibtisch-Theoretik.

120

Der Hirt gibt dem Bärtigen die älteste Tochter und erhält eine fette Ziege. Der Bärtige zeigt Rosangela sein Felsenschloß. Vor den drei verschlossenen Türen wird das Mädchen neugierig. Deusmi öffnet die mittlere Tür und zeigt den Berg toter Frauen, die ungehorsam waren und Deusmi betrogen hatten. Das Mädchen faßt den Vorsatz, es besser zu machen. Aber als Deusmi verreist und als Gehorsamsprobe verlangt, eine haarige Totenhand zu essen, wird es ihr bei dieser Vorstellung geradezu übel.

Was sind das für verbotene Kammern? Und worin steckt die eigentliche Gefahr? Trägt vielleicht jeder von uns zugesperrte Kammern in sich, vor denen es ihm graust und die ihn dennoch magisch anziehen? Die Gefahr liegt im Ungehorsam. Aber gegen welches Gebot? Machst du es wie Rosangela, geht es dir ebenso? Es gibt indessen kein Verbot, die drei Türen zu öffnen. Das Gebot trifft Rosangela unvermittelt. Der Rotbärtige war bisher sehr freundlich und machte Geschenke. Erst der Anblick der haarigen Hand und das Gebot, sie zu essen, trifft Rosangela wie ein Hammer, buchstäblich, betäubt das Mädchen. Das ganze Felsenschloß, und die beiden noch nicht geöffneten Türen dazu, sind mit einem Schlag gegenstandslos geworden.

Auch für uns als Zuhörer? Offenbar doch. Man sieht die grausige Totenhand überdeutlich vor sich. Zwischenfrage: für welchen malerischen Stil wäre eine solche Szene geradezu eine Herausforderung? Für einen Impressionisten wohl kaum. Da gibt es außer der Hand und den beiden Gestalten nicht eine einzige Einzelheit. Jede realistische Zutat wäre herbeigezogene Dekoration, vielleicht Flucht. In Wirklichkeit sehen wir innerlich ein surrealistisches Bild mit einer alles beherrschenden Hand, grotesk, absurd.

Gibt es neben diesem Bild nicht das geringste Andere? Plötzlich fällt es jemandem auf, daß der Auftrag des Dämons keineswegs gnadenlos, hart, brutal ausgesprochen wurde, obgleich wir alle es zunächst so empfunden haben. Der Auftrag klingt, genau besehen, eher komisch: ob gekocht, gesotten, gebraten oder roh. Deusmi hat seinen schaurigen Auftrag mit Humor versetzt. Aber Rosangela, und wir zunächst mit ihr, hört diesen Humor nicht. Das ist ja wie ein Stück Selbsterkenntnis, sagt jemand. Was aber hindert Rosangela an dieser Erkenntnis? Panische Angst. Wen die Angst überflutet, dem fliegen Witz und Verstand davon.

3. Sie dachte hin, und sie dachte her...

Wir fassen den kurzen dritten Abschnitt noch einmal zusammen, denn es ist etwas anderes, dem Erzähler zuzuhören, sich den eigenen inneren Vorstellungen zu überlassen, oder die Fakten des Textes unverdeckt vorüberziehen zu lassen. Rosangela wirft die Hand in den Abfall und putzt das Haus. Doch der heimkehrende Feuerbart fragt sogleich nach dem Kern der Sache. Er ruft den magischen Zeugen herbei. Die Hand besudelt die Überführte, und der ergrimmte Dämon tötet sie.

Auf welchen Ausweg verfällt das Mädchen eigentlich? Rosangela ist unfähig, sich aus ihren Ekelgefühlen zu befreien. Da verfällt sie in Reinlichkeitshysterie, stellt eine Teilnehmerin fest. Wovor aber hat sie diese überschwemmende Angst? Vor der Wirklichkeit, die sie einholt, die keine Ausflucht läßt. Was ist das für eine Schmutzvorstellung? Verdrängte Geschlechtlichkeit, sagt eine junge Frau lapidar.

4. Am nächsten Tag aber ging Deusmi zu dem Hirten...

Der Bärtige holt sich die zweite Tochter (er »holt« sie sich!). Dem Vater gibt er eine schwarze Ziege. Salva sucht Rosangela im Felsenschloß, findet sie aber nicht, obgleich der Dämon doch erklärt hat, die ältere sehne sich sehr nach ihren Schwestern. Der Bärtige öffnet die Leichenkammer und stellt für den Fall eines Betrugversuches die gleiche Strafe in Aussicht. Salva billigt die Strafe und gelobt Treue. Doch allein gelassen mit dem Gebot, versteckt sie die ekelhafte Hand hinter einem Schrank und verfällt ebenfalls auf die Putzerei. Sie wird des Betrugs überführt und getötet.

Ich frage, ob Reizworte aus diesem längeren Text heraushörbar seien. Die erste Ziege sei weiß wie die Sonne, lautet die Antwort, die zweite aber schwarz wie Kohle gewesen. Der Dämon, lautet eine andere Antwort, habe ein Leben in Aussicht gestellt, wie es keine Königin führen könne. Und: beim zweiten Mal habe das Gebot des Dämons ungeduldiger und weniger humorvoll geklungen als beim erstenmal. Schließlich: Salva habe die Hand versteckt, das Peinliche und Widerliche hinter den Schrank geschoben. Und: Salva sei an den Haaren in die Leichenkammer geschleift worden. Eigentlich, so scheint es der Gruppe, ist mit dem Erfassen dieser unterschwelligen Signale, die der Erzähler setzt, deutlich gemacht, was sich in dem unbewußt vorgehenden Mitteilungsprozeß tatsächlich ereignet: die Wendung vom hoffnungsvollen Leben zum Absterben; das erneute Inaussichtstellen eines königlichen Lebens für den, der das Gebot achtet und die Hand ißt; die spürbare Beunruhigung, daß auch die zweite Schwester versagt; und die Verdrängungsmechanismen, Geschlechtlichkeit als Schmutz oder Nicht-Zulaßbares aus den Vorstellungen zu verbannen.

Nun haben wir uns doch anfangs mit der ersten Schwester identifiziert, mit ihrer kopflosen Reinlichkeitssucht sind wir gescheitert und in die Kammer der Abgelebten geworfen worden. Identifizieren wir uns auch mit der zweiten Schwester? Ja, lautet die Antwort, fast gleich, aber ungeduldiger, denn wir wissen, daß wir auch mit ihr scheitern werden. Und wir wissen, ergänzt eine andere Teilnehmerin, daß wir, eins mit der dritten und jüngsten, nicht mehr den Kopf verlieren und tun werden, was notwendig ist. Was aber ist notwendig? Den geforderten Reifeschritt anzunehmen. Ich versage mir die Frage, was der geforderte Reifeschritt denn sei und lese, in der Rolle des Erzählers, den fünften Abschnitt.

5. Am nächsten Tag aber erschien er bei dem Hirten...

Der Rotbart will die jüngste Tochter holen. Der Vater indessen stellt seiner Lieblingstochter die Entscheidung frei. Itria nimmt das Bild ihrer Patronin Maria mit und folgt dem Dämon, der dem Vater eine dritte Ziege, mit Hörnern wie der Mond, hinterläßt. Vergebens sucht Itria ihre Schwestern, von denen es doch hieß, sie sehnten sich nach ihr. Der Rotbart zeigt Itria die vielen toten Mädchen. Sei sie nicht besser, so erginge es ihr genau so. Als Itria das Gebot erfährt und das Bild der Gottesmutter um Rat fragt, spricht das Bild. Itria soll die Hand zu Asche verbrennen. Und: sie solle die

Asche in einem Säckchen bei sich verbergen. Itria verbirgt das Säckchen in der Achselhöhle.

Auffällig an diesem Text ist die Betonung des Unterschiedes zwischen Itria und den beiden älteren, ihr vorausgegangenen Schwestern. Einerseits zögert der Vater zum erstenmal, als ihm der Rotbart mit seinem Anerbieten erscheint. Und anderseits sagt der Rotbart zum erstenmal, zu diesem Mädchen habe er Vertrauen, Itria werde es besser machen. Gibt es auch bei Itria einen vom Erzähler herausgehobenen Unterschied? Sie nimmt das Bild ihrer Patronin mit. Hatten Rosangela und Salva keine Patronin? Das wird nicht gesagt. Doch hätten die beiden auch eine Patronin gehabt, bedeutet hat sie ihnen offenbar nichts.

Was heißt das aber? Itria ist reifer als ihre Schwestern. Sie ist bereits in einem Prozeß des Verinnerlichens der guten Mutter, des eigentlich Weiblichen begriffen. Bei ihren Vorgängerinnen gab es dazu nicht den geringsten Ansatz. Was bedeutet demnach der Anblick, der sich Itria hinter der geöffneten mittleren Tür bietet? Itria erkennt: alle diese Mädchen sind tot, ich aber lebe. Auch das ist ein surreales Bild.

Der sinnfälligste Unterschied zwischen Itria und ihren Schwestern aber liegt in der Weise, wie sie dem Gebot des Dämons gerecht zu werden versucht. Es ist mir ganz gleich, in welcher Form du diese Hand issest – das ist doch wohl der Sinn des Dämonengebotes.

Hat Itria Angst? Jedenfalls keine panische Angst. Handelt sie überlegt? Überlegt, als Ergebnis eigentlichen Nachdenkens, kann man es nicht nennen. Eher: sie geht mit sich zu Rat. Sie handelt, wie es ihre innere Stimme sagt. Im Gegensatz zu ihren Schwestern, die sich von Ekel und Angst überschwemmen lassen, handelt sie nicht kopflos. Gut. Aber sie kocht oder brät, siedet, schmort oder ißt doch die Hand auch nicht roh? Sie verbrennt sie. Es bleibt nur Asche. Ist mit Essen Verzehren gemeint? Es ist in jedem Falle gemeint, die Hand in sich aufzunehmen. Das Säckchen unter der Achselhöhle, wirft eine Teilnehmerin ein, ist aber doch nichts weiter als eine List! Es stehe nur, entgegnet eine andere, für die Notwendigkeit, die zu Asche verbrannte Hand in den eigenen Leib aufzunehmen. Das Bild von der Achselhöhle sei gar nicht so schlecht erfunden.

Auf den Ruf nach dem magischen Zeugen antwortet die Hand, sie könne nicht vor ihrem dämonischen Meister erscheinen, weil sie sich in Itrias Leib befinde. Der Dämon ist sehr zufrieden, vertraut Itria sein ganzes Zuhause an und gibt ihr sogar den Schlüssel zur zweiten Kammer, in der ein Wiederbelebungsmittel verborgen ist.

Die dritte Kammer aufzuschließen, verbietet er jedoch unter der Androhung, Itria sonst umbringen zu müssen. Was für einen Status hat Itria nun gewonnen? Sie besitzt von nun an fast die ganze Schlüsselgewalt. Der Dämon vertraut ihr sein Haus an. Das Haus aber sind alle Kammern seines Inneren, seines Wesens. Aber es bleibt ein letztes Verbot. Eine allerletzte Kammer darf Itria auf keinen Fall öffnen. Womit rechnet der Dämon? Daß er nun ständig mit ihr zusammenleben kann. Warum gibt er ihr die Schlüssel zum Wiederbelebungsöl? Er überläßt ihr wohl die Entscheidung, ob sie die abgelebten Vorgängerinnen wieder auf die Beine bringt und davonziehen läßt. Ihrer selbst ist der Rotbart ja sicher. Wer verbirgt sich hinter diesem Dämon? Wir verzichten auf eine Antwort, obgleich allein durch das Motiv des in das Dickicht des Dämons entlaufenen Tieres und die Bereitschaft des Vaters, gegen zwei Ziegen dem Dämon die älteren Töchter zu überlassen, die Lieblingstochter aber für sich zu behalten, eine innere Verbindung zwischen Vater und Dämon aufgezeigt ist. Dennoch treten sie als zwei völlig verschiedene Figuren auf der Dramenbühne auf. Was ist der wesentliche Unterschied zwischen den beiden Gestalten? Der Hirt ist bescheiden, arm, anfangs voller Sorgen. Der Rotbart aber ist reich und zaubermächtig. Und der Unterschied der beiden Zuhause? Der eine lebt in einer dürftigen Hirtenhütte, der andere aber in einem unzugänglichen Felsenschloß mit drei rätselhaften Kammern. Man lebt dort, sagt eine Teilnehmerin, wie in einem Traum, teils reich, teils grausig.

Ich gebe zu überlegen, ob man den Hirten mit seinen Töchtern und seiner Behausung nicht als äußere Wirklichkeit, das Felsenschloß des Dämons aber als innere, fantasmatische Spiegelwelt sehen kann.

Eine letzte Frage: was verbirgt sich hinter der letzten Tür? Rasch kommt die Antwort: was die Existenz des Dämons schlechthin bedroht. Und weshalb? Er hat Angst, daß diese Tür geöffnet werden könnte, auch wenn er glaubt, nunmehr Itria für immer an sich gebunden zu haben.

Aber sie hat ihn überlistet. Nein, nicht überlistet. Sie hat die Angst vor ihrer Geschlechtlichkeit verbrannt, und sie ist damit über die nicht bei Namen nennbaren Inzestfantasien hinausgewachsen.

7. Sobald aber Deusmi das nächstemal auf die Reise gegangen war...

Das Wesentliche der rasch und sehr dramatisch fortschreitenden Erzählung dürfte sein, daß der Rotbart noch einmal auf eine Reise geht, Itria unverzüglich das Bildnis hervorholt und den Auftrag erhält, einen Jüngling, der in der verbotenen Kammer liegt, wiederzubeleben. Der Jüngling aber, ein Königssohn, trägt ihr auf, den Rotbart auszufragen, auf welche Weise der mächtige Dämon getötet werden könne. Beim Lausen erfährt Itria, daß der feuerrot Bärtige einzig durch Feuer vernichtet werden kann. Aber nur die Rinde eines bestimmten Baumes könnte ihn in einen solch tiefen Schlaf versetzen, daß er diese Gefahr nicht bemerke. Der Jüngling, der nackt auf dem Dach lauscht, beschafft die Rinde. Itria stopft sie dem Dämon ins Ohr, belebt die toten Mädchen, kehrt mit den Schätzen des Dämons heim und nimmt den Vater und die beiden Schwestern mit in das Königsschloß ihres Geliebten, wo eine dreifache Hochzeit gefeiert wird.

Die Bemerkungen zu dieser raschen Szenenfolge kommen spontan von mehreren Seiten. Der Zugriff zur dritten Kammer, heißt es, erfolge weit rascher als erwartet. Itrias Fähigkeit zu lieben, zum eigentlichen Lebenspartner zu finden, sei endlich freigesetzt. Und sogleich wende sich das ganze Sinnen des Paares auf die völlige Entmachtung, Einschläferung und Vernichtung des Dämons. Sonderbar sei das Bild des nackten Jünglings auf dem Dach. In anderen Märchen, berichte ich, lausche der Jüngling unter dem Bett, in dem seine Braut den Dämon lause und ausfrage.

Die sardische Erzählerin hat den Kleidertausch mit der toten Rosangela ins Spiel gebracht. Aber das ist nur ein einseitiger Tausch: die tote Rosangela hat das Gewand des wiederbelebten Königssohnes erhalten, dieser aber keineswegs Rosangelas Gewand. Obendrein schneidet Itria der älteren Schwester die Haare ab. Wir verfolgen die Fragen dieser Sonderbarkeiten nicht länger. Doch das Bild des nackten Geliebten auf dem Dach verfolgt offenbar die Märchenhörer. Das Lausen und die damit verbundene Zwiesprache werden als recht vertrauter Umgang miteinander erachtet. Kein Dämon sei unsterblich, man müsse ihm ablisten, was er zu fürchten habe. Der feuerrot Bärtige aber hat nur das Feuer zu fürchten. Er weiß gar nicht, wird eingeworfen, daß er bereits durch das heimliche Zu-Asche-Brennen entmachtet worden ist. Seine Einbildung, in Itria die ihm ewig treue Braut gefunden zu haben, zeige wie vertroddelt er bereits sei.[8]

Wir fragen nicht, was das für ein magischer Baum vor dem Schloß des Dämons ist. Aber wir sehen, daß sich der Dämon zeit seines Lebens in ständiger mißtrauischer Wachsamkeit bewegt hat und erst durch Itria, mit der Hilfe des wahrhaft Geliebten, in den ersten Tiefschlaf seiner Existenz versetzt worden ist. Ich stelle fest, daß wir jetzt sehr parteiisch gegenüber dem Dämon geworden sind und den Humor in seinem scheinbar so schrecklichen Gebot vergessen haben. Der Humor, werde ich belehrt, komme aus dem Mund der Erzählerin. Sie mache sich heimlich über den feuerrot Bärtigen lustig.

Ich frage, ob es jemandem aufgefallen sei, daß dieses sardische Märchen ganz anders verlaufe als etwa das sehr eindrucksvolle und an surrealen Bildern so reiche Grimmsche Märchen »Fitchers Vogel« (KHM 46). Das Grimmsche Märchen, heißt es, endet mit der glücklichen Heimkehr der drei Schwestern in das Elternhaus und mit dem Verbrennen des Dämons in seiner imaginären Waldbehausung, aus deren Dachluke die mit den Brautkleidern geschmückte Strohpuppe mit dem bekränzten Totenschädel schaut[9]. Und hier? Das zu seiner Weiblichkeit ja sagende Mädchen findet den Geliebten in der verbotenen Kammer und kehrt heim zu ihm in das Königsschloß.

Aber das ist nur die eine Hälfte der unterschiedlichen Ausgangsmotivik. Das als Fitchers Vogel in das Elternhaus heimkehrende Mädchen wird erst in einem anderen Zaubermärchenspiel ihren Geliebten finden. Itria aber hat ihn bereits im Dämonenhaus gefunden. Haben wir nicht etwas Wesentliches bei diesem Vergleich außer Acht gelassen? Doch, entgegnet jemand: der feuerrot Bärtige schläft nur. Und Itria hat das gesamte Elternhaus, einschließlich Vater und Schwestern, kurzerhand mit in das Haus ihres Mannes genommen. Das Drama ist also mit der Hochzeit noch nicht zu Ende.

8. *Indessen lag Deusmi wie tot in der Küche seines Schlosses ...*

Ohne noch einmal zusammenzufassen (denn die wiederholte Nacharbeit als ein abschnittsweises Nachsinnen über jedes Märchen, das einem etwas bedeutet, steht ja doch bei jedem an, der sich einmal auf diesen Weg des Miterlebens und des In-acht-Nehmens der unbewußten individuellen Prozesse gemacht hat), lassen wir Beobachtungen, Fragen und Anmerkungen zu.

Mit dem Satz »Indessen lag Deusmi wie tot« wissen wir, so stellt jemand fest, daß die letzte Auseinandersetzung nicht mehr lange auf sich warten läßt. Gerade wenn man ganz sicher zu sein glaubt, ergänzt eine Teilnehmerin, sitzt bereits der Wurm darin. Eine dritte Teilnehmerin weist auf die Komik beim Erwachen des Dämons in der Küche hin: »Wo ist Itria? Sollte sie mich nicht lausen?« Das Umkehren, ein Stück Rinde zu holen, deutet auf eine Verdoppelung des Außer-Gefecht-Setzens hin. Wir wissen ja, wen es trifft, entgegne ich.

Doch warum wird gerade der Geliebte im entscheidenden Augenblick schlafen? Er schläft immer, wenn es darauf ankommt. Und: weil die beiden hoffentlich noch ein ganzes Leben vor sich haben, sagt eine andere Teilnehmerin, sich wirklich aufeinander einzustellen. Eine dritte Antwort: in der Hochzeitsnacht treten im Märchen stets die schlimmsten Gefahren auf. Man sieht aneinander vorbei, ist mehr mit sich als mit dem anderen beschäftigt, unversehens taucht Nichtverarbeitetes auf. Ich ergänze: der Dämon steigt also durchs Fenster, wie das auch im Märchen vom treuen Johannes der Fall ist (AT 516)[10].

Einig sind wir uns über die Komik des Eingreifens der Mutter-Gottes-Ikone[11]. Dem jungen Mann paßt diese alte Bindung seiner jungen Frau nicht; er glaubt, Besseres dafür setzen zu können. Aber Itria läßt sich nicht irre machen. Sie hat ihren eigenen Kopf, stellt das Bild sogar zu Häupten des Ehebettes auf. Im entscheidenden Augenblick schlägt es dem schlafenden Mann dann so heftig an den Kopf, daß ihm der magische Schlafpropfen aus dem Ohr springt.[12]

Doch was bedeutet die Wiederkehr des Dämons und das gewaltsame Fortschleppen? Es ist wie ein drittes, erst jetzt nachgeholtes Fortschleifen an den Haaren. Und das ist nur möglich, weil der junge Ehemann schläft. Doch was heißt das, sich in der Brautnacht wach und allein zu finden? Die alten Fantasien, entgegnet jemand, holen uns ein. Die alten Ängste brechen mit größerer Macht noch einmal auf.

Was aber rettet die junge Frau? Die drastisch eingreifende Patronin in uns, die von der guten Mutter übernommene und zu eigen gemachte Weiblichkeit. Und der erwachte Mann, wirft jemand ein. Irrtum, widerspricht eine andere Teilnehmerin. Was tut denn dieser Jüngling? Er schreit lediglich um Hilfe. Und nach wem ruft er? frage ich. Dem Papa, antwortet man mir. Beide jungen Menschen, stellen wir fest, sind also mit ihrer Vaterbindung offensichtlich noch nicht ganz fertig, der junge Mann noch weniger als die junge Frau. Immerhin, heißt es, der König lasse den Dämon im Kamin verbrennen (in der Küche? im Schlafzimmer?). Und dieser Tod, das wissen wir, ist endgültig. Vielleicht, meint eine der Teilnehmerinnen, hätte der junge Mann die Courage haben sollen, das ganze Felsenschloß des Dämons bereits bei dem großen Aufbruch der wiederbelebten Mädchen bis auf die Grundmauern niederzubrennen.

Er hat also, wie man sieht, noch einige Lernprozesse vor sich. Seine Frau, wird festgestellt, ist da schon erheblich weiter, zumindest seitdem sie kurz entschlossen die haarige Totenhand verbrannt hat. Genau genommen, wird ergänzt, seit sie gelernt hat, mit sich selbst zu Rate zu gehen und sich nicht von ihren Ängsten hat fortschwemmen lassen.

Ich kann es mir nicht versagen, die völlig gegensätzliche Auffassung Hartwig Suhrbiers aus seinem Blaubartbuch von 1982 zu zitieren[13], der Blaubart nicht als Dämon in uns selbst, als abgespaltene fantasmatische Figur unserer Inzestängste sieht, sondern als »eine Chiffre für männliches Verhalten in der bürgerlich-patriarchalisch strukturierten Gesellschaft der Neuzeit« (18). Ziel dieses männlichen Verhaltens sei es, so die Feststellung des Autors, »das ›Naturwesen‹ Frau zu unterwerfen und zu zähmen, in dessen Gestalt dem Mann all das entgegentrat, was er bei sich unterdrückte und bekämpfte.« Dann nimmt dieser Autor alles für bare Münze, womit wir uns in unseren Fantasien herumschlagen? stellt jemand verblüfft fest. Bei der Niederschrift fällt mir ein, was ich hätte antworten sollen: es ist nicht zu leugnen, daß in der menschlichen Gesellschaft gelegentlich erstaunlich genaue Kopien unserer eigenen Dämonenschöpfungen umherwandeln.

So weit die Rekonstruktion der Überlegungen zu »Deusmi«. Eine große Untersuchung des Märchentyps AT 311, in der alle erreichbaren Varianten bedacht werden, steht noch immer aus[14]. Dafür blüht seit hundert Jahren die Blaubartliteratur (AT 312). Sie ist jedoch in der Tat nichts als eine Beispielsammlung für die panischen Ängste und die Häufung des vermeintlich so sehr Hassenswerten auf eine Gestalt, die doch nur ein Dämon ist, aus uns selbst entstanden und mit unseren eigenen Requisiten ausgestattet. Ihn kann man nicht totschlagen oder von einem »weltlichen Gericht« verurteilen lassen. Er kann einzig, wie es unser Märchen sehr richtig sagt, in unserem eigenen Feuer aufgezehrt werden. Man muß sich also beherzt mit sich selbst auseinandersetzen. Und dazu sind einerseits die alten Balladen vom Mädchenräuber Halewijn, Ungerer, Sir Aldingar oder Riddaren Rymer[15], anderseits die mit der Rückkehr ins Elternhaus endenden Erzählungen von der Art »Fitchers Vogel« (AT 311) oder die zur Partnerfindung weiterführenden Märchen wie »Deusmi« (AT 311+302) weit besser geeignet.

Die eingliedrigen, in das Elternhaus zurückführenden Erzählungen lassen sich als Kindermärchen verstehen, denn das Erahnen, Vorausgreifen, mit Zukünftigem sich fantasmatisch auseinandersetzen, beschäftigt ein Kind weit früher, als mancher Beurteiler zuzugeben bereit ist.[16]

Die zur Partnerfindung weiterführenden Zaubermärchen von der Art des »Deusmi« dagegen lassen uns eigentliche Adoleszenzkonflikte miterleben und unbewußt durcharbeiten. Mit anderen Worten: wir haben es hier mit der Thematik weiblicher Selbstfindung auf zwei Entwicklungsstufen zu tun, einer kindlichen, die einen ersten Ablösungs- und Reifungsschritt vollzieht, und einer Stufe endgültiger Ablösung aus der Vaterbindung und endgültiger Hinführung zu uns selbst und zu unserem Partner. Im Zentrum beider Schritte steht die Geschlechtlichkeit. Die Auseinandersetzung mit ihr erfolgt mittelbar, auf dem Weg ihrer Dämonisierung.

Nächst verwandt zum sardischen »Deusmi« ist die sizilianische, von Laura Gonzenbach aufgezeichnete »Geschichte vom Ohimè«[17]. Da wird von einem Holzhacker und seinen drei schönen Enkeltöchtern erzählt, die sich bei dem in der Not unversehens herbeigerufenen Dämon verdingen und in ganz ähnlicher Weise den Auftrag erhalten, ein Totenbein, einen Totenfuß oder einen Totenarm zu essen. Die ersten beiden Schwestern scheitern. Die kluge jüngste aber, Maruzza (ein Kosewort für Maria), ruft, wie es im Märchen heißt, die Seele ihrer Mutter an und bittet um Rat. Die Mutter aber rät, den Totenarm in den voll aufgeheizten Backofen zu legen, zu Asche zerfallen zu lassen und die Asche in einem Läppchen um den Leib zu tragen. Als Ohimè heimkehrt und den magischen Zeugen ruft, entgegnet der zu Asche verbrannte Arm, er könne nicht vor seinem Herrn erscheinen. Wo bist du denn? fragt Ohimè. Ich bin in Maruzzas Leib.

Die sizilianische Erzählung verläuft ähnlich weiter wie die sardische. Maruzza findet einen erdolchten Jüngling in der verbotenen Kammer, listet dem Dämon sein Todesgeheimnis ab und schläfert ihn mit dem zauberischen Kraut ein, das sie ihm in die Ohren stopft. Nach Jahren, Maruzza hat längst den Königssohn geheiratet, verfault das Kraut im Ohr des Dämons und er bringt es fertig, in der Statue des Hl. Nikolaus verborgen, in die Schlafkammer des jungen Paares gestellt zu werden (wie das sonst in der Kernmotivik des Erzähltyps AT 854 zu finden ist[18]). Der Dämon, der nachts aus der Statue tritt, will Maruzza in einen Kessel siedenden Öles stürzen. Doch hier ist es der Ehemann selber, der seine Frau rettet: der junge König. Er läßt den Dämon in eben dem Kessel vernichten, den der Dämon für Maruzza bereitet hatte.

Franz Vonessen

DER DUMMLING ALS LIEBHABER

Der Titel, den diese Abhandlung trägt, ist ein Hilfstitel. Sobald wir ins Thema eingedrungen sind, wird sich zeigen, daß er neu formuliert werden muß. Das heißt, er taugt nur zur Hinführung, nicht aber dazu, das Phänomen, das durch die Begriffe Dummling und Liebe angezeigt ist, zu umreißen.

Was Liebe ist, weiß jeder. Vielmehr: man glaubt es zu wissen. Dabei sind größere Mißverständnisse und Irrtümer als auf diesem Gebiete gar nicht zu denken. Überhaupt, was heißt »Liebe und Wissen«. Liebe ist nicht logisch begründbar; sie ist ein Urphänomen, das mehr mit den Sinnen, mit Augen und Ohren, und mit der ganzen Sinnlichkeit des Menschen zu tun hat, als mit dem Verstand.

Wie wenig man beim Begreifen der Liebe mit Begriffen zurecht kommt, ist leicht zu ersehen. Wenn Kant, ein nie mehr erreichter Meister der klaren und distinkten Definition, über Liebe und Ehe spricht, so klingt das zum Lachen. Er sagt: »Geschlechtsgemeinschaft ist der wechselseitige Gebrauch, den ein Mensch von eines anderen Geschlechtsorganen und -vermögen macht«[1]. Diese Bestimmung mag richtig sein, vielleicht auch umfassend; dennoch versagt sie vor dem Wesentlichen, vor dem, worauf es nun einmal ankommt. Aber das liegt nicht nur an Kant. Auch andere haben sich als nicht fähig erwiesen, das Phänomen zu beschreiben; und der Grund dieser Schwierigkeit ist die Unzuständigkeit des abstrakten Begriffs. Insofern ist es vernünftig, viel eher als von Seiten der reinen Gelehrsamkeit von Seiten der Poesie auf Antwort zu hoffen; denn diese verfügt über klar verständliche Beispiele, aus denen man mehr entnehmen kann als aus der besten Definition. Aber auch hier gibt es Unterschiede. Während ein Roman uns immer nur besondere Fälle anbietet – Tristan und Isolde sind konkrete Einzelgestalten – bietet das Märchen Modelle. Der Dummling, jene Märchengestalt, die, obwohl unklug, unvorsichtig und unbeholfen, das Schwerste erreicht und die Prinzessin gewinnt, ist ein Typ; sein Wesen, seine Schicksale, seine Liebe sind typisch, und in mancher konkreten Gestalt der großen Literatur wird man ihn wiedererkennen. Aber um ihn recht in den Blick zu bekommen, muß ich mit einigen Hinweisen auf das Wesen der Liebe beginnen.

Vorbemerkungen über die Liebe

Es geht um eine Unterscheidung, die vom Märchen vorausgesetzt wird, um die erste und wesentliche, die begriffen sein will: um die

Aufgabe, wahre Liebe vom Schein der Liebe zu trennen. *Make love, faire l'amour,* »Liebe machen«, ist eines; ein anderes ist es, Liebe, wie wir im Deutschen sagen, »eingeflößt« zu bekommen, eingeflößt wie Muttermilch und genau so bewußtlos. Man weiß nicht, wieso und wer da »geflößt« hat; plötzlich findet man sich als einer vor, der sie hat. Oft wird man sogar überfallen von ihr, wie der junge Prinz im Märchen »Der treue Johannes«, der, von der Liebe wie vom Blitz gefällt, ohnmächtig umsinkt, als er das Bild der Königstochter erblickt (KHM 6). Die einen »machen« die Liebe, die anderen werden überrascht, ja, überwältigt von ihr. Zu Self-made-Männern und -Frauen wird natürlich auch eine Self-made-Liebe gehören; aber für andere ist sie die umfassende Lebensgewalt, eine kosmische Kraft. Zweifellos gibt es beider Art Liebe. Aber sie sind und bleiben auf ewighin zweierlei und dürfen, so sehr das Leben sie auch vermengen mag, begrifflich nicht miteinander vermischt werden. Das Verbum *lieben* ist transitiv. Es bezieht sich immer auf eine Sache oder eine Person. Man liebt nicht *vor sich hin,* so wie mancher vielleicht *vor sich hin lebt,* sondern wer liebt, ist gerichtet, er hat einen Gegenstand, er liebt jemanden oder auch etwas.

Uns interessiert jetzt nur die Liebe zu einer Person. Aber hier stellt sich die alles entscheidende Frage. Liebt einer wirklich einen anderen – oder ist er sein eigenes Liebesobjekt? Dies ist jederzeit fraglich; denn auch wer zuerst und zuletzt nur sich selbst liebt, wendet sich anderen zu; aber dann wird vom anderen, sogar vom nächsten Gefährten, vom Liebespartner, erwartet, daß er das liebe Ich noch besser, unermüdlicher und reichlicher umschmeichelt, mit Liebe überhäuft und ihm wohltut, als man selber dies kann. Auch die Liebe zu sich selbst braucht »den Nächsten.«

Noch deutlicher: Liebe zu anderen und Liebe zu sich selbst, das ist beides natürlich. Aber es tritt in jedem Menschen miteinander in Streit. Die Gefahr, die Liebe zu sich in den Mittelpunkt der Liebe zum anderen zu stellen, die Liebe des andern egoistisch zu mißbrauchen, ist immer vorhanden. Jedoch für den, der dieser Gefahr erliegt, bleibt sie unsichtbar, sie versteckt sich; denn daß einer nicht wirklich den anderen liebt, sondern die Freundlichkeit oder Leidenschaft für den anderen nur aufbringt, weil er selbst ihr mittelbarer Empfänger, ihr Nutznießer ist, hat alle Züge des Betrugs, nicht nur des

Liebesbetrugs, sondern auch des Selbstbetrugs an sich; denn er wird von allen, die nicht bis ans Herz hinan zynisch sind, ebenso sorgfältig wie vor dem Partner auch vor sich selber verborgen.

Das ist die Grundunterscheidung, die gemacht werden muß. Ich bringe sie auf folgende Formel. Wer in der Liebe sich selbst sucht, liebt nicht wirklich den Partner, nur seinen Genuß; denn auch im andern genießt er sich selbst. Daß dieser andere ihn liebt und begehrt, ihn ernst nimmt, bewundert, sich hingibt und wohl gar, in allen möglichen Formen der Unterwerfung, auf den eigenen Willen verzichtet[2], das sind hohe Genüsse, ganz zu schweigen von dem sexuellen Genuß, den ein Mensch sich am andern zu verschaffen vermag.

Anders steht es mit dem, der von sich selber weg und zum andern hin strebt. Gegen Selbstsucht und Genußsucht stellt sich die Sehnsucht, ein Streben, das ins Weite und Ferne geht (wovon ja gerade die Märchen Unerhörtes erzählen), und zu dem auch die Neigung gehört, sich selbst im Vergleich mit dem Geliebten zu unterschätzen, ja, geradezu herunterzusetzen. Man blickt zum anderen auf, verehrt ihn, schätzt ihn wohl gar für unvergleichlich viel besser und wertvoller ein, als man selber sich je getrauen möchte zu werden.

Diese Unterscheidung klingt einfach, aber sie ist es nicht; denn wohlgemerkt: Hingabe wie auch Genußfreude gibt es im einen wie im anderen Fall. Am Ende ist die Frage nur die: was ist die Folge, und was ist der Grund? Liebt einer den andern um seiner selbst – oder sich selbst um des anderen willen? Diese Alternative klingt herb; aber sie hat ein tausendfältig belegtes Gewicht. Im ersteren Fall ist der Partner nur ein Spiegel der Selbstliebe; und wenn man ihn hochschätzt, ja, heiß begehrt und vielleicht sogar von ihm abhängig wird, dann deshalb, weil er durch seine Eigenschaften, zum Beispiel seine Schönheit, dem lieben Ich am besten und vollständigsten und vielfältigsten zum Selbstgenusse verhilft. So wird er als Mittel zur Befriedigung der Eigenliebe mißbraucht, in den Dienst der Eitelkeit und des Selbstgefallens gestellt.

Im zweiten Fall gründet die Liebe im Respekt vor dem Partner, und man ist von dessen Wert so erfüllt, daß man kaum zu glauben wagt, ihm genug tun zu können, und doch keine Anstrengung scheut, um sich der Gegenliebe würdig zu machen. Freilich, was wir im täglichen Leben Liebe nennen, ist in den meisten Fällen eine höchst unklare Mischung aus den beiden geschilderten Standpunkten. Zwischen der zynischen Alleinschätzung der eigenen Person und jener idealen, zu jedem Opfer bereiten Liebe, die wir, wo nicht in der Realität, so in überreichem Maß aus der Literatur kennen, gibt es vielerlei Abstufungen, teils von banaler, teils von erhabener Art. Der Raum reicht nicht aus, um mehr zur Sache zu sagen. Aber ich rede ja über nichts Fremdes, sondern über eine Gewissensfrage, mit der jeder Mensch gewisse Erfahrungen hat. So kann ich mich mit Andeutungen begnügen und merke nur noch einen wichtigen Punkt an.

Der Mensch liebt den, der so oder so zu ihm »paßt«. So oder so, damit meine ich: auf sehr verschiedene Weisen. Er kann den lieben, der ihm gleicht, oder den, der ihn ergänzt, oder auch den, der einen Kontrast zu ihm selbst bildet. Schon dieser Umstand zeigt, daß Liebe von den Gefühlen der Selbstliebe nur schwer getrennt werden kann. So verstehen wir, daß die Griechen gesagt haben, der Freund oder Geliebte sei »ein anderes Ich«. Das kann man schon bei Aristoteles lesen, und es ist oft wiederholt worden[3].

Eine besonders eindrucksvolle Note erhält dieser Gedanke in einem Ausspruch, den man dem großen Pythagoras zuschrieb. Dieser soll auf die Frage, was ein Freund sei, geantwortet haben: »Ein anderes Ich, so wie 284 und 220.«[4] Diese seltsame Definition erklärt sich durch den Begriff der »sich liebenden« oder »befreundeten« Zahlen. Und was über diese zu sagen ist, ist nicht nur mathematisch von Interesse, sondern weist auf den Begriff der Liebe zurück.

Vollkommen nennt man eine Zahl, die identisch ist mit der Summe ihrer sämtlichen Teiler; sie ist sozusagen sich selbst genug, liebt sich selbst, stimmt völlig mit sich selbst überein. Zum Beispiel die Zahl 6: sie ist identisch mit der Summe ihrer Teiler 3, 2 und 1. Oder die Zahl 28: ihre Teiler, zusammengezählt, ergeben wiederum 28: 14, 7, 4, 2 und 1. Diese Identität einer Zahl mit der Summe ihrer Teiler ist weit entfernt, die Regel zu sein. Unter den vierstelligen Zahlen gibt es nur vier, die vollkommen sind. Aber neben ihnen stehen die *philoi arithmoî*, die liebenden Zahlen. Das sind solche, deren Teilersumme jeweils die andere Zahl ergibt; und eben das ist bei den Zahlen 220 und 284 der Fall: $1+2+4+71+142$ ergibt

220, dagegen 1+2+4+5+10+11+20+22+44+55+110 ergibt 284. Demnach lautet die Formel über die Liebe nach dem Symbolon des Pythagoras: ich bin innerlich du, du bist innerlich ich, ich trage dein Wesen in mir, du trägst mein Wesen in dir[5].

So gesehen, scheint die Liebe ganz leicht; man liebt im andern sich selbst, und in sich selber den anderen. Jedoch wir kennen nur wenige befreundete Zahlen. Die allermeisten Zahlen enthalten sich nicht gegenseitig, sondern bilden, zusammen mit ihren Zählersummen, wirre Zahlenketten, die ins Unendliche laufen, Figuren also ohne einen erkennbar mathematischen Sinn. Neben den relativ wenigen Primzahlen, die keinen anderen Teiler besitzen als die Eins, stehen jene zahllos vielen anderen Zahlen, deren Teilersummen neue Zahlen bilden, die wieder andere Teilersummen enthalten – Zahlen mithin, die mit ihren Teilern gar nichts zu tun haben. Offenbar ist über ihre Partnerschaften und »Verhältnisse« nichts Erwähnenswertes zu sagen, außer daß sie konfus sind, und daß ein Verhältnis das andere ablöst. Genau so beim Menschen. Teiler, übertragen auf den Menschen, meint die einzelnen Charakterzüge, die sich feststellen, aus dem Ganzen des Charakters herauslösen lassen. Das heißt, die Eigenschaften der meisten Menschen ergänzen sich nicht; die innere Ähnlichkeit läuft unerwidert vom einen zum andern und dann immer weiter. Die Verhältnisse binden sich nicht, gelangen nicht zu gegenseitiger Fügung, die entstehenden Partnerschaften sind gleichgültig. Die meisten Liebesgefühle und, seien es noch so zahlreiche, Liebesbeziehungen streuen nur aus, zerlaufen ins Grenzenlose, aber verknüpfen sich nicht. Offenbar gilt von den meisten Menschen, was Feuerbach spöttisch gesagt hat: »Wer hätte nicht die Macht der Liebe erfahren oder wenigstens von ihr gehört?«[6]

Gegenbilder zu solchen, menschlich-allzumenschlichen Liebhabern zeigen die Märchen. Sie schildern uns allerlei Bösewichter der Liebe, Bewerber, die des erwählten Partners von vorherein unwürdig sind, aber daneben eine Reihe von Vertretern der wahrhaften Liebe – zum Beispiel eben den Dummling[7]. Diesem wenden wir uns jetzt zu.

Aber ehe wir ihn als Liebhaber kennenlernen, müssen wir wissen, wer er überhaupt ist. Ich werde also zunächst das Bild des Dummlings umreißen und dann seine Liebe prüfen, um zuletzt zu der Lehre zu kommen, die das Märchen in der Figur des Dummlings für uns

bereit hält – zu der Deutung, die es der Liebe und dem wahren Liebhaber gibt.

Zehn Eigenschaften des Dummlings

Mit dem Dummling hat sich die Märchenforschung merkwürdig
wenig beschäftigt. Max Lüthi, der im jüngst erschienenen dritten
Band der Enzyklopädie des Märchens (1981) die Artikel Dummheit
und Dummling verfaßt hat, gibt zwar zum Stichwort Dummheit
sieben Bücher an; jedoch keines von ihnen hat mit dem Märchen zu
tun. Mit der Literatur zum Stichwort Dummling steht es noch
schlimmer; Lüthi hat nicht eine einzige Monographie – ja, nicht
einmal einen Aufsatz zu nennen. Demnach ist festzustellen, daß das
Thema so gut wie unerforscht ist; erstmals Lüthi faßt verstreute
Anmerkungen zur Sache zusammen.

Andererseits war ich aber auch überrascht, als ich das Material zu
sichten begann, zu sehen, wie gering die Zahl der Märchen ist, die
vom Dummling dem Worte nach handeln. Um so wichtiger ist es,
darauf zu bestehen, daß diesen Tatsachen zum Trotz die Märchengestalt des Dummlings von herausragender Wichtigkeit ist. Jeder
kennt den Dummling, auch wenn er sich nicht an ein bestimmtes
Märchen erinnert, das diese Figur in den Mittelpunkt stellt. Aber die
Dummlinge sind eben viel zahlreicher als die Personen des Märchens,
die direkt so genannt werden. Gewisse Züge und Charaktereigen-
schaften, die im Dummling versammelt sind, besitzen viele, wenn
nicht gar die meisten Helden des Märchens.

Bei der Dummheit haben wir die gleiche Unterscheidung wie bei der
Liebe zu machen: wahre Dummheit ist vom Schein der Dummheit
zu trennen. Manches sieht dumm aus, was diese Bezeichnung gar
nicht verdient; und dumm erscheint es oft überhaupt nur denen,
die selber beschränkt sind, die gar nicht auf die Idee kommen, bei
einem Handeln, das aus der Distanz betrachtet, unbegreiflich erscheint, nach seiner vielleicht doch sehr vernünftigen, sinnvollen
Motivation zu forschen. Unter diesem Gesichtspunkt muß man den
schieren Dummkopf unterscheiden vom Dummling. Der Dummkopf *ist* dumm und bleibt es; dagegen der Dummling ist lediglich,
wie Lüthi bemerkt, in Dummheit »verpuppt«. Diese Puppenhülle

wird von ihm abfallen; und in keinem Moment, selbst wenn er sich noch so unklug verhält, ist er völlig mit ihr identisch.

Im einzelnen hat der Dummling folgende Züge, von denen allerdings zu betonen ist, daß sie durchaus nicht vollständig vorhanden sein müssen; das Märchen setzt den Akzent, wie es will. Wohl aber kann man umgekehrt sagen: sofern ein Märchenheld mehrere dieser Züge besitzt, ist er irgendwie zum Typus des Dummlings zu rechnen.

Ich unterscheide zehn Eigenschaften, die miteinander zusammenhängen, ja, die vielleicht nur verschiedene Blickpunkte auf die eine, typenbestimmende Grundeigenschaft des »Dummscheinens« sind.

Der Dummling ist *erstens* einfältig, oder besser: naiv. Naiv heißt wörtlich nativ, von lat. *nativus* »gebürtig, neugeboren«. Das heißt, der Naive ist unerfahren, unkundig; er hat noch nicht gelernt, was die andern schon wissen, und ist ihnen darum unterlegen. So finden wir den Dummling des Märchens oft als das letzte Kind einer Geschwisterreihe, etwa als den jüngsten unter drei Brüdern.

Mit diesem Zustand der Unerfahrenheit hängt es zusammen, daß er *zweitens* etwas ausgesprochen Hilfloses hat. Wer klug ist – und der Dummling ist eben nicht dumm – spielt sich eine Erfahrenheit, die er nicht hat, auch nicht vor. Er kennt seine Schwäche, und die besteht darin, daß er jede neue Schwierigkeit auch als neue erlebt und nicht weiß, wie man es anstellen muß, um mit ihr fertig zu werden. In einem unserer Märchen heißt es ausdrücklich, und zwar als generelle Charakterisierung des Dummlings, von dem dort die Rede ist: »Er weiß sich nicht zu helfen« (KHM 57). Mit einem Wort, dem Dummling fehlt jene Schlauheit und angeborene List, mit der viele Menschen einen Mangel an Erfahrung ausgleichen können.

Insofern ist er *drittens* nicht lebensklug, sondern im Gegenteil: weltfremd. Er erkennt die Gefahren erst, wenn er in ihnen steckt; und es fehlt ihm die Wendigkeit, um ohne anzustoßen durchs Leben zu kommen.

Dazu paßt fernerhin, daß er *viertens* ganz ohne Berechnung ist. Seine Einfalt zeigt sich nicht zuletzt darin, daß er seine Ziele nicht wechselt oder den Umständen anpaßt, sondern ohne Rücksicht auf die Folgen, im besonderen auch ohne Rücksicht auf seinen eigenen Vorteil, auf seine natürlichen Interessen, verfährt. Der Diener im Märchen »Die weiße Schlange« (KHM 17), der einer der vielen vom Erzähler nicht voll herausgearbeiteten Dummlinge ist, schlägt die höchste Ehrenstelle am Königshof, die man ihm anbietet, aus; das heißt, er verzichtet auf Karriere und Reichtum, bittet bloß »um ein Pferd und Reisegeld«. Ähnlich sagt der Held eines anderen Märchens, obwohl er nur wenige und unklare Eigenschaften, die an den Dummling erinnern, besitzt: »Silber und Gold«, das er nämlich im Überfluß heimtragen könnte, »das rührt mich nicht: ich will meinem Glück nicht absagen, vielleicht ist mir etwas Besseres beschert« (KHM 54).

Fünftens. Wie der Dummling nicht berechnend ist, so ist er auch arglos. Dies gibt seiner Einfalt den rührenden, grundsympathischen Zug. Am wenigsten weiß er sich gegen Bosheit zu wehren. Zum Beispiel »der Königsohn, der sich vor nichts fürchtet«, ist hilflos gegenüber der Heimtücke; denn wie der Text sagt: »Er wußte nichts von Falschheit« und muß ihr darum unterliegen (KHM 121). So ist er trotz aller Stärke sehr schwach; und wenn er schließlich dennoch den Sieg davonträgt, so ist das eines jener Wunder, auf die der Märchenerzähler und seine Hörer vertrauen.

Zu den genannten Zügen paßt weiterhin, daß der Dummling *sechstens* sanft und mitleidig ist. Mancher Dummling läßt im Mitleid die ersten Zeichen von Tatkraft erkennen. Im zweiten jener vier Märchen, die in der *Urfassung* der Brüder Grimm unter der Überschrift »Von dem Dummling« gesammelt sind (I 64), sagt dieser zu seinen Brüdern: »Laßt die Tiere in Fried', ich leids nicht, daß ihr sie stört (tötet, verbrennt).« Damit haben wir sechs Eigenschaften, die fest wie die sechs Seiten eines Würfels erscheinen, das heißt: sich gegenseitig tragen und stützen.

Die weiteren Züge des Dummlings, die zu erwähnen sind, sind von anderer Art; wir hören von körperlichen Defekten. Der Dummling hat, und das ist der *siebente* Punkt, nicht selten eine Verunstaltung, die aber kein unabänderliches Schicksal ist, sondern am Ende wie eine Schlangenhaut abfällt; das heißt, auch diese Gebrechen hängen mit der von Lüthi betonten Verpuppung seines Wesens zusammen. Zu dieser Frage hat schon Jacob Grimm ausführlich Stellung genommen. In der »Deutschen Mythologie« sagt er von den germanischen

Göttern (I 321 f.): »Odin ist einäugig, Tyr einhändig, Loki lahm, Hödr blind, Vidar stumm«, und nicht anders sind auch in der Heldensage »Hagano einäugig, Walthari einhändig, Gunthari und Wielant lahm, der blinden und stummen Helden gibt es viele. Aber das scheint heldenmäßig, daß die Kindheit und erste Jugend ein Fehler verunstalte und aus solchem Dunkel hernach plötzlich die leuchtende Erscheinung, gleichsam die zurückgehaltene Kraft vortrete.« Auch der Held Offa war »schön von Gestalt, blieb aber blind bis zum siebenten, stumm bis zum dreißigsten Jahr, (erst) als... Kriegsgefahr drohte, hob Offa auf einmal zu reden an.«

Entsprechendes gilt für die Märchenhelden. Man denkt an Hans Dumm aus der *Urfassung* (I 54), der »ein kleiner, schiefer und buckelichter Bursch« und außerdem »nicht recht klug« war. Aber als seine Stunde gekommen ist, zeigt sich, daß er Wunschkraft besitzt. Das glückliche Ende leitet sich ein, indem er sagt: »Nun wünsch ich, daß ich ein junger und kluger Prinz werde!« Dazu nochmals Jacob Grimm in der »Deutschen Mythologie«: Helden, die anfangs für dumm gelten, gibt es viele. Diesen Charakter »fassen unsere Kindermärchen als Aschenbrodel auf: der Heldenjüngling lebt untätig und verachtet am Küchenherd oder im Stall, aus deren Schmutz er hernach bei dem rechten Anlaß hervortritt« (I 322)[8].

Natürlich geraten wir auf falsche Wege, wenn wir uns die Defekte des Dummlings einfach körperlich denken. Wir haben sie bildlich zu nehmen. Die objektive Verunstaltung steht für das subjektive Mißverständnis, das dem Dummling zuteil wird. Anders steht es *achtens* mit seiner Vergeßlichkeit, die eine Art der zuvor erwähnten Taubheit zu sein scheint. Der Dummling hört nicht, weil er nicht zuhört; das heißt, die Kehrseite seiner Arglosigkeit ist der Leichtsinn. Im Märchen vom goldenen Vogel (KHM 57) gerät er immer wieder in die größte Gefahr, und zwar, wie sein Beschützer, der Fuchs, tadelnd feststellt: »weil du mir nicht gehört hast.« Andererseits freilich ist der Dummling derjenige, der *mehr* als andere hört. Zum Beispiel im letztgenannten Märchen versteht er die Tiersprache. Das heißt, er ist für vieles taub, weil er auf *anderes* achtet.

Aber er ist nicht nur taub, sondern *neuntens* auch blind. Auch in diesem Fall liegt die metaphorische Bedeutung klar auf der Hand. Der Dummling sieht zwar, aber er sieht nicht zu, er gibt einfach nicht acht. Wiederum nicht, weil er etwa stumpf wäre, sondern weil er auf anderes achtgibt. Freilich, für die Umgebung sieht das sehr lächerlich aus. Ein Jüngling in Basiles Märchensammlung war so dumm, sprich: unaufmerksam oder verträumt, daß er, wie der witzige Erzähler bemerkt, »nicht Johannisbrot von Gurken unterscheiden« konnte (3, VIII). So begreifen wir die Blindheit und Taubheit des Dummlings.

Aber *zehntens* ist auch von seiner Lahmheit die Rede. Gemeint ist eine Antriebsschwäche, so groß, daß von einer förmlichen Willenslähmung gesprochen werden kann. Der Dummling ist nicht nur hilflos, sondern gilt oft auch als träge und faul, ja als mutlos. Im Märchen von den drei Federn (KHM 63) ist er so schwerfällig und antriebsarm wie seine Feder, die immer nur ein paar Meter weit fliegt. Bloß sein gutes Glück schiebt ihn vorwärts. Aber am Ende erwacht er aus diesem Stadium der Verpuppung in Trägheit, und das Märchen endet mit Worten, die höchst erstaunlich klingen, und die man, wenn man die Zusammenhänge nicht übersieht, wohl gar für unmotiviert halten möchte: »Also erhielt er die Krone und hat lange in *Weisheit* geherrscht.«

Dies sind die sechs und vier Stichworte, die es zu merken gilt: der Dummling ist einfältig bzw., was dasselbe bedeutet, naiv; er ist ungeschickt, weltfremd, ohne Berechnung, arglos, sanft und mitleidig, vor allem zu Tieren; außerdem ist er unscheinbar oder gar häßlich (entstellt), leichtsinnig (taub), verträumt (blind) sowie träge bzw. lahm. Es gibt keinen Zweifel, daß diese Eigenschaften zusammengehören. Mit Recht verbindet das Märchen sie zu einem Gesamtcharakter, treffend nennt es ihn Dummling. Aber nun müssen wir genau unterscheiden: was im Dummling verpuppt ist, ist eines, etwas anderes ist die Verpuppung, die Hülle. Wie mehrere Märchen ausdrücklich feststellen, ist hinter dem Schein der Dummheit das gerade Gegenteil der Dummheit verborgen. Wenn der Dummling am Ende die Unreife abgelegt hat, erkennen sie ihm die gleichen Eigenschaften zu, die schon das soeben zitierte Märchen ihm gab. Sie nennen ihn weise.[9] Das heißt, des Dummlings Weltfremdheit, seine Hilflosigkeit gegenüber der Gemeinheit des Lebens, erweist sich zuletzt als höhere Klugheit. Und höher, das heißt jezt: höher als die Schlauheit der Weltklugen. Diese höhere Klugheit aber hat den Charakter der Tugend, ja, der schönsten und höchsten aller Tugenden, der Weisheit. Unter den vier obersten Tugenden, den Kardinaltugenden, ist die Weisheit nochmals die höchste. Auch das Märchen scheint dies zu wissen. Es deutet die Weisheit als das schöne Geheimnis, das in der Puppenhülle versteckt war, das in ihrem Schutze heranreifte.

Aber was ist der Puppenzustand der Weisheit? Wie zeigt sie sich, solange sie noch verpuppt ist, also verhüllt und versteckt, und zwar in ihr schieres Gegenteil, in den Anschein der Dummheit? Die Märchen behaupten, der Puppenzustand der Weisheit sei *das reine Herz*.

Und das ist nicht zu bestreiten. In der Ahnungslosigkeit, Arglosigkeit und Wehrlosigkeit des Dummlings erblicken wir, als eine Vorform der Weisheit, die durch nichts zu verderbende Reinheit des Herzens, eine Reinheit, die jede Prüfung besteht.

»Weil du ein gutes Herz hast, will ich dir Glück bescheren«, sagt das Männlein zum Dummling im Märchen »Die goldene Gans« (KHM 64). Und auf »das verachtete fromme Aschenpössel«, ich zitiere BP I 184, »zielen schon Luther und seine Zeigenossen, wenn sie Männer des Alten Testaments wie Abel, Loth, Jakob, David als solche anfangs mißachteten jüngsten Brüder mit jenem Märchenhelden vergleichen.« Bei Luther heißt es: »Gott will das Herz rein haben, ob es gleich auswendig ein Aschenbrodel inn der Kuchen, schwartz, rustrig und bestoben ist.« Aber diese Reinheit ist schlafende Weisheit, und so heißt es in Agricolas Sprichwörtern: »Isaac verachtet Jacob und helt auff Esau und weiß nicht, daß auß Kindern, als Jacob, der Aschenprodel, eins war, weise Leut werden.« Was unter Reinheit des Herzens zu verstehen ist, muß ich nicht definieren; denn gerade unser Dummling bietet ja diese Definition in den Wesenszügen, die ich genannt habe. Aber wie streng man den Charakter der Reinheit auffassen muß, kann Ernst Wiechert uns lehren, der in seinen Märchen nicht einfach nur von dem Begriffe Gebrauch gemacht, sondern ihn reflektiert und auf die Höhe der Anschauung gebracht hat. Ich zitiere eine Passage aus seinem Märchen »Die Königsmühle«, wo von der Macht des reinen Herzens erzählt wird[10].

Nach dem Tode des alten Königs ist Verderben über das Reich gekommen. Eroberer herrschen mit Hilfe von drei furchtbaren Wölfen, gegen deren wilde Kraft es keinen Widerstand gibt. Eine weise Frau sagt Jahre blutigen Grauens voraus und rät dem Volk: »Ihr sollt unter euren Kindern diejenigen aussuchen und erproben, die reinen Herzens sind. Die sollt ihr gegen die Wölfe schicken, und es ist gleich, ob sie ein Schwert in den Händen tragen oder eine Lilie.« Wiechert will sagen, für das Märchen verbürge am Ende nur das reine Herz, nicht die Waffe, den Sieg.

Nach langem mühsamem Suchen gelingt es nun, drei Jünglinge reinen Herzens zu finden, um das Reich zu befreien. »Und der erste von ihnen stieg zum Palast empor. Aber da er bei allem edlen Sinn ganz schnell daran dachte, daß er nun Ruhm gewinnen werde vor allem Volke, fiel die Reinheit von ihm ab, und die Wölfe zerrissen ihn. Da stieg in der zweiten Nacht der nächste von ihnen die Stufen hinauf. Aber da er bei allem edlen Sinn ganz schnell daran dachte, daß in dieser Stunde seine Liebste einen Kranz für seine Stirn flechte, fiel die Reinheit von ihm ab, und die Wölfe zerrissen ihn. Da stieg in der dritten Nacht der jüngste und ärmste von ihnen die Stufen hinauf. Aber da er in seiner Jugend und Armut ganz schnell daran dachte, daß seine Eltern nun jeden Tag Brot haben würden, fiel die Reinheit von ihm und die Wölfe zerrissen ihn...

Nun lebte aber in der Heide eine arme Witwe, die hatte eine Tochter, und sie war fast noch ein Kind. Und da die Mutter sich von der Frühe bis zum Abend plagen mußte, damit sie nicht Hunger litten, so hatte sie keine Zeit gehabt nachzudenken, ob ihr Kind reinen Herzens sei... Denn sie taten beide kein Unrecht und wußten gar nicht, daß man auch anders leben könnte.«

Ich muß das Märchen nicht zuende erzählen. Genug zu wissen: dieses Kind rettet das Land, und zwar auf eine Weise, die zeigt, daß auch Wiechert die schlafende Weisheit des reinen Herzens in den Mittelpunkt stellt. Was aber ist Weisheit? Auch dieser Begriff wird nur aus seinem Gegensatz deutlich.

Weisheit und Torheit

Auf dem Weg zu dem Ort, an dem die gestellten Aufgaben gelöst werden müssen und wo die Prinzessin daheim ist, wird nicht selten die Einkehr in eine Herberge wichtig. Obwohl es sich im logischen

Kontext um eine Übernachtung handelt, sprechen die Märchen lieber vom Wirtshaus. Im Märchen »Der goldene Vogel« (KHM 57) stehen sich links und rechts vom Weg zwei solche Wirtshäuser gegenüber. Es handelt sich um eine Scheidewegsituation. Das laute soll gemieden, das armselige gewählt werden. Die älteren Brüder kehren dennoch im schöneren ein und beginnen dort, wie es wörtlich heißt, »ihren Lüsten zu leben«. Nur der Dummling folgt dem Rat des Fuchses; er übernachtet bescheiden und zieht dann ruhig weiter, um den goldenen Vogel zu suchen.

Nun brauchen wir, wie bei den meisten Märcheninhalten, nicht zu fragen, was wohl das Märchen sich bei einer solchen Einzelheit »denkt«. Es benutzt die Bilder nicht anders, als sie von jeher benutzt wurden; die großen Symbole bleiben immer dieselben, egal wo sie auftreten. So wenig die Wortsprache des Märchens eine andere ist als die aller anderen Texte, so wenig auch seine Symbolsprache. Was das Wirtshaus »meint«, hat man immer gewußt – seit dem jüdischen so gut wie seit dem klassischen Altertum, und bis auf den heutigen Tag, zum Beispiel noch im Drama Ernst Barlachs[11]. Die schönste Erklärung ist, wie meist, auch die älteste; ich nehme sie aus den Sprüchen Salomonis, Kapitel 9, über Frau Weisheit und Frau Torheit.

Frau Weisheit hat ihr Haus gebaut, hat geschlachtet, Wein besorgt, den Tisch gedeckt und läßt ihre Mägde ausrufen: »Wer unerfahren ist, der kehre hier ein!« Und zu den Unverständigen spricht sie: »Kommt, nehmet teil an meinem Mahl und trinkt von dem Wein, den ich gemischt! Laßt fahren die Torheit, auf daß ihr lebet, und geht einher auf dem Wege der Einsicht!« Aber an dieser Stelle fügte Luther eine Randbemerkung ein: »Die Welt will ungestrafft sein«; denn der Text fährt fort: »Wer den Spötter zurecht weist, der holt sich Schimpf... Rüge den Spötter nicht, daß er dich nicht hasse; rüge den Weisen, der wird dich lieben.« Dann geht der Text auf die Gegenspielerin ein.

Auch diese ermuntert zur Einkehr, aber sie schenkt anderen Wein ein. Die *stultitia,* wie die Torheit in der Vulgata heißt, »ist ein töricht wild Weib voll Schwätzens und weiß nichts. Die sitzt in der Tür ihres Hauses aufm Stuhl... zu laden alle die vorübergehen und richtig auf ihrem Wege wandeln.« Sie stößt den wörtlich selben Ruf aus

wie die Weisheit, nur in anderer Absicht: »Wer unerfahren ist, der
kehre hier ein!« Aber dann spricht sie zum Unverständigen Worte,
die nicht Lehre, sondern Schmeichelkunst sind. Sie sagt: »Gestoh-
lenes Wasser ist süß, und heimliches Brot schmeckt gut. Und er
weiß nicht, daß die Toten dort hausen, daß ihre Gäste in den Tiefen
der Unterwelt lagern.«

Wir sehen, Frau Weisheit will erziehen, Frau Torheit dagegen verführen. Frau Weisheit zeigt durch Tadel Wege zur Einsicht, Frau
Torheit aber weckt die Begehrlichkeit auf. Dazu paßt, daß lat.
stultitia, »Torheit«, gleichzeitig Unzucht heißt; und die gestohlenen
Wasser, die heimliche Nahrung, weisen deutlich genug auf Genüsse,
die fragwürdig sind – im Gegensatz zu den Gütern, die die Weisheit
anbietet. Insofern können wir folgern: ob einer im einen Wirtshaus
oder im anderen einkehrt, das läßt uns mit großer Sicherheit die Art
seiner Neigung, seines Strebens, also die Grundrichtung seiner
Liebeskräfte erkennen. Das gleiche gilt offenbar für die Scheideweg-
Situation unseres Märchens.

Es besteht kein vernünftiger Anlaß zu zweifeln, daß die Wirtshäuser
des Märchens die Gegenüberstellung von Weisheit und Torheit in
den Sprüchen Salomonis, wo nicht nachahmen, so eben schöpferisch
neu wiederholen. Aber die Frau Torheit der Märchenforschung –
eine Instanz, die es tatsächlich gibt, und die viele Märchenfreunde
bewirtet – diese Frau Torheit wird den Zusammenhang, auf den es
ankommt, heftig bestreiten; denn sie bekämpft die Wahrheit, wo
sie nur kann. Darum lautet die Aufgabe, die Einheit beider Motive
stringent zu beweisen.

Das Interesse an dem Gegensatz von Weisheit, *alma mater,* und
Torheit, die demgemäß *mater crudelis* genannt werden darf, also das
Interesse an dem Gegensatz einer gütigen und einer grausamen
Mutter, war bis weit ins 18. Jahrhundert hinein viel größer, als der
Laie sich das heute vorstellen kann. Petrarca hatte ein dickleibiges
Werk, das »Glücksbuch«, mit lauter Dialogen, genauer: mit Streit-
reden zwischen Vernunft und Torheit verfaßt, wobei er in der
Einleitung ausführte, man könne meinen, die Menschen in ihrer
Torheit »fürchteten nichts so sehr, als womöglich irgendwann nicht
unglücklich genug zu sein: mit so großem Eifer suchen wir Ursachen
des Unglücklichwerdens und Nahrung der Schmerzen zusammen!«[12]

Und »Nahrung der Schmerzen«, was anderes sollte das sein als jenes »heimliche Brot«, das die Torheit dem Menschen zum Lebensunterhalt anpreist.

Petrarcas Glücksbuch war unter all seinen Büchern jahrhundertelang das erfolgreichste. Von seiner Fertigstellung im Jahre 1366 bis zum Jahre 1756, also in knapp vierhundert Jahren, ist der lateinische Originaltext achtundzwanzigmal neu ediert worden, und jede dieser Ausgaben hatte wieder eine Reihe von Auflagen; zum Beispiel wurde die im Jahre 1595 in Bern erschienene bis 1616 fünfmal neu aufgelegt[13]. Im gleichen Zeitraum hat das Werk aber fünfzig Übersetzungen in neun europäische Sprachen gefunden, darunter dreizehn verschiedene ins Deutsche. Mit anderen Worten: dieses Buch war verbreitet wie die Bibel.

Über die Zahl der Auflagen, die das ironische »Lob der Torheit« des Erasmus von Rotterdam erfuhr, bin ich nicht unterrichtet. Aber Sebastian Brants Narrenschiff, das von gleicher Absicht erfüllt war, hat noch mehr Übersetzungen, Ausgaben und Auflagen als Petrarcas Glücksbuch gefunden. Wie Zarncke ausführt, haben wir uns das Deutschland jener Zeit »mit Exemplaren des Narrenschiffes übersäet« zu denken, und Geiler von Kaisersberg, der in Straßburg fünfviertel Jahr lang fast täglich über das Buch predigte – wohlgemerkt: predigte! – habe voraussetzen können, daß es sich »in aller Händen« befand[14]. Sollte dieses »epochale Werk« einzig den Märchenerzählern entgangen sein, Frau Torheit?!

Wer die Zusammenhänge kennt, kann nicht zweifeln, was der Hinweis des Märchens auf die zwei Wirtshäuser sagt. Die stolzen Brüder, die sich, wie es heißt, »auf ihre Klugheit verließen«, tun natürlich das Dumme, sie kehren, der Warnung zum Trotz, im lauten und lustigen Wirtshaus ein und reißen sich nicht mehr los. Sie sind dort eben zuhause, gehören dorthin. Nur ihr jüngster Bruder, der Dummling, ist »dumm« genug, auf die offenkundigen Freuden des Übermuts ohne Not zu verzichten.

Schon damit ist ein deutlicher Wink auf zwei gegensätzliche Arten von Liebe gegeben. Die Brüder lieben Wohlleben, Unterhaltung und Lärm, ihre Weltklugheit weiß sich bestens geborgen bei der Frau Torheit. Sie erstreben, wie Petrarca es ausdrückt, mit allem Eifer ihr Unglück. Der Dummling dagegen führt seinen Namen, weil er zu lebensunklug, zu »dumm« ist, um nach den Vorteilen eines Lebens, das alle Lustbarkeiten bietet, zu greifen. Wir sehen also, wer sich auf seine Klugheit verläßt, tut das Törichte, Dumme; dagegen wer für dumm gilt, weil er die Freuden an den banalen Vergnügungen, die den andern gefallen, nicht teilt, handelt mit schlafender Weisheit.

Die meisten aber lieben nichts mehr als »die Ursachen ihres Unglücks«; nur wenige bevorzugen jenes unscheinbare Glück, das Frau Weisheit bereithält. Wir dürfen sagen, zu jenen Burschen, die sich in all ihrer Schlauheit nur um ihr Vergnügen, nicht aber um das Glück bemühen, paßt jede Partnerin, die sie auf diese Art finden, nur keine Märchenprinzessin. Lustige Frauen, lustspendende Frauen, sogenannte Animierdamen, stehen im Wirtshaus der Torheit in genügender Menge bereit. Um die Mägde der Torheit zu finden, muß man wirklich nicht bis ans Ende der Welt reisen. Aber offenbar ist ein anderes Liebesobjekt höher zu schätzen; nur liegt dies eben nicht auf der Straße, erst recht nicht in der Gosse, sondern man muß darum kämpfen. Die höchste Liebe ist nicht wohlfeil; um sie zu erreichen, muß man über hohe Hindernisse hinweg.

Wenn das Märchen uns immer wieder eine Suchwanderung bis an die Grenzen der Welt schildert, so hat die Liebe, die so weite Wege nicht scheut, alle Züge dessen, was Utopie zu heißen verdient. Das heißt, von vielen Märchen wird die Liebe nur als Ideal ernstgenommen. So oft uns erzählt wird, daß die Prinzessin hinter allen Bergen daheim ist, genau so oft heißt das, daß sie auf der bekannten Erde nicht vorkommt, höchstens am Rande, sozusagen als Sehnsucht, daß sie also im tiefsten Sinne ein Grenzphänomen genannt werden muß, etwas, wovon die meisten nur träumen, das aber keiner, höchstens der, der ein reines Herz hat, erreicht; aber schon das reine Herz, so sahen wir, ist ja schlechthin utopisch. Wer seine Augen gebrauchen kann, sieht, daß das Märchen viel strenger ist, als sein behaglicher Erzählton – das »Es war einmal« – anzeigt. Nur einer bekommt die Prinzessin, diese, wie schon die Kinder begreifen, in Wahrheit einzig liebenswerte Gestalt; die andern Bewerber sind unwürdig und werden womöglich bestraft, weil sie sich dreist des Höchsten vermaßen. Und dieser eine ist eben, nach Meinung gewisser Märchen, der Dummling. Er geht an den banalen Freuden vorbei;

und während seine Brüder im Wirtshaus der Torheit lernen, was sie immer schon ahnten, nämlich daß die gestohlenen Lüste ihnen am besten munden, daß die heimlichen Freuden die süßesten sind, geht er auf Größeres aus.

Die Zecher im Wirtshaus der Torheit, dem lauten Wirtshaus des Märchens, lieben zumeist den Genuß. Dies ist, wie wir sahen, die Art der gewöhnlichen Liebe, oder sagen wir vorsichtiger: der gewöhnliche Bodensatz, den jede Liebe, die man auslotet, hat. Dies hat man immer gewußt; und demnach wird uns seit Beginn der schriftlichen Überlieferung immer wieder versichert, daß wahre Liebe das Seltenste sei. Seneca schreibt an Lucilius (ep. 81,8 ff.): Nur der Weise ist dankbar. Nur der Weise kann lieben. Nur der Weise ist treu. Seneca war sich bewußt, etwas Unerhörtes zu sagen; darum nannte er diese Behauptungen paradox, das heißt, der gewöhnlichen Meinung entgegen. Aber was er sagen will, ist klar und verständlich und – schwer widerlegbar.

Wahre Dankbarkeit ist Weisheit, wahre Liebe ist Weisheit, wahre Treue ist Weisheit. Es gibt tausend Gründe für Menschen, die zwar undankbar sind, aber rechnen können, irgendwelche Klugheitsakte auszuführen, die nach Dankbarkeit aussehen, auch wenn es keineswegs Akte der Dankbarkeit sind; denn nur falls wirklich der Dank das Motiv des Dankenden ist, ist die Dankbarkeit echt. Andernfalls ist sie in Wahrheit nur Lebensklugheit, Hoffnung noch mehr zu bekommen, oder was immer. Desgleichen im Falle der Treue. Es gibt zahllose Gründe, Untreue zu meiden. Aber es sind lauter Gründe der weltlichen Klugheit. Wer eine Reederstochter heiratet, die eine unvorstellbare Summe, sagen wir: zweitausend Millionen Dollar in die Ehe bringt, könnte Gründe haben, sehr treu zu sein, aber vielleicht bloße Klugheitsgründe; vielleicht hat er kein Bedürfnis nach Treue, sondern nach Geld. Andernfalls wäre er weise; aber dann hätte die Reederstochter ihn vermutlich nicht erwählt; denn auch sofern sie »märchenhaft« reich ist, macht sie das nicht zu einer Märchenprinzessin. Eine solche will nämlich nicht ihres Reichtums wegen geliebt werden, sondern sucht den, der nicht ihn und nicht sich, sondern sie liebt. Aber lieben, sagt Seneca, kann nur der Weise, alle andern lieben niemand, einen Niemand, nämlich sich selbst.

Natürlich spricht heute keiner so herb; so entschieden war nur der Rigorismus der antiken Philosophie. Aber vielleicht gibt es auch einen Rigorismus des Märchens? Und vielleicht bleibt es sogar, mit solcher Strenge, im Recht?! Denn zwar bilden sich viele auf ihre Liebesbegabung und Liebenswürdigkeit vielerlei ein; aber was sie sich einbilden, das hat sie, wie der salomonische Richtspruch uns klarmacht, »das töricht wild Weib, die geschwätzige Dummheit« gelehrt.

In diesem Zusammenhang muß ich auf die vollkommenen und die sich liebenden Zahlen zurückkommen. Vollkommene Zahlen gibt es innerhalb der ersten tausend nur drei, eine vierte erscheint nicht früher als unter den Achttausendern, und die fünfte folgt erst als zweistellige Millionenzahl (33.550.336). Mit den befreundeten Zahlen steht es nur um weniges besser. Euler hat 61 Paare gekannt; inzwischen weiß man, mit Hilfe von Komputern, es sind ein paar mehr[15]. Aber das ist wenig genug. Nun hat schon der erste antike Autor, der von diesen Zahlenverhältnissen Mitteilung machte, Nikomachos, sie als Symbole der Tugend genommen. Das Beste sei gleich selten im Bereich der Zahlen, so sagt er, wie im Bereich des menschlichen Lebens[16]. Ich brauche kaum zu betonen, daß ich keinen Zusammenhang herstellen will zwischen antiker Zahlenlehre und dem Märchen vom Dummling. Aber beiden ist eines gemeinsam: die Überzeugung, daß das Große, das Vorzügliche, den Charakter der Ausnahme hat. Spinozas Ethik schließt mit den unsterblichen Worten: *omnia praeclara tam difficilia quam rara sunt* – Alles Überragende ist ebenso schwer wie selten. Genau diese Wahrheit kennt auch das Märchen. Und in der Tat: um eine solche Einsicht zu haben, muß man nicht eigens studieren. Ein paar wenige Brocken vom Tisch der Frau Weisheit, wie jeder sie aufklauben kann, machen das Nötige klar.

In einem der schönsten Dummlingsmärchen, »Die drei Federn« (KHM 63), fragen sich die älteren Söhne, die, wie es heißt, »klug und gescheit« waren, als sie zur Brautsuche ausgeschickt werden: »Was sollen wir uns mit Suchen groß Mühe geben?« Und sie bringen dem Vater, wie die drastische Schilderung lautet, »die ersten besten Bauernweiber« ins Schloß. Jetzt aber gebe man acht! Hier wird uns etwas schier Unglaubliches zugemutet. Selbst wenn wir bereit wären, dem Märchen jedes Wunder, von dem es berichtet, zu glauben, in diesem Fall sollten wir vorsichtig sein, um nicht mißzuverstehen. Daß Königssöhne sich mit Bauernweibern begnügen, ist viel unglaublicher, als daß aus einer Kröte eine Prinzessin entschlüpft. Als ob so liederliche Burschen wie die geschilderten Prinzen nicht gleichzeitig überaus anspruchsvoll wären! Freilich nur, was das Äußere angeht. Jeder, der Augen hat, will »eine Frau zum Vorzeigen«, wie man neuerdings sagt; und Prinzen wollen natürlich die Schönste von allen. Aber schön nennt man vieles; und diese Burschen fallen mit naturgesetzlicher Sicherheit auf eine falsche und giftige Schönheit herein. Wir werden nicht zweifeln, daß sie nach dem zierlichsten und zugleich frechsten Frätzchen geschaut haben, und das erringen sie natürlich und bringen es heim.

Nun verachten wir gewiß keinen Reeder, aber auch keinen Bauern. Beide Berufe haben einen naheliegenden Beispielcharakter. Und es lohnt zu verstehen, was mit den Bauernweibern gemeint ist. Die groteske Übertreibung deutet auf metaphorischen Sinn. Natürlich wird kein Königssohn mit einer groben Trampel daherkommen; wenigstens eine Reederstochter müßte es sein. Aber weil die Frauen, welche die Brüder ins Schloß bringen, außen geschleckt, aber im Wesen reinweg ordinär sind, spricht das Märchen von den »ersten besten« Frauenzimmern, und diese wurden offenbar »aufgegabelt« im Wirtshaus – zwar mit goldener Gabel gegabelt, aber doch als Nahrung der Schmerzen, als Garantie für künftigen Hader, für Haß und nicht enden wollenden Streit. Auf jeden Fall deutet das Märchen im Bilde der groben Weiber, die die Brüder heimführen, an, diese verwöhnten und tief mißratenen Burschen hätten keine Gedanken darauf verwendet, ihr Glück zu machen, sondern in ihrer Torheit und Verblendung sich eine lebenslängliche Pein angeschafft; denn unter der schönsten Schminke, dem kostbarsten Kleid und dem besten Benehmen kann sich die schlimmste Dutzendware an Charakter verbergen. Auf jeden Fall kommen die Frauen der Brüder gegen die Braut des Dummlings nicht an. Ihre Gewöhnlichkeit und Gemeinheit wird vom Märchen als körperliche Grobheit verächtlich gemacht. Mehr muß es zu dieser Sache nicht sagen; der Hörer versteht.

Aber jetzt kommen wir erst zum entscheidenden Punkt. Sieht man **genauer** zu, dann ist nicht eigentlich zu sprechen über den Dummling als Liebhaber, sondern der Begriff dreht sich um. Die Wahrheit meines Themas lautet offenbar so:

Der Liebhaber als Dummling

Nach allen Überlegungen, die wir angestellt haben, ist nicht schwer zu verstehen, was mit dieser Formulierung gesagt ist. Der Dummling ist nur zufällig oder nebenbei auch ein Liebhaber. Aber jeder Liebhaber, jeder der wahrhaft liebt, ist wesenhaft Dummling. Ein Mensch, der wirklich liebt, ist naiv, auch ungeschickt (blöde), arglos, ohne Berechnung, verträumt – wir können die zehn Eigenschaften des Dummlings als Wesenszüge des Liebenden mehr oder weniger genau wiederholen. Jeder Mensch, der liebt, wirklich liebt, ist verpuppt in eine Erscheinung, die belächelnswert ist; niemand kann lieben, ohne in gewisser Weise unklug zu sein. Aber auch niemand kann lieben, ohne daß ein Strahl von Herzensreinheit sein Wesen erhellte. Natürlich besitzt dieser Satz seine Wahrheit nur unter der Bedingung, daß unterschieden wird zwischen der Liebe und ihren vielen, mehr oder weniger ähnlichen Surrogaten. Aber etwas von diesem Unterschied versteht jeder; und mancher, der zur Selbstkritik fähig ist, könnte uns zugeben, daß er zwar allerlei sogenannte *Liebe* genossen, aber nie richtig geliebt habe. Das Märchen dagegen spricht von solchen, die den Unterschied nicht einsehen können, die absolut nichts wissen von Liebe. Als die Brüder den Dummling in den Brunnen geworfen hatten und mit dem goldenen Vogel, dem goldenen Pferd und der Jungfrau vom goldenen Schlosse heimkamen, »da war große Freude, aber das Pferd, das fraß nicht, der Vogel, der pfiff nicht, und die Jungfrau, die saß und weinte« (KHM 57). Diese Brüder des Dummlings sind zur Liebe nicht fähig. Sie wollen zwar die Prinzessin nicht weniger gern als ihr glücklicher Bruder besitzen, aber ohne daß sie sie liebten. Sie begehren bloß den Genuß ihrer strahlenden Schönheit, aber es stört sie nicht, daß sie weint.

Jetzt ist es möglich, den Unterschied jener beiden Arten von Liebe, die wir im Auge haben, auf die schärfste Formel zu bringen. Ich nehme sie aus Plutarchs berühmter Abhandlung über den Liebhaber. Darin zitiert der Verfasser einen unbekannten Tragiker, der den bekannten Beinamen der Liebesgöttin Aphrodite, *Kypris,* auf *Hybris* gereimt hat, und von der unechten, trüglichen Liebe sagt: »Nicht Kypris, sondern Hybris hat das durchgesetzt« (Mor. 768 E). Sodann wird eine Anekdote über den Philosophen Aristippos erzählt, der die Gunst der schönen Lais genoß, aber von einem anderen, minder glücklichen Verehrer dieser Hetäre verhöhnt wurde, Lais liebe ihn gar nicht. Darauf habe Aristipp ihm ruhig erklärt: »O, ich vermute, daß auch Wein und Fisch mich nicht lieben, und doch genieße ich beides mit Vergnügen.« Plutarch benutzte dieses Geschichtchen, um das auszusprechen, was er für das Entscheidende hielt. Wo das Streben auf den Genuß, *apólausis,* gehe, sei nicht Liebe das Ziel, und darum fliehe in solchen Fällen der Gott der Liebe, Eros, hinweg; denn diesem sei es nicht vorrangig um Lust, sondern eben um Liebe zu tun; für die pure Lust sei Priap da. So seien auf ewig die bloße Begierde und der göttliche Eros getrennt, Lust und Liebe seien nicht ein und dasselbe (750 DE).

Hier wird unterstrichen, was ich einleitend sagte. Die unechte Liebe, die mehr an den Selbstgenuß als an das Glück des anderen denkt, ist Vermessenheit, Hybris; denn sie vermißt sich nur ihres Partners, mißbraucht ihn, sucht ihren eigenen Vorteil. Und den weiß sie meistens zu finden. So gilt sie als klug, während der wahrhaft Liebende dumm zu sein scheint. Und beides hat seinen Grund. Ein Kavalier, der nichts als seinen Genuß und seine Selbstbestätigung sucht, bietet für die Erlangung dieses Zieles seine ganze Intelligenz auf. Hingegen wer liebt, ist in schlechterer Lage; denn mit Finten kann er nicht arbeiten wollen, und außerdem liebt man nicht mit der Intelligenz, sondern nur mit dem Herzen. Falls wir die Gefühle des Liebenden unter wirtschaftlichen Gesichtspunkten ansähen, müßten wir sagen: es ist ganz unklug zu lieben, Liebe ist Torheit; jedoch Liebe zu spielen, Liebe vorzuspiegeln, ist schlau. Wer liebt, ist ein Narr; denn Liebe ist immer naiv. Sie weiß nicht von Falschheit, sie ist unvorsichtig, arglos und schutzlos; denn sie glaubt an den andern mit absolutem Vertrauen. Insofern ist sie zugleich sehr stark und sehr schwach, durch nichts zu erschüttern und dennoch ungeheuer verletzlich.

Von dieser extremen Verfassung der Liebe handelt ein uraltes Märchen, eines aus einer Reihe griechischer Märchen, die alle von der Geburt des Eros berichten. Das älteste von ihnen erwähnt, schon im frühen sechsten Jahrhundert vor Christus, der Dichter Alkaios. Aber er erwähnt es nur; das heißt, er setzt die Bekanntschaft seines Publikums mit dieser Geschichte voraus. Insofern ist sicher, daß wir es mit einer Geschichte zu tun haben, die mindestens zweieinhalbtausend Jahre alt ist.

Alkaios berichtet, Iris, die Göttin des Regenbogens, sei die Mutter des Eros, und sein Vater sei der goldlockige Zephyr, der Windgott, der allein die Iris umarmt habe. Plutarch hat den Sinn dieses Märchens erklärt. Der Gegenstand der Liebe verhält sich zu dem, was man greifen und packen, genießen und womöglich sogar vergewaltigen kann, wie der Regenbogen zu den handfesten Dingen: er ist luftig, und um ihm nahezukommen, ohne ihn zu zerstören, bedarf es äußerster Vorsicht. Ein harter Windstoß verscheucht ihn im Nu, nur der sanfte Zephyr kann dieses feinste aller irdischen Gebilde berühren. Das heißt, durch Grobheit wird Liebe zerstört. Nur wo Behutsamkeit herrscht, entsteht in der Vermählung des Zarten mit dem Zarten das Größte, was auf Erden zu finden ist, die wahrhafte Liebe. Aber der Gott, der in dieser Vermählung des Zarten mit dem Zarten gezeugt wird, ist selber nicht zart. Platon hat ihn als rauh beschrieben, und für Alkaios ist er *deinótatos theôn,* der gewaltigste (oder furchtbarste) Gott (ebd. 765 EF). Das heißt, man darf um Gottes willen, um eben jenes Gottes Eros willen, nicht glauben, es sei von einer schwächlichen, blutarmen, geschlechts- und lustlosen Liebe die Rede. Die platonische Liebe als unsinnliche Liebe anzusehen, ist das albernste, aber beliebteste Mißverständnis, das Frau Torheit in die Welt gesetzt hat. Dagegen sagt jenes Märchen, das Alkaios erwähnt, die unerhörte, unvergleichliche, furchtbare Kraft des Eros entstehe überhaupt nur auf dem Boden wahrhafter Liebe.

Allerdings ist dem eines hinzuzufügen. Von der *sinnlichen* Gewalt der Liebe sprechen die Märchen, die uns vom Dummling erzählen, gerade *nicht.* Das tun andere Märchen, zum Beispiel etliche der afrikanischen, die Frobenius gesammelt hat. Wir kennen in nicht geringer Zahl Geschichten wie die »Vom Streit der Geschlechtsteile«; und wenn wir die Märchen der Welt nur flüchtig durchsehen, treffen wir auf Erzählungen genug, die die sinnliche Seite der Liebe, wiewohl meist mit hochironischer Distanziertheit, behandeln. Erzählungen wie die »Vom diebischen Geschlecht der Frauen« waren immer beliebt. Wir finden sie aber nicht, auch wenn das manche Märchenforscher ärgert, in Grimms Märchen, und am wenigsten in denen, die vom Dummling handeln. Diese letzteren gehören einer anderen Gattung an; sie sind, wie wir sahen, Deutungen des außergewöhnlichen Menschen und einer ebenfalls außergewöhnlichen Liebe, einer Liebe nämlich, die sich nicht aus dem Leibe entzündet, sondern vom Geist her, deren Flamme dann aber natürlich auch den Körper ergreift. Jedoch davon muß das Dummlingsmärchen nicht reden; genug andere Leute reden davon.

Aber zurück zu der Deutung, die unser Dummlingsmärchen dem wahren Liebhaber gibt. Auf eine Hinsicht muß ich noch hinweisen. Die Liebe, so sagt man gerne, sei blind. Aber es gibt zwei Arten von Blindheit, genau wie zwei Arten von Liebe, die unterschieden sein wollen. Es gibt eine blinde Liebe, die beschämend und lächerlich ist, weil sie blind ist für den Geliebten, weil sie dessen Schwächen und Fehler, sogar seine Minderwertigkeit im ganzen nicht wahrnimmt.

Aber wenn Liebe überhaupt etwas taugt, wird sie blind sein in anderer Weise, besonders für alle Nebenzwecke der Liebe, zum Beispiel für die Aussicht auf Ruhm oder Reichtum; sodann aber auch blind für andere Menschen, die überaus liebenswürdig, der Liebe würdig, sein mögen, die man aber dennoch nicht ansieht, ja, nicht einmal sieht. In der Tat kann man nicht alle Schönen zugleich lieben, und recht hat Grillparzers Wort: »Wenn die Liebe stirbt, so hat sie nie gelebt.«

Diese zweite Art Liebe wird gleichzeitig taub sein, nämlich für neidische Einflüsterungen, für die Othello ein so treffliches Ohr hatte; und wenn sie nicht auch lahm ist (sagen wir: in der Verfolgung anderer Ziele, die sich hier und da anbieten), dann wird sie ungeachtet aller Beteuerungen unter Verdacht stehen. Darum gilt wahre Liebe für dumm; aber darum blüht doch nur ihr ein wahrhaftes Glück. Zwar hat sie nicht ihren Vorteil im Blick, weil sie ja überhaupt nur eines im Blick hat und darum nicht darauf sieht, ob die Geliebte außer ihrer Liebens-würdigleit auch noch andere Vorzüge hat; zum Beispiel ob sie vermögend oder einflußreich ist. Aber gerade diese Blindheit bringt die Liebe an ihr Ziel, während so gut wie jede Filmschauspielerbiographie uns beweist, daß Schönheit zwar gern genossen wird, aber nicht unbedingt Liebe hervorruft.

Der Märchendummling nimmt sogar eine Itsche, die sich aber nach bestandener Gehorsamsprobe verwandelt und als schönste aller Frauen enthüllt[17]. Das heißt, die Schönheit der Prinzessin erscheint hier als Belohnung des Liebhabers, als Folge seiner Liebe, nicht aber als Grund. Die Torheit, die in diesem Verhalten liegt, ist nicht zu verkennen. Aber es ist nicht die Torheit des Narren, sondern ein Zug, der zu wahrer Liebe gehört. Die Torheit des Narren – Luther nannte sie *Albernheit* – ist billig zu haben, dagegen die Unklugheit der Liebe hat nicht nur Adel, sondern ist auch schwer zu erreichen. Sie ist eine Kunst, und zwar eine moralische, das heißt eine Tugend; denn in der Tat ist es schwer, so »dumm« zu sein, daß man, wenn man liebt, nicht gleichzeitig noch an die Vor- und Nachteile denkt, die sich mit diesem Zustand verbinden – wie jener Jüngling in Wiecherts Märchen, der »nur ein fast reines Herz« hatte. Es ist schwer, so zu lieben, wo doch eine abendliche Suchwanderung durch die Diskotheken der Stadt oder gar die Suchwanderung im Klubsessel, nämlich durch die Kleinanzeigen der Zeitung, so viel bequemere und schnellere Liebeserfüllungen bietet. Aber trotz alledem bleibt es dabei, daß die Dummheit des Dummlings, des »reinen Toren«, höhere Weisheit, dagegen die Weltklugheit seiner Brüder Dummheit und Selbstbetrug ist. Mit anderen Worten: jene Dummheit, die nur scheinbar ist, verdient es, Liebe zu heißen, während die wahre Dummheit über den Schein der Liebe verfügt. Das heißt, der Schein der Liebe hat mit wahrhafter Dummheit, der Schein der Dummheit mit wahrhafter Liebe zu tun. Diese vier Begriffe verhalten sich »überkreuz« zu einander.

Die Lösung des Rätsels

Das Thema ist nicht zu Ende. Es öffnet sich in größere Weiten, auf die ich aber jetzt nicht eingehen kann[18]. Nur auf einen, aber entscheidenden Umstand muß ich noch hinweisen. Bekanntlich halte ich die Methode der üblichen Märchenforschung, das Märchen zu »deuten«, für falsch, für ein Verkennen der Tatsachen; denn ich glaube, und habe es an den verschiedensten Texten gezeigt, daß die Märchen, genau wie die Mythen, ihrerseits Deutungen sind, und daß sie immer *auf uns deuten*. Sie stellen uns selber in Frage, nach Art des Dummlingsmärchens, das uns fragt, ob wir schlau oder »dumm« sind, und dem wir vielleicht, wenn wir klug sind, antworten müssen: leider nicht »dumm« genug, leider recht schlau.

Aber wenn wir die Märchen nicht deuten, was sollen wir dann mit ihnen tun? Ich habe schon früher die Überzeugung begründet, daß Märchen Rätsel sind, Bilderrätsel; und wie alle Rätsel wollen auch diese nicht gedeutet, sondern gelöst werden, wobei die Lösung freilich erst dann gefunden ist, wenn wir erkennen, daß und wie ein Märchen auf uns weist[19]. Im übrigen hat es mit allen Rätsellösungen die gleiche, wesentliche Bewandtnis. Zwar müssen sie aus dem Rätsel heraus-gelöst werden, aber dann zeigt sich, daß es altbekannte Wahrheiten sind, die man schon vorher besaß, nur eben Mühe hatte, im Rätsel wiederzufinden. So können wir sagen, Rätsel entstünden überhaupt erst auf dem Boden bekannter Tatsachen; man *macht* ein Rätsel, indem man die wohlbekannte Wahrheit, die dadurch zur Lösung wird, in eine möglichst gewundene Frage verbirgt.

Natürlich ist das Märchen eine besondere Art von Rätsel; man *macht* es nicht; es entsteht auf andere Weise. Darüber ist an anderer Stelle zu sprechen. Hier muß ich nur auf die Frage antworten, ob ich nicht doch nur eine mögliche Deutung eines bildhaft verrätselten Textes vorgelegt – oder wirklich das Rätsel des Dummlingsmärchens gelöst habe. Meine Antwort lautet: ich wollte nicht deuten, aber ich mußte nicht lösen. Als Historiker suche ich immer gleich nach der Lösung, auf die hin jedes Rätsel gearbeitet ist.

Abschließend teile ich also einen der Texte mit, die die Lösung unverkleidet zu Wort bringen. Es handelt sich um ein antikes Gebet, das den Schlüsselbegriff unseres Märchens unverhüllt ausspricht. Zwar ist es ein, wenn man so will, schlimmheiliger Text, ein Liebeszauber, der wegen seiner wahrhaft schrecklichen Wirkung den Namen »Schwert des Dardanos« trägt, eine Waffe, mit der die Seele des verzauberten Weibes augenblicks gefügig gemacht wird. Dennoch ist das Gebet, das der Waffe die Kraft gibt, von erhabener Schönheit, und die einzelnen Anrufungen des Gottes sind ohne Zweifel viel älter als die Zauberformel, in die man sie eingesetzt hat. Vom Eros wird hier, wie in vielen antiken Texten, gesagt, er sei ganz jung und dennoch uralt, teils unmündig-törichtes Kind, teils erfahren und weise. Ich übersetze jetzt – und glaube, dem Gedanken damit kein Unrecht zu tun – das griechische Wort *népios* »unmündig, unverständig«, als Dummling. Dann lautet die, von mir verkürzte, Gebetsanrufung des Zauberspruchs so:

»Ich rufe dich an, den Ursprung alles Werdens, der seine Flügel über die ganze Welt hin breitet, der allen Seelen lebenzeugende Wünsche einhaucht. Du Erstgeborener, Allerzeuger, Goldgeflügelter, Dunkler, der im Verborgenen allen Seelen innewohnt; du erzeugst das unsichtbare Feuer, indem du alles Beseelte berührst, es ohne zu ermüden quälend, doch mit Lust, durch schmerzliches Entzücken, solange das Weltall besteht. Du Immerjunger, der du keinem Gesetz folgst, kein Erbarmen kennst und nicht zu beschwichtigen bist, du Bogenschütze, Fackelträger, du aus dem das Licht stammt und dem sich alles Licht zuwendet: Dummling, wenn du im Herzen geboren wirst, weiser Ratgeber, wenn du die Vollendung erreicht hast.«[20]

Heino Gehrts

BILD UND NAME DER GELIEBTEN

Betrachtungen zu einigen Märchentypen und zum Wesen der Liebe

> *Das Erleben der göttlich Liebenden*
> *zu preisen hebt auf die Verfehlungen des Kaliyugas.*
> *Nach Jaydeva, Gitagovinda V, 14*

Liebende sind wir schon, ehe das Gegenbild unserer Liebe uns leibhaft erschienen ist. Das wissen zumal diejenigen unter den Dichtern, die mit sehnsüchtigen Versen die Geliebte besungen haben, ehe sie ihr begegneten, Klopstock, Hölty, Lenz, Maler Müller, Lenau[1]. In diesen Gedichten *An die Ersehnte, An die künftige Geliebte* ringen die Gewißheit einer künftigen Erfüllung und die tödlichste Ungewißheit miteinander. Mag sich auch der Rausch der Sehnsucht steigern bis zum Vergegenwärtigen eines beglückenden Phantasmas, so lauert darin zugleich auch die Angst, daß in der wirklichen Zukunft ein erbarmungsloses Niemals droht. Sie müßte schon geboren sein, sie geht und steht, sie lacht und weint – aber an welchem Ort, wie ist ihr Name? Und ihr Bild, ist es dies, das in der Sehnsucht, im Traum den Liebenden umspielt?

Diese Lage, in der sich die Dichter empfinden, spiegelt in einer besonderen Weise Menschenlos: die Qualen des räumlichen Außereinander, unsere jammervolle Ungewißheit in Bezug auf das unumgänglich eigene Künftige.

In diesem Falle ist die Not indes nicht bezogen auf ein amorphes, noch ganz unentschiedenes Los, sondern auf eine lebendige Person, an ihrem Ort, mit ihrem Namen, mit dem unverkennbaren Leberfleck auf der Wange – oder was sonst in ihrem Paß vermerkt sein könnte. Es ist eine Situation, die wie kaum eine andere nach der Mantik zu rufen scheint. Doch kommt in den fraglichen Gedichten die Zukunftsmantik nicht vor; sie stände außerhalb der hohen dichterischen Spannung, die jene Strophen belebt. Näher liegt für sie eine theologische Schlußfolgerung – wie zum Beispiel in einem Gedicht von (Jakob Michael) Reinhold Lenz, dem er die merkwürdige Überschrift gegeben hat: Eduard Allwills einziges geistliches Lied, beim Aufstehen, Schlafengehen und bei der Versuchung der Sirenen zu singen: »Wie die Lebensflamme brennt! / Gott du hast sie angezündet, / ach und deine Liebe gönnt / mir das Glück, das sie empfindet. // Aber brenn ich ewig nur, / – Gott du siehst den Wunsch der Seele! – / brenn ich ewig, ewig nur, / daß ich andre wärm, mich quäle? // Ach wo brennt sie, himmlisch schön, / die mir wird in meinem Leben, / was das Glück sei, zu verstehn, / was du seist, zu kosten geben! /« – Mit sieben weiteren Strophen und einer merkwürdigen Abwandlung zum Alten Testament (1. Mos. 32, 37) am Schluß: »Nein ich laß dich nicht, mein Leben! / du beseligst denn dein Kind!«

Unter den klassischen deutschen Dichtern hat keiner das Motiv der künftigen Geliebten so nachdrücklich behandelt wie Jean Paul[2].

In zwei kleinen Romanen und einer prophetischen Dichtung zur Jahrhundertwende tritt die künftige Gattin unter dem Namen Hermine in voller, sozusagen leibhafter Wirklichkeit auf; dies vor allem unter den Gesichten in der Neujahrsnacht, und ihr Erscheinen unter diesen alpdruckhaften Zukunftsvisionen kann ihn sogar zu dem befreienden Seufzer veranlassen: »O wie der Mensch nur durch den Menschen in das Tageslicht des Lebens tritt, indes er in der auflösenden Einsamkeit auf seinen Geist und Leib nur wie auf einen toten, fremden, unter ihm zuckenden Torso niedersieht!«

Aber auch in der frohen, lichten Stunde lebt diese Begleiterin; wenn der Geist in der magisch-schönen Landschaft die Ewigkeit erlebt, »da geht er nie allein«, sagt er in den Palingenesien, in denen diese Gestalt zur romanhaftesten Realität herangereift ist, »sondern ewig führt er eine Seele an der Seite, die er innig liebt und der er alles zeigt und mit der er auf den Höhen betet und die er in den Frühlingstälern umarmt unter dem Abendrot. So ging Hermine mit mir durch alle meine kleinen Himmel ...« Den bezeichnendsten Ausdruck für dieses Erlebnis hat Jean Paul schon geprägt in der frühen Dichtung vom Schulmeisterlein Wuz in Auenthal. Dort ruft er das Mitgefühl des Lesers für sich selber an, da all die Herrlichkeiten, von denen er erzähle, nur erdichtete seien; dann fährt er so fort: »... und wenn nur Du, Du Himmlische, der ich treu bleibe, die mir treu bleibt, mit der ich in arkadischen Julius-Nächten spazieren gehe, mit der ich vor der untergehenden Sonne und vor dem aufsteigenden Monde stehe und um deren willen ich alle deine Schwestern liebe, wenn nur Du – wärest, aber Du bist ein *Altarblatt,* und ich finde Dich nicht.«

Indessen – es fehlt gegenüber solcher Verzagtheit auch bei ihm nicht die tröstliche Schlußfolgerung, die uns schon bei Reinhold Lenz begegnet ist: das in uns lebende Urbild der Geliebten hat metaphysischen Rang. In der Dichtung vom bevorstehenden Lebenslauf verfaßt Jean Paul mit Berufung auf Klopstocks Gedicht an die künftige Geliebte einen Brief an die seine, gibt ihr verschiedene Namen aus fremden und eigenen Dichtungen, Rosinette, Luise, Charlotte, Dorothea, Idoine, sagt ihr auch, daß sie ja eben die Hermine in den Palingenesien sei, und schildert schließlich auch das durch die Geliebte verklärte Landschaftserleben: kam da nicht, schreibt er, »in der Begeisterung, wo ich höhere Frühlingsmonate der Liebe malte, als ich hatte, und wo das Herz neben den offenen glückseligen Inseln der Dichtkunst sein sehnsüchtiges Darben zu sehr empfand, Deine Stimme lieblich aus der Ferne her und tröstete mich und sagte: Sei still und vertraue, wir werden uns finden! – Kalt schneidet jetzt ein Gedanke durch mich – ich schwebe ja hier neben den Inseln der Dichtkunst, und die ferne Stimme, die mich trösten will, kommt nur aus meiner Brust – Nein, wer sie hineingeschaffen, der kann sie nicht lügen lassen.– «

Ein so starkes Erleben nähert sich schon Weissagungen der Zukunft. Vom erscheinenden Bilde redet auch Klopstock in seinen Distichen: »Oft um Mitternacht streckt sich mein zitternder Arm aus / und umfasset ein Bild, ach, das deine vielleicht!«

Der stärkste Ausdruck für dieses aufsteigende Bild ist Jean Pauls Altarblatt, doch bleiben diese Erscheinungen in traumhafter Weise ortlos. Auch Klopstock tastet, wie Jean Paul, nach einem Namen; er versucht ihn mit Laura, Fanny, Cidli, – Cidli, ein Name, den er im Messias verwendet hatte und mit dem er später auch die endlich gefundene Meta Moller benannte. – Mit dem Ausdruck unseres Jahrhunderts könnten wir sagen, daß in diesen Gedichten die Anima – wie sonst selbstredend auch der Animus – als eine Verheißung erlebt wird, der eine leibhafte Gestalt in der Körperwelt entspricht und an die sich die Hoffnung schließt, daß sie eines Tages in dem eigenen Lebenskreis aufleuchtet.

Solche Verheißungen und ihre Verleiblichungen sind auch konkret erlebt worden, als prophetischer Traum, Vision, Bilokation und in der Ekstasis. Im Traum erscheint einem jungen Wiener immer wieder ein ihm fremdes schönes Mädchen, er streichelt es, löst ihm das Haar, entdeckt unter dem Knoten im Nacken eine Narbe. Irgendwann einmal meldet er sich, zufällig an einer Schreibschule vorübergehend, dort zu einem Kurzschrift-Kursus an, ohne den mindesten Wunsch, dergleichen zu betreiben. Er könne gleich anfangen, wird ihm gesagt; aber im Unterrichtsraum greift er gelangweilt zu einem Buch, das er bei sich hat, zum Zarathustra. Daraufhin wird er von der Lehrerin zur Kanzlei geschickt, weil es ihm, wie sie meint, an Schreibpapier fehle, – und trifft auf dem Flur auf sein Traummädchen. Auch sie hat sich dort grad angemeldet, auch sie hat den Zarathustra bei sich, auch sie kennt ihn – aus ihren Träumen –, und sie hat die kleine Narbe unterm Nackenhaar[3].

Einem eheunlustigen Junggesellen reden die Verwandten zu, sich zu verheiraten, raten ihm zu einem jungen Mädchen in der benachbarten Stadt, das ihm unbekannt ist. Doch geht er auf die Vorschläge nicht ein. Aber dann sieht er an einem Fronleichnamstage in seinem Zimmer ein weißgekleidetes Mädchen mit einer Blumenkrone. Sie bezeichnet sich als seine Braut und reicht ihm die Hand. Nach einigen Minuten verschwindet sie wieder. Er weiß sich hellwach, aber im Hause hat niemand von der Fremden etwas gesehen. Erst nach einem vollen Jahr gibt er dem Drängen seiner Familie nach, jene ihm als Frau Anempfohlene kennenzulernen. Es ist Fronleichnam; nach der Prozession tritt jenes Mädchen ins Haus, mit der Blumenkrone, im weißen Festgewand, wie die Erscheinung vor einem Jahr. Es stockt bei seinem Anblick, schreit auf, fällt in eine Ohnmacht. Auch sie hatte ein Jahr zuvor von ihm eine Erscheinung gehabt[4].

Besonders eigenartig ist der Bericht eines Münchner Schriftstellers, und zwar darum, weil die Erscheinung der Künftigen mit einem absichtsvollen Verhalten des Mannes zusammenhängt. Immer wieder in immer neue Partnerinnen verliebt, besinnt er sich in einer Fastenkur auf den Sinn der wirklichen Partnerschaft. Er zieht sich in die Einsamkeit seines Arbeitszimmers zurück, und vermeidet nicht nur jede Suche, sondern nach Möglichkeit sogar jede Begegnung. Bei einer todesgefährlichen Erkrankung sieht er dann in halbwachem Zustand immer wieder eine Frau an seinem Bettrand sitzen, die ihm mit Zuspruch und Zärtlichkeiten Zuversicht schenkt. Mit dieser Traumfrau, wie er sie nennt, verbindet sich die Vorstellung eines sommersprossigen Gesichtes und einer ganz bestimmten Bekleidung. Auch in diesem Falle möchte eine Freundin den Mann gern mit einer anderen Frau bekanntmachen, doch auch dieser Begegnung sucht er ernstlich auszuweichen. Als sie dann doch durch die Verflechtung der Umstände zustande kommt, erweist sich die Gemiedene just als die »Traumfrau«, die gerade auch die visionär gesehene Bekleidung trägt. Sie hat zwar ihn nicht in entsprechender Weise vorauserlebt, verspürt jedoch von Anfang an gleichfalls die schicksalhafte Anziehungskraft, und innerhalb einer Woche ist der Bund geschlossen[5].

Auch in Sage und Mythe wird von solchen Erlebnissen erzählt. In den Umkreis der kymrischen Mabinogion gehört die Mär vom römischen Kaiser Macsen Wledig[6]. Am hohen Mittag, bei einem Jagdausflug, verfällt er in einen tiefen Schlaf – überschreitet im Traum hohe Gebirge, weite Ebenen, fährt zu Schiffe bis an eine Insel, betritt dort eine Burg, eine schöne Halle, erblickt Jünglinge beim Brettspiel, einen königlichen Greis beim Schnitzen – und auf einem Goldstuhl vor sich eine Jungfrau. »Und nicht schwerer wäre es gewesen, am Mittag, wenn die Sonne am hellsten scheint, sie anzuschauen, als die leuchtende Schönheit dieses Mädchens.« Wie er aber bei ihr Platz genommen und den Arm um sie gelegt hat, da geschieht es dem Kaiser – die Jagdhunde zerren an ihren Leitseilen, Schilde klirren, Speere klappern, Rosse stampfen und wiehern –, daß er erwacht, und »kein Leben und Wesen und Dasein war ihm geblieben von wegen der Jungfrau, die er im Traume gesehen hatte, und er hatte nicht Fingerglied noch Fingerkuppe noch irgendein größeres Leibesteil, das nicht von der Liebe zu ihr ganz durchdrungen war.« – Nun werden Boten ausgesandt, die Schöne zu suchen, aber sie kehren nach Jahresfrist ohne Ergebnis zurück. Erst als Macsen die Spürer von der Stelle aus einsetzt, an der er selbst auf jenem Jagdausflug seine Traumwanderung begonnen hatte, werden sie fündig.

Eine andere Sage dieser Art, irisch, spielt sich ab unter den alten Göttern selbst, unter den Tuatha Dé Danann[7]. Oenghus, der Sohn des Daghdhae, hat ein ganzes Jahr hindurch allnächtlich im Traum die Vision eines Mädchens, das schöner ist als alle, die er je gesehen hat; sie hält eine Laute in ihrer Hand, und unter ihrem Spiel entschläft er im Traum, ohne je mehr von ihr zu erfahren. Er verfällt in eine auszehrende Krankheit, kein Arzt vermag ihm zu helfen, bis ein seherischer Heiler berufen wird, und der sagt, als er ihn erblickt: »O schlimme Heimsuchung! Du hast dich verliebt in eine Abwesende!« – Hilfe wird nun gesucht bei den Wesen aller Feenhügel und ihren Herrschern, um das Mädchen ausfindig zu machen. Schließlich erfährt man ihren Namen; der Verliebte erkennt sie unter 150 ihresgleichen, und nach einem Kriegszuge gegen ihren Vater willigt der schließlich ein in die Verbindung. Das Paar umarmt sich, verfällt in Schwanengestalt in Schlaf und umwandelt dreimal einen See. Als weißes Vogelpaar fliegen sie zur Heimstatt des Oenghus und versenken das Volk mit ihrem Gesang auf drei Tage und Nächte in Schlaf.

Das Motiv des Vorgesichtes, in dem die künftige Geliebte erscheint, hat auch Theodor Storm in der Novelle »Ein Bekenntnis« verwendet, in der Geschichte eines Arztes, der schicksalhafterweise seine Frau durch Euthanasie von ihren Schmerzen erlöst. Lange bevor er ihr begegnet, noch als Schüler, als eine Epidemie viele Kinder der Stadt hinrafft, hat er ein Gesicht von ihr, von einem bleichen Mädchen in einem Kreise von Knaben, die der Tod gezeichnet hat. Später, nach mehreren Ehejahren, als schon der Todesschatten sie streift, steigt auch in ihr eine dunkle Erinnerung an jene erste somnambulische Begegnung auf.

Das füreinander Erscheinen, bei dem beiderseits ein Bild entsteht wie in dieser Novelle und in anderen der erwähnten Geschichten, ist in einem Märchen des vorderen Orients in eigentümlicher Weise ausgebildet. Die bekannteste Fassung ist die von dem Prinzen Kamar ez-Zamân und der Prinzessin Budûr in Tausendundeiner Nacht[8]. Es sind außerdem auch mündlich tradierte Fassungen bekannt, die teilweise von der Buchfassung abhängig sind oder von ihr beeinflußt sein mögen. Das Bezeichnende ist, daß die beiden Königskinder in weiter Ferne voneinander leben, in der jemenitischen Fassung im äußersten Westen und Osten, daß sie beide sich weigern zu heiraten, eine Weigerung, die, sobald sie ihr Gegenbild erblickt haben, umschlägt in das heftigste Begehren nach dieser »einzigsten Gestalt«.

Der Märchenstil läßt die Schilderung einer Visio des Entfernten im eigentlichen Sinne nicht zu – er fordert sie in Gestalt eines epischen Geschehens, am einfachsten als materielles, von ferne zugesandtes Bild. Aber in dem hier angezogenen Märchen werden die Partner leibhaft zueinander gebracht durch die mit den Raumesweiten spielenden Geister. Sie legen dem Jungmann das Mädchen aus der Ferne aufs Lager – mit *einer* unüberschreitbaren Schranke: während das eine schaut, ist jeweils das andere in unerwecklichen Schlaf versenkt. Die zwei werden also wirklich nur gegenseitig ihres Anblicks teilhaft, doch ohne daß sich Aug' in Auge tauchte. Haben aber die Geister das Mädchen wieder fortgetragen und sind die beiden erwacht, so ergreift sie der Wahnsinn der Liebe, und sie sind vom Bilde des anderen besessen – von einem Bilde, das ortlos ist und nirgends von ihnen gesucht werden kann, bis sich bei dem Mädchen der weltdurchwandernde Milchbruder einstellt. Auch kann jene Besessenheit nur durch das einzige Wesen selbst geheilt werden, dessen Bild sie empfangen haben, was das Märchen ganz konkret so darstellt, daß viele andere allerdings den Heilungsversuch unternehmen, aber damit scheitern und dem Tode durch Enthauptung verfallen. Daß die Verliebten nicht an einem bloßen Traumbilde leiden, wird ihnen durch den Ring bekräftigt, den sie beide dem anderen vom Finger gezogen haben, der aber auch mehr für ihr Selbstbewußtsein Zeugnis ablegen dürfte, als daß er zur Beglaubigung für die Umgebung bestimmt wäre. Daß in der Tat das eigentlich Gemeinte die Vision und nicht ein faktischer Geisterdienst ist, ergibt sich aus einer sonderbaren Ungereimtheit: daß grad vom Zeitpunkt der Trennung an, da die Qual ihrer Heimsuchung beginnt, durch die Liebe in Abwesenheit nämlich, wie die irische Mythe von Oenghus sagt, den beiden keine Geisterhilfe mehr zuteil wird. Dies ist besonders auffällig in der jemenitischen Fassung, in der die Kinder der Dschinnenkönige die Kinder der Menschenkönige zu Freunden erwählt hatten. Ähnlich ist das Verhältnis in der kordofanischen Version. Man dürfte daraus wohl folgern, daß dies Märchen im Grunde gar nichts von Machenschaften der Geister erzählen wolle, sondern von dem durch die Vision geknüpften oder zum Bewußtsein erweckten Schicksalsbund.

Aus den beiden Arten von Erlebnissen, dem der künftigen Geliebten und dem des traumhaften Zusammenfindens, ergibt sich für die endlich Vereinten ein Schluß, der, persönlich ausgedrückt, so lauten würde: Wir beide, so innig einander hingegeben, mit tiefer Liebe ineinander versunken, – müssen noch in einem anderen Zusammenhang miteinander stehen als dem, der sich im Vorstellen, Kennenlernen, Anbahnung von Freundschaft, Kameradschaft, Liebesgemeinschaft entwickelt. Es muß eine innere, vorgegebene, dem Zeithaften überlegene Art der Verbundenheit sein. Und wenn ich sage: Ich liebe dich ewig! so meint das nicht: in alle Zukunft, sondern eher: aus tiefster Vergangenheit, aus dem ewigen Ganzen unter der zeitlichen Gliederung, aus dem Weltkern.

Eine Erklärung, mit der man rational dieses Erlebnis zum Ausdruck zu bringen sucht, ist die Vorstellung, daß ein Paar, voll inniger Liebe jetzt, schon in der Vergangenheit, in einem früheren Leben, in Liebe verbunden war. So wird es beispielsweise auch ausgesprochen in der oben wiedergegebenen Geschichte von der Narbe unter dem Haarknoten, und grad dies Erkennungszeichen soll der Liebende in einem früheren Leben verursacht haben.

Wir haben damit einige vorbereitende Einsichten gebracht zu der Rolle von Bild, Namen und Ort der Geliebten im Märchen, zumeist Beobachtungen aus Bereichen, die ihrer Herkunft nach mit dem überlieferten Märchen nicht unmittelbar in Zusammenhang stehen, die uns aber darum gerade zu einem tieferen Verständnis behilflich sein können.

Aus dem Märchen ist uns das prophetische Bild zumal aus der Grimmschen Fassung des Typs 516 bekannt, aus dem treuen Johannes. Die Situation ist dort anfangs stärker spezialisiert, dies sei von vornherein festgestellt, als in vielen anderen Fassungen. Das entscheidende Merkmal, daß der Erzieher, der eigentlich für den jungen Prinzen Verantwortliche, der Vater, tot ist, kehrt in dieser Weise nicht oft wieder. Wichtig ist allein, »daß der Held das Bild der Braut sieht, von ihr träumt oder von ihr erzählen hört, immer mit der Wirkung, daß er sich in sie verliebt und sie ... erringen will.«[9] In der Mehrzahl der Fassungen ist dies nur unter Schwierigkeiten möglich; das Entscheidende ist aber, daß tödliche Gefahren erst dann wirklich drohen, wenn der Held die Braut schon errungen hat, daß diese überwunden werden auf Grund von Schicksalsweisungen, die der treue Helfer gewinnt, daß dann aber diese Hilfen den treuen Gefährten in harte Schicksalsfesseln werfen, zu deren Lösung es nochmals eines Opfers vonseiten des Helden bedarf.

Ich habe den Gesamtverlauf schon früher so gedeutet, daß in dem ursprünglichen Auszug und der Art, wie die hohe Braut entführt wird, ein Frevel liege, der zwangsläufig zu der Kette schlimmer Unglücksfälle bis zur Hinrichtung des Getreuen und zur Tötung der Kinder führen müsse, – ein opferlicher Zusammenhang[10]. Insgesamt dürfte damit vom inneren Ablauf etwas Richtiges erfaßt sein; indessen könnte man andererseits auch annehmen, daß die Anfangstat nicht unbedingt ein Frevel sein müsse, sondern ein kühner Ausgriff sei nach einem hohen Ziel, der allerdings dann immer erst in Opfern auszugleichen und zu rechtfertigen sei. Auch wirft die Artung des Geschehens noch ein anderes Problem auf, in dessen Lösung der Sinn für die Schwierigkeiten der Heimkehr gesucht werden könnte. Der Typus 516 hat eine gewisse Verwandtschaft mit dem Typus

313, dem Märchen von der Unterweltstochter als Helferin des Helden. Auch dort ist die Rückkehr an den Heimatort von Lebensgefahren bedroht, und selbst nach deren Überwindung wird das Paar noch einmal geschieden dadurch, daß der Jüngling jede Erinnerung an die Braut verliert. Doch liegt der Grund für die Umständlichkeit des Zusammenfindens hier zutage: es geht nicht nur um sichere Heimkehr des Paares, sondern für die Braut um den Übertritt aus der Seelenwelt in die Leiberwelt. Eine ganz ähnliche Aufgabe könnte man für den Typus 516 voraussetzen, nur daß hier die Schwierigkeit nicht vorwiegend durch die Lebenskunst der Frau behoben, sondern durch die des Helfers und seine Opferbereitschaft ausgetragen würde.

Doch ist für die gegenwärtige Untersuchung der innere Zusammenhang des merkwürdigen Märchens nicht von Gewicht; es kommt allein an auf Bild, Namen und Ort der Königstochter. Bei Grimm steht das Bild in einer letzten Kammer verborgen am Ende eines langen Ganges, und der junge König soll es nicht sehen, denn er würde, zu heftiger Liebe entzündet, ohnmächtig werden und, um die Schöne zu gewinnen, in große Gefahren geraten. Indessen vermag der Diener, wie es sich angesichts der Voraussage allein schon versteht, den Prinzen von dem Schicksal der innersten Kammer nicht abzuschirmen, und das Vorausgeschaute nimmt seinen Lauf. Die Gefahren freilich vermag der Getreue durch seinen Opfertod von dem jungen König abzuwenden, wobei jedoch auch von dessen so schwer erworbenem Glück ein Teil verloren geht.

Wie in den Kinder- und Hausmärchen wird in vielen Fassungen die Liebe durch ein Bild ausgelöst, das der Held unerlaubter- oder erlaubterweise zu sehen bekommt. In anderen Fassungen wird nur der Name genannt, oder er tritt, wie auch in der Grimmschen Fassung, als ein weiterer Reiz zum Bilde hinzu. Wie sich versteht, ist in den verschiedenen Strängen des Erzählens das Motiv in unterschiedlicher Weise ausgebildet worden. Wir haben Fassungen, in denen über die Herkunft des Bildes nichts gesagt wird; auch ein Traumgesicht kann am Anfang stehen. Bei Basile erblickt der Held einen schwarzen Raben in seinem Blut auf einem weißen Marmorstein, und daraus erwächst in seinem Herzen wie ein Mosaik das Bild der schönen Frau. Sehr anmutig, doch, wie es scheint, vereinzelt, ist in einem friesischen Märchen der Sammlung Poortinga der Zusammenhang ausgebildet. Dort wäscht sich die schöne Prinzessin am Fluß, »aber das Wasser wollte ihr Spiegelbild nicht wieder loslassen und nahm es mit« bis an die See, wo der Prinz es erblickt. Geheime Absichten werden angedeutet, wenn der Maler des Bildes mit dem Mädchen in Verbindung steht und das Bild unter die Leute hinausträgt. Des öfteren handelt es sich um die Ausmalung eines Schlosses, und in einer Fassung aus dem Bakonyerwald sagt der König zu dem Sohn, als der seine Heiratsabsicht erklärt, das Bild sei ja nur gemalt; »des is e schlechti Einbildung …, wer waaß, existiert die in der Welt.« Doch der Sohn erwidert: »Wann se net wär, hätt se der Moler net moln können.«

Manchmal verdoppelt sich das Bildmotiv, so daß die Schöne am Ziel noch einmal als Bild erscheint, so in besonders bedeutsamer Form in einer Fassung aus dem Böhmerwald. Dort müssen Held und Helfer mit der Frau im Wagen dreimal um das verwunschene Schloß fahren, um sie von dort zu lösen, und sie sitzt dabei zwischen ihnen wie eine goldene Sonne[11].

In den Namen, die der Prinzessin gegeben werden, wird manchmal das Wunderbare nur durch die Ferne ausgedrückt, so wenn sie Tochter des Königs von Engelland oder Niederland heißt, oder des Königs Dalmar oder des Zaren Kirbit. Auch diese Namen sind an sich schon bezaubernd; faszinierender aber ist die Tochter des Königs der sieben goldenen Berge, die Tochter des Königs von Siebenstern; die gestohlene, verwunschene Zitterdella; Schah Sanam, die Schwester der sieben Devs; die schöne Rora, von zwölf Feen aus Tau gemacht; dem Winterjanosch seine Tochter; die Schöne der Erde oder die Weltschöne; Licht des Herzens, die Prinzessin aus alter Zeit, die Königstochter vom goldenen Dache[12]. Kommen Bild und Name zusammen vor, so stellt sich die Frage, ob die Faszination des Bildes oder die des Namens stärker ist. Altertümlicher erscheint gewiß das Namensmotiv, zumal dann, wenn das Schicksal des Jungmannes, seine Bindung an die ferne Schöne ihm wie eine Verfluchung auferlegt wird, genauer, mit dem irischen Wort, als eine Geis. Der Königssohn zerschmeißt einem Weibe immer wieder den Wasserkrug auf dem Rücken, ein exquisites Vergnügen; die Geschädigte aber will den König nicht aus Rache seines einzigen

Sohnes berauben, was sie wohl könnte; doch sie rächt sich trotzdem, indem sie den Burschen mit dem Brautnamen in eine Schicksalsfessel schlägt[13].

Auf eine andere Weise verknotet sich die Schlinge, wenn das Knäblein entweder schon im Mutterschoße oder nach der Geburt unablässig weint und ihm Trost schließlich nur durch das Versprechen der wunderbaren Braut gespendet werden kann[14].

Daß die zauberhaft Schöne das eine unumgängliche Schicksal des Jungmannes ist, kommt ja auch sonst zum Ausdruck durch die augenblickliche Faszination, der er verfällt; er selbst hat jäh, wie es von Macsen Wledig gesagt wird, kein Leben, Wesen und Dasein mehr. Manche Erzähler haben für den Schicksalszwang noch besondere Aussagen erfunden. Einzig und allein für den Prinzen Karl ist im pommerschen Märchen die wunderschöne Prinzessin in dem wilden Meer in der Steinklippe bestimmt. In der Fassung aus dem Bakonygebirge verzichtet der Held auf eignes Tun; er hat, so wird gesagt, »das ganze Schicksal seinem Bruder überlassen.« Bei einem rumänischen Erzähler findet der Prinz auf dem Oberboden »die Schriften der Tage« und liest darin, daß er die schöne taugeschaffene Rora für sich gewinnen müsse. In einer Novelle in tausendundeiner Nacht findet das Bild der schönen Dschamíla just der einzige Jüngling, den das Mädchen für sich gewählt und um dessentwillen es alle anderen Freier verschmäht hat. In einem Mischtyp derselben Sammlung (303, 516) ist das Bild einer Geisterprinzessin eingewirkt auf der Innenseite eines Gewandes, und der Geisterkönig sendet es an den König Salomo. Doch gibt dieser Gewand und Bild weiter, denn er ist dem Mädchen nicht bestimmt, und es gelangt schließlich an einen menschlichen Königssohn, der mit seinem brüderlichen Helfer zusammen die Suchreise nach der Geisterschönen auf sich nimmt[15].

Die Märchennamen besagen oft zugleich, daß die Wunderschöne nur in weiter Ferne und bei fremden Wesen zu finden ist. Man braucht sieben Jahre, um dorthinzukommen, mit Geisterpferden aber nur einen Augenblick. Ihr Schloß öffnet sich nur in der Mitternachtsstunde, es liegt hinter Klappfelsen, hinter dem fast undurchdringlichen Walde, dem Feuerland und dem Schwarzen Meere, oder man muß außerdem noch den Verlockungen eines Paradiesgartens widerstehen. Hinter dreimal neun Ländern, im dreimal zehnten

Reich wird Wassilissa, Kirbits Tochter, die wunderschöne Braut, gefunden. Oder im Reich der Braut bewegt sich die Sonne grad in entgegengesetzter Richtung zu der gewöhnlichen Sonne[16]. Mithin erscheint die Prinzessin, wie in anderen Typen, auch in 516 als eine Jenseitige.

Der Prinz ringt mit einer ähnlichen Frage, wie die Verfasser der eingangs angeführten Dichtungen: wie find ich sie? Während aber für jene sich nirgends ein Weg auftut, den sie beschreiten könnten, um zu dem holden Inbild zu gelangen, warten im Märchen ringsum Hilfsquellen, die nur angeschlagen werden müssen, um zu sprudeln. Der Weg selber, den der Held nicht zögert zu beschreiten, ist ein Strom der Fruchtbarkeit, wurde in der alten Zeit vermutlich auch deswegen so erlebt, weil noch jeder Weg ins Unendliche und Unbekannte führte. Auf dem Wege tun sich neue Wege auf und stellen sich Begegnungen ein, die weiterhelfen. Weitverbreitet ist im Typus 516 das kleine Haus, in dem die beiden Weltfahrer übernachten; doch nur der Held schläft, der Helfer wacht, und es erscheinen in tiefer Nacht geheimnisvolle Gestalten als Frager und Antworter, Greis und Greisin, Vater und Tochter, die ihre Kunde von der wunderbaren Braut preisgeben. Ihre Erscheinungsweise, ihre Verwunschenheit, ihre dunkle Gewandung bezeichnen sie als Tote. Dementsprechend bringt die arabische Fassung unseres Typs aus Jerusalem ihren Erscheinungsort, eine Hütte, mit ihrem Grabe zusammen: sie sterben in der Nacht, da der Held mit der Königstochter hochzeitet, und der Helfer sitzt bei den Sterbenden und bestattet sie in ihrer Hütte noch in der Hochzeitsnacht. Später errichtet er ein Grabmal über der Stätte[17].

Da wir die deutlichsten Vorstellungen von der Artung solcher Vorgänge bei den Völkern finden, deren Anschauungen nicht durch Fremdeinflüsse revidiert worden sind, so erwähnen wir an dieser Stelle ein Eskimomärchen aus Alaska, das nicht zum Typus 516 gehört, sondern von der Wiederbringung eines entrückten Weibes durch den Ehemann erzählt[18]. Schon bevor der Jungmann namens Wolf die Frau erlangt, helfen ihre Voreltern ihm auf dem Wege zu ihr. Sie wissen von ihm und raten ihm, wie er ihre Enkelin gewinnen kann. Später, als er mit seiner wieder befreiten Frau vor dem Unhold flieht, erscheinen ihre Hütten ihnen als schützende Behausungen. Ihre Wesensart und Rolle wird von vornherein klargestellt: »Die alte Frau und der alte Mann waren Totengeister*. Sie waren Mann und Frau, die an zwei verschiedenen Stellen begraben waren, und der junge Mann hatte also in ihren Gräbern gewohnt. Denn wenn Tote* auf der Erde umgehen*, werden ihre Gräber zu Häusern.« Solche Vorstellungen sind nicht volkstumsgebunden. In einem Märchen der westsibirischen Ostjaken findet der jüngste Bruder, der die drei entrückten Frauen wiederholt, ebensolche Hilfe in den Hüttchen alter Menschen, und es wird ihm dort gesagt: »Wir ... sind ... die Ahnengeister deiner Eltern. Wir sind gekommen, euch zu helfen. Deshalb vergeßt nicht, wenn ihr daheim seid, uns Opferschale und Opferkessel zu bereiten!«[19]

Es ist wohl kaum zu bezweifeln, daß die Häuschen unserer Märchen mit ihren schemenhaften Gestalten aus dem gleichen Ursprung herrühren wie die wiedergegebenen Zeugnisse der Araber, der Eskimo und der Ostjaken. Im Böhmerwaldmärchen sind der Alte und die Alte die verzauberten Eltern der entrückten Braut, und sie werden in ihrer Erlösung mit erlöst. In dem Häuschen einer pommerschen Fassung erscheinen und verschwinden ein schwarzer Mann und eine schwarze Jungfer, Vater und Tochter, in geisterhafter Weise; nur durch ihren Schicksalsrat sind sie dort mit der Handlung verbunden. In einer weiteren pommerschen Variante findet das weisende Gespräch in einem verwünschten Schlosse statt, und zwar zwischen einem Stein in der Mitte des Zimmers und drei Tauben, die um Mitternacht herzufliegen; es sind Mutter und Töchter, und diese vier werden am Ende durch den Helfer in besonderer Weise ebenfalls erlöst – ganz offenbar eine späte Erfindung, um die ratgebenden Wesen, deren Artung nicht mehr verstanden wurde, in den Hauptverlauf einzubeziehen.

Andererseits könnte man die Erlösung der Ahnengeister auch so in einen alten Sinnzusammenhang eingegliedert denken, daß sie allerdings in dem Augenblick mit erlöst seien, da die Fortdauer des Geschlechtes in der Leiberwelt wieder einmal gesichert ist. Wie man sich in einer schamanischen Kultur konkret die Anrufung der Alten vorstellte, die zur Hochzeit des Stammeserben raten sollen, zeigt eine jakutische Fassung des Motives[20]. Dort wird in einem Märchenepos (Oloncho) erzählt, wie ein ungebärdiger Jungmann so zornig an der Jurte seiner Eltern rüttelt, daß schon der Himmel zwischen den Balkenfugen hereinzuschauen beginnt. Die Mutter redet ihn an, heißt ihn erwachsen sein, gibt ihm den Namen und den Rat zu heiraten. Wo die passende Frau zu finden sei? Sie beschreibt ihm den märchenhaften Weg, und wenn er bei der Schmiede auf dem Sandkap am Schwarzen Meere angekommen sei, solle er seine Stute absatteln, zerstückeln und die Stücke ausstreuen mit den Worten: »Dem Geiste des Wachstums, der Erde und der Stätte, der Feuchtigkeit!« Dann solle er sich auf Sattel und Decke niederlegen, sich mit dem Pelz bedecken und schlafen. Der Bursche führt das aus und belauscht, zwischen Schlaf und Wachen, wie es heißt, das Gespräch des Alten mit der Alten.

Das Bild, der Name einer Verwunschenen, einer feenhaften Geliebten; das Aufsichnehmen einer Suchfahrt, das wegweisende Traumgespräch helfender Ahnen – ist das nur ein Märchenthema oder auch ein Thema unserer leibhaften Welt? – und wenn nicht unserer Gegenwart, dann vielleicht in menschlicher Vergangenheit und darum anthropologisch von Gewicht?

Beginnen wir mit dem Bilde, so gilt es einen grotesken Irrtum aufzulösen. Niemals verlieben wir uns in eine Person, einen Charakter. Packt uns die Liebe, so kann es nicht die Person sein, was uns ergreift; sie und ihre Gemütsverfassung, ihre Vorzüge und Begrenzungen lernen wir ja danach erst kennen, als schon Verliebte. Was aber anfänglich Auge und Ohr fasziniert, ist immer ein Bild von weit höherer Allgemeinbedeutung, als sie der sogenannte Gegenstand unserer Liebe beinhaltet. Das Sosein eines Charakters mag zur Wertschätzung des »Gegenstandes« beitragen oder mag auch der Liebe schließlich abträglich sein. Aber woran sich die Liebe anfänglich entzündet, ist immer die wunderbare, bezaubernde Erscheinung eines Wesens, die den Wert wie den Makel der betreffenden Individualität zunächst völlig verdeckt.

Mann und Weib erleben einander in erster Linie als Symbole, und in diesem Erlebnis keimt auch die Liebe. Ein jedes Weib, ob schön, ob häßlich, ob alt, ob jung, ist für den Mann ein Symbol, dies zwar nur *unter anderem,* aber doch in sehr wesentlicher Weise und in einem noch allgemeineren Sinne, als dies eine Mannesgestalt für den Mann sein kann.

Besonders leicht zu verstehen ist diese Symbolhaftigkeit wohl im Hinblick auf das Mädchen – Kore als eine Göttin – auf die Braut, mit deren Hochzeitstracht deutlich ihr Wesen als lichte Göttin des Lebens ausgedrückt wird – auf den Jüngling als Apoll, als Reiter im Morgenrot, als Cornet.

Ebenso erscheint im Angangsaberglauben[21] als Symbol bekanntlich die triefäugige, krumme, schiefbeinige Alte, die des Mannes morgendlichen Weg kreuzt, ein gefürchtetes ominöses Gespenst – und hinter dieser Symbolgestalt entschwindet völlig die armselige bemitleidenswerte Person, die oft unverdientermaßen unter ihrer Erscheinung hat leiden müssen. Umgekehrt kann im tiefzerfurchten Antlitz von Greis und Greisin auch hochauf Tröstliches erscheinen, die Schriftzüge der durchlittenen Schicksale als Überwindung und menschlicher Wert, die Altersrune als Gewinn und Zeichen der Weisheit. Die Rater, die dem Helden und der Heldin im Märchen begegnen, sind oft die weise Alte oder der Alte, kundig aller Schicksalswege.

Wichtig zu wissen bleibt, daß in der Kore, der Braut, dem apollinischen oder ritterlichen Jüngling, in der Hexe, in Greis und Greisin zunächst nicht Personen sichtbar werden, sondern daß sie als Symbole, Sinnbilder, Bilder erlebt werden und dies zu einem Teile immer auch bleiben können.

Der dümmste Schlagertext, der die Liebe ein Märchen nennt, enthält daher, wenn man's recht bedenkt, immer noch ein Körnchen Wahrheit.

Die erste Begegnung der beiden Liebenden in einem mythischen Bilde schildert Storm in seiner Novelle *Psyche*. Eine junge waghalsige Schwimmerin droht in der Nordsee zu ertrinken; ein junger Mann entreißt sie der Flut, ein symbolisches Geschehen, das Storm mit der Episode im Märchen des Apuleius vergleicht, wo Psyche sich aus Verzweiflung über Amors Flucht in den Strom gestürzt hat. Doch »es scheute der milde Fluß den Gott ... und schonte der Ünglücklichen. Sorgfältig trug er sie auf unschädlichen Wellen an das blumenreiche Gestade.«[22] Es beleuchtet den von uns aufgedeckten Zusammenhang, wenn in der Novelle das Mädchen wie der junge Mann zunächst Scheu tragen, das mythische Erlebnis im

Meer durch Person und Namen aufs Festland der Tatsachen zu übertragen.

Indessen, die Inbrunst der Liebe selbst drängt Liebende zu jener Übertragung, und das bedeutet unter anderem den Versuch, aus dem Bilde des geliebten Menschen Weissagungen zu schöpfen über seinen Charakter. Und hier droht nun eine Gefahr. Liebste und Liebster sind zunächst und in erster Linie erscheinende Wesen. Eine jede echte Erscheinung aber kann, dies eben ist die Gefährdung, verwechselt werden mit dem bloß täuschenden Anschein. Das Glamour Girl täuscht die Sonnengöttin bloß vor, der vermeintliche Apoll entpuppt sich als ein dürftiger Dandy. Aus diesem Grunde wimmelt es im Liebesleben von mannigfaltigen Enttäuschungen[23]. Doch nicht allein aus diesem Grunde, sondern auch daher, daß der Liebe eigentliches Wesen dem großen Haufen unbekannt bleibt und er daher von der Person fordert, was nur ihr Bild zu gewähren vermag. Das Bildmotiv des Märchens zeigt in *völlig realistischer Weise,* wie die Faszination der Liebe einsetzt mit dem Bilde der Göttin. In dieser Schicksalswelt aber ist es uns aufgegeben, das Bild auch in der eingeschränkteren Person, die sich uns nach und nach enthüllt, fortzulieben.

Das Bilderlebnis auf der Seite des Mädchens und die Bestätigung seines Gehaltes auf der Seite des Jungmannes ist in einer unnachahmlich wundersamen Weise ausgeprägt in manchen Fassungen des Goldener-Typs, AT 314 und 502. Den Fähigkeiten des Erzählers entsprechend, aber auch je nach der Tradition in seinem Lebenskreis – ist die entscheidende Szene, das eigentlich visionäre Erlebnis, in sehr unterschiedlicher Weise ausgestaltet: der Blick nämlich, der hinter der Äußerlichkeit des Grindkopfes seiner inneren Mächtigkeit, seiner goldenen Potenz ansichtig wird.

Schlicht und sehr treffend bringt eine kordofanische Fassung das Geschehnis zum Ausdruck[24]. Als schon alle Ungewißheiten und Fährlichkeiten überstanden sind, als der Held sich in seiner Lichtgestalt enthüllt und seine Frau zu sich auf das Zauberroß genommen hat, da spricht sie zu ihm: »So habe ich dich einmal am Teiche hinter dem Gasr gesehen.« – Nur sie, oft die jüngste von drei Prinzessinnen, hat den Jüngling in seiner eigentlichen, in der Gestalt seines Wesens erblickt; an diesem einmaligen Durchschauen entzündet sich ihre Liebe, an das einmal Geschaute bindet sie Los und Leben. Alle Welt kennt den Gehilfen des Gärtners nur in seiner niederen Alltagsgestalt. Unter den prunkenden Höflingen und Fürsten wählen die älteren Königstöchter sich ihren Gatten – durch Überreichen oder Zuwerfen eines symbolisch bedeutsamen Gegenstandes, oft eines Apfels, sonst auch einer Rose, eines Kranzes, Ringes, Tuches, einer Goldapfelsine, goldenen Kugel, eines goldenen Eies[25].

Die Jüngste zeichnet mit dieser Kostbarkeit, die den innersten Lebenswert meint, den Unscheinbaren, den Verachteten aus: sie liebt, denn sie weiß, weil sie gesehen hat. In einer hessischen Variante[26] sieht die Prinzessin alle Samstage den schönen, von Gold und Silber funkelnden Reiter, sagt aber nichts davon, »denn sie meinte, es könne nur ein Engel sein, der da erscheine, und von Erscheinungen soll man nicht reden, sonst verschwinden sie, und man sieht sie nicht mehr.« Eines Tages aber wird sie gewahr, daß es der Gärtnerbursche ist, der ein Kettchen schüttelt und damit das Pferd herbeilockt, der sich dann »aufschwang und, augenblicklich in Gold und Silber strahlend, in dem Garten herumritt. Da entbrannte sie in Liebe zu ihm, und diese war so heftig, daß sie krank wurde« und nur noch wie ein Schatten umherschlich. – Diese Variante zerlegt wie kaum eine andere das visionäre Erlebnis in das der Erscheinung und das ihres personalen Trägers und macht dann weiterhin die psychologisch sinnvolle Unterscheidung, daß zwar das Mädchen von dem wundersamen Bilde des Strahlenreiters ergriffen ist, daß aber die volle Leidenschaft der Liebe sie erst packt, sobald sie den menschlichen Kern der Erscheinung gewahr wird.

In ganz anderer Weise hat ein kaukasisches Märchen die Vision ausgebildet[27]. Die Prinzessin erblickt den kahlköpfigen Tölpel, der das Haupt mit einem Schweinsdarm zu verdecken pflegt, als Badenden: zuerst sah sie nur etwas Helles, Glänzendes, aber »wie sie genauer hinschaute, waren es die goldenen Haare Sasxwathos, die wie Wellen im Flusse wogten. Da wurde es ihr schwer ums Herz, und sie verfiel in einen Zustand großer Traurigkeit. Alle forschten sie aus, was sie denn habe, aber sie war stumm und sprach kein Wörtchen. So sehr hatte sie sich in den Gänsehirten verliebt, daß sie vor Liebe fast starb.« – Auch andere Fassungen haben den Anblick des Badenden, doch keine mit dem wunderbar erfundenen Wogenbilde.

In einer kabylischen Variante[28] beobachtet das Mädchen ungesehen den Stadtarmen mit dem Kuhpansen auf dem Kopf, wie er, um einen fremden Hund zu retten, mit einer riesigen Schlange ringt. Seine Lumpen reißen, ein herrlicher Silberstoff schimmert drunter heraus, die Schlange schlägt ihm den Pansen vom Kopf, und leuchtendes Goldhaar quillt hervor. »Fast berauscht vor Erstaunen«, sieht sie ihm zu, bleibt »gänzlich verwirrt«, als er fort ist, am Orte, verfällt in Gedanken an den goldhäuptigen Bettler. Doch geht sie dann sehr verständig weiter vor; es kommt nicht zu der im Typus sonst häufigen Entzweiung zwischen Vater und Tochter, sondern zu einer Verabredung über die spätere Erprobung aller Schwiegersöhne. Zwei hochsinnige Menschen: der Vater achtet die Tochter, sie kann Vertrauen setzen in ihn. Fast spaßhaft wirkt am Ende die Verständigkeit der jungen Frau, wenn sie in der Nacht vor der letzten Entscheidung sich noch einmal vom Silbergewand und vom goldstrahlenden Haupt des schlafenden Gatten überzeugt.

Das Mädchen muß nicht durch die Vision der Goldenen Aura in Liebe verfallen. Im persischen Märchen ist sie »von der Schönheit des Prinzen ganz benommen.« Oft wird sie durch seine zauberhafte Gartenkunst fasziniert. Im dithmarsischen Märchen ist sie Zeugin, wie der Gehilfe die Gewächse im Gold- und Silberlicht aufglänzen läßt. Häufig bindet der Gärtnerbursche besonders schöne Sträuße; in einer Tiroler Fassung blinkt es darin noch von Gold, und Goldstücke rollen zu Boden. Schließlich kann die Schau auch völlig fehlen, und der zaubrische Liebesbann wird in den Ausfall der Wahl verlegt: in einer afghanischen Fassung wird die achtlos ausgeworfene Rose der Jüngsten dreimal dem unscheinbarsten Freier zuteil. Die Schwestern, die sich den Reichsten und den Schönsten ausgesucht hatten, lachen, aber die Kleine sagt: »Das ist Allahs Wille!« – Diese Variante bezeugt mithin eine orakelhafte Auffassung jener Würfe, die aber, wie sich versteht, bei weitem nicht für alle derartigen Szenerien gilt[29]. Vielmehr wird normalerweise die Schicksalsbestimmung schon zuvor in der Lichtvision offenbar.

Die Motive der Vision und der Wahl hat ein Märchen der Thai, ein hinterindisches Jātaka, das heißt, die Geschichte von einer Einkörperung des Buddha, in einer sehr differenzierten und metaphysisch vertieften Weise ausgebildet[30]. Die Prinzessin hat in der Stunde, da der Prinz die Stadt betritt, einen Traum von einem Göttersohn, der ihr Zauberfrüchte von süßem Geruch und mit einer Füllung von Edelsteinen in den Schoß legt. Sie schmückt sich mit den Juwelen, erwacht, badet das Gesicht, trinkt frisches Wasser und geht ans Fenster. Der Muschelprinz – als »Waldschrat« – betritt gerade den Königsplatz. Die beiden erblicken sich, lächeln einander an, »der Strahl der Liebe durchzuckt ihr Herz.« Der Beitext sagt, sie seien schon in früheren Geburten als Mann und Frau miteinander verbunden gewesen, und vorbestimmt waren daher die gegenwärtige Begegnung, die Wendung zum Fenster, der Gang über den Platz, Anschauen und Lächeln. Zu der Gattenwahl – durch Auswerfen eines Blütenkranzes – fordert der König seine Tochter unter dem Hinweis auf, daß sie damit einen schon ehedem »auf dem Wege der Verwandlungen« mit ihr verbundenen Mann wiederfinden möge. Sie selbst ruft die himmlischen Götter und die Geister der Erde herbei, »um Zeuge zu sein des Wunders der Wahrheit, das ich nun vollbringen werde mit diesem Blumenkranz. Wenn irgendein Mann hier vor mir auf dem weiten Platz in einem früheren Dasein mit mir Gemeinschaft hatte auf tugendhaftem Lebensweg, so will ich ihm abermals gehören! Ich bitte, daß dieser Blumenstreif aufffliege und umwinde die Hand jenes ewig geliebten Mannes!« – Sie schleudert das Blumengewinde empor, es beschreibt einen wunderbaren Flugweg »und zischt, ein Blütenstrahl, auf den Muschelprinzen zu, dessen rechte Hand er umwindet.« Die nicht erwählten Hochgestellten beschimpfen in höchst gemeiner Weise die Prinzessin, doch der König sagt: »Ob Tugend oder Sünde meines Kindes auf dem Weg der Verwandlungen – dies ist ihr Mann!« Unmittelbar darauf kommt es indes doch zu den Verkennungen und Verbannungen, die zu dem Märchentypus gehören. – Bei den Thai ist die Vorstellung der Wiedergeburt religiöse Konvention und gerade auch den Jātakas eigentümlich. In dieses Märchen des Goldenertyps aber geht sie in höchst sinnvoller Weise ein, und darum könnte es so scheinen, als gehöre sie auch dazu. Im allgemeinen liegt indes das Schwergewicht des Goldener-Motivs auf der Vision, in deren Lichte eine wahrhaft erstmalige Begegnung sich ereignet, in deren ursprünglichem Glanz die Liebe erstmals und für immer aufleuchtet.

Die falschen Vorstellungen vom Wesen der Liebe haben den irrigen Gedanken hervorgebracht, daß die Bilder, die in unseren Märchen die Liebe des Mannes entflammen, Porträts sein müßten, ja, man hat diesen fehlerhaften Gedanken noch dahin ausgebaut, daß er zu einer Datierung des Märchenmotives gereichen könne. Wäre porträthaftes Malen erst seit dem Spätmittelalter geübt worden, so könne das Motiv nicht älter sein[31]. Wollte diese Behauptung Allgemeingeltung beanspruchen, so wäre sie sicher falsch[32]. Wie im Goldener-Typus sich die Liebe des Mädchens am Nimbus des Mannes entzündet, so ist es im Typus Treuer Johannes und in anderen Erlebnissen der Einzigen die Aura einer Göttin, die zur Suchfahrt auffordert, und für den Jungmann ist es gleichgültig, ob das Bild gemalt ist, im Erzählen entworfen wurde, in einem faszinierenden Namen beschlossen ist oder in einer notwendigerweise unähnlichen Webarbeit besteht. Ja, in einem georgischen Märchen geht die Faszination von einem Tuche aus, in das nur die Worte eingestickt sind: »Glücklich wird sein, wer mich, die dieses Tuch verloren hat, heiratet.«[33]

Gemäß dem, was wir über die Schicksalhaftigkeit des Liebesgeschehens gesagt haben, verstehen wir, daß es auf photographische Ähnlichkeiten *gerade nicht* ankommt, sondern daß die Magie der Liebe unterhalb aller Wahrnehmung durch ihren Bildzauber auf eine zur Empfängnis gestimmte Seele wirkt.

Allerdings gibt es eine Märchengruppe, deren Sinn darin liegen könnte, daß der wählende Liebhaber selbst irrigerweise das Bild personalistisch-porträthaft auffaßt und dadurch eine Katastrophe herbeiführt. Dies wäre innerhalb des Typs von der wahren und der falschen Braut, AT 403, jene große Variantengruppe, die man als »das Bild der Schwester« betiteln könnte. Allein um diese Fassungen geht es hier. – Ein König wird darauf aufmerksam, daß sein getreuer Diener täglich andächtig ein wunderbares Mädchenbildnis beschaut. Es handelt sich aber nicht um einen abergläubischen Bilderdienst, sondern um das brüderliche, der einzigen Schwester geweihte Gedenken. Der König, fasziniert von dem Bilde, wünscht dessen Urbild zu heiraten, doch als der Bruder mit seiner Schwester zu Hofe kommt, zeigt es sich, daß das Mädchen nichts weniger als schön ist. Der König heiratet es trotzdem (!), wirft aber den Bruder,

der ihn mit dem Bilde und mit dem Schwur auf die noch höhere Schönheit des Vorbildes getäuscht hat, in ein Verließ, manchmal mit todbringenden Tieren zusammen. In manchen Fassungen läßt er ihn auch hinrichten. Episch wird dieser Ablauf so dargestellt, daß auf dem Wege die wahre schöne Braut ins Wasser geworfen und die häßliche, mit Kleidern und Kleinodien jener angetan, dem König zugeführt wird. Dies bewerkstelligt die Mutter der falschen Braut, indem sie auf dem Wege der Schwester Gehörstäuschungen, dem Bruder Augentäuschungen anhext. Wahr und falsch sind hier auf zwei Personen verteilt, und die Handlung läßt den König am Ende die wahre Frau wiedergewinnen, die falsche zum Tode verdammen.

Als Hintersinn dieses epischen Ablaufes wäre ein Läuterungsweg des Königs denkbar, ein Weg, der von dem porträthaft mißverstandenen Bilde einer vermeintlichen Person über ihre Verkennung und Verwerfung hinführen würde zu der wahren, der eigentlichen Braut, zu dem wahren Urbild, im Verhältnis zu dem das vom Bruder mit Andacht angeschaute Abbild *nicht* trügt. Eine solche Sinngebung könnte darin ihre Bestätigung finden, daß die wahre Braut nach dem Anschlag auf ihr Leben allnächtlich aus dem Wasser auftaucht, in der sinnvollsten Gestaltung des Motives vom Meeresgrunde herauf[34]. An den ist sie jedoch mit goldener Kette gefesselt, und es ist der König, der die Fessel durchhauen muß: eine Anadyomene des Märchens, das wahre, aus der Unendlichkeit des Meeres schließlich wieder auftauchende Urbild der Braut.

Vielleicht könnte man diese Vorstellung von dem Geschehen im Untertypus »Bild der Schwester« in Zusammenhang bringen mit dem merkwürdigen Satz eines indischen Tantrikers, den ich hier, weil er möglicherweise etwas unzulänglich übertragen ist, in einer Paraphrase wiedergebe: »Beginnt man ein lebendes Geschöpf zu lieben, so verfängt man sich am Ende in der Liebe zu einem diesseitigen Geschöpf. Wendet man sich jedoch in Liebe einem Bildnis zu, in dem bloße Materie zum Bilde einer Göttin zusammengefügt ist, so eröffnet man sich dadurch der Liebe zu einer Göttin.«[35] – Ein bemerkenswerter Satz, der schlichtweg behauptet, daß die einem angefertigten Gebilde zugewandte Liebe zu einem höheren Ziele führe als die Liebe, die sich an einem geschöpflichen Wesen entzündet. Diese Ansicht unterscheidet sich, als Ausdruck einer kultischen Gesinnung,

178

von der hier vorgetragenen, unterstreicht aber auf jeden Fall den hohen Rang und Gehalt, den die im Märchen angesichts eines Bildes aufflammende Liebe hat. Es wäre aber absurd, den hohen Rang, den der Tantriker dem Bildnis zubilligt, der leibhaften Jungfrau, dem leibhaften Jungmann abzuerkennen, denn in ihren Auren erscheinen ja ebenfalls die Bilder der Götter.

Daß dem in der Aura erscheinenden Menschen etwas Göttliches innewohne, daß dergleichen zumal in jenen Augenblicken am erotischen Gegenbilde erlebt werde, in denen sich die erlebende Seele der Liebe öffnet, erscheint vielleicht in einer Zeit des vorwaltenden Sexualismus, des darniederliegenden Erotizismus als eine gewagte Behauptung. Darum sei hier zunächst an den Ausdruck: *meine angebetete Geliebte* erinnert, der, auch wenn er heuchlerisch ausgesprochen wird, doch irgendwo ein dementsprechendes Erlebnis voraussetzt, – und an die Worte, mit denen Jean Paul das Wesen der künftigen Geliebten kennzeichnet: *Himmlische* und *Altarblatt*.

Des weiteren muß hier erinnern werden an die altertümliche Überzeugung großer Liebenden, daß die Geliebte imstande ist auch über die Ferne hin Schutz und Siegeskraft zu verleihen. In der Edda ist es die Kultwalküre Sváva, die im Schlachtensturm ihren Geliebten, Helgi, beschützt[36]. Im hohen Mittelalter ist eine entsprechende Anschauung auch bei uns, zumindest literarisch, sehr verbreitet. In Wolframs Gralsdichtung rät Parzival dem Freunde bei einer entscheidenden Wendung seines inneren Schicksals, nämlich als er sein Vertrauen an Gott verliert, künftig Kampfeshilfe nur von dem in Minne ihm verbundenen Weibe zu erwarten. Und diese Erwartung und der entsprechende Kampfesruf bleiben in Übung auch über die Versöhnung mit Gott hinaus, und der heidnische Bruder, als er ihm im Streite gegenübersteht, denkt und handelt gleichermaßen[37]. Die gleiche Überzeugung wird an zahlreichen Stellen der mittelhochdeutschen Literatur geäußert[38], und sie hat sich über die Jahrhunderte, zumindest in der Literatur, lebendig erhalten. Sie findet sich in Voltaires *Zadig* in der folgenden Fassung: »Wenn man von einer schönen Frau geliebt wird ..., so entgeht man allewege der Gefahr.«[39] – Dem *Cornet* Rilkes schenkt der Freund ein Blütenblatt von der Rose der Geliebten: »Als ob man eine

Hostie bricht. »Das wird Euch beschirmen.‹« Und der Cornet »lächelt traurig: ihn schützt eine fremde Frau.«

Schreibt man dergleichen auf das Konto der nachlebenden mittelalterlichen Minnetheorie, so sollte man doch nicht übersehen, daß der Vorstellung anfänglich ein Erlebnis zugrunde liegt, und ich meine dies oben ausreichend bezeichnet zu haben.

Was wir zu übersehen geneigt sind, ist dies, daß in allen älteren Kulturen das Erlebnis selbst Grundlage und Ausgangsort von Vorstellung und Ausübung war – und daß erst seither die Umstülpung eingetreten ist, nach der ein aus dem Erlebnis abstrahierter Begriff zur Grundlage des Handelns und eines abgeleiteten Nacherlebens wurde. So war es überhaupt ohne Zweifel das ursprüngliche Erlebnis des Mädchens im Nimbus, das heißt seiner unpersönlichen Erscheinung als ein götterverwandtes Bild, das zu mannigfaltigen Brauchtümern und entsprechenden Mythen- und Märchenmotiven Anlaß gegeben hat. Hier ist nur noch die Braut zu erwähnen als reinste und stärkste Ausgestaltung des besprochenen Erlebnisses. Der Brautlauf ist *nicht* ein Brauch, der in erster Linie der Person gewidmet ist, sondern ein Ritus für die Gemeinde, der bei dieser Gelegenheit, nämlich am Hôch-Zeit-Tage eines Mädchens, das Bild der Lebensgöttin gezeigt werden soll, ein lebenspendendes Licht-Bild für die Anteilnehmenden. Es scheint ein solches bis in unsere Tage geblieben zu sein für all die braven Augenzeugen, die sich zu Toren und Portalen drängen. Die Etymologie des Wortes *Braut* ist strittig; daß aus allen bisher vorgebrachten allein die von Wilhelm Braune vorgeschlagene zutreffen kann, nämlich der Zusammenhang mit einem römischen Beinamen der Venus, Frutis, würde unter den hier vorgetragenen Gesichtspunkten außer Zweifel stehen[40]. Die altnordischen Belege des Wortes brúdhr im Sinne von Göttin sind zudem zahlreich genug, um die von jener Etymologie abzuleitende Bedeutung zu stützen. Erwähnt sei nur, daß Freya sowohl Vanadís wie Vanabrúdhr genannt werden kann und daß die an den Vanen Njǫrdhr vermählte Skadhi den Beinamen godhbrúdhr führt. Dazu sei noch die Göttin Thórgerdhr hǫlgabrúdhr erwähnt. Besonders schlagend ist, scheint mir, die Bezeichnung der Rückenlehne des Stuhles als stólbrúdha, stólbrúdhr, beides Feminina im Singular, und stólbrúdhur = stólbrúdhir, ein Femininum im Plural. Angesichts der Götterbilder, mit denen die Sitze ausgezeichnet waren, ist die Benennung Stuhlgöttinnen für die Lehne eindeutig. Der ursprüngliche Sinn des Wortes Braut läge im Ritual, was sich ohnehin von selbst verstehen dürfte, und zwar in der rituellen Erscheinung der Göttin des Lebens, die nur von einem jungen Weibe an seinem Hôchzeittage dargestellt werden kann. Von dorther zweigen die profanen Bedeutungen aus, also *Hochzeiterin* und *Jungvermählte,* und andererseits der sakrale Sinn *weibliche Gottheit.*

Vergleichen wir die Ausgestaltung überlieferter Motive in verschiedenen Märchenfassungen, also beispielsweise des Goldener-Motivs, so müssen wir annehmen, daß der Text nicht nur von einem überlieferten Wortlaut bestimmt wird, sondern auch von individuellen und traditionell angeregten *Erlebnissen* des Erzählers. Demgemäß dürften wir überzeugt sein, daß unsere Märchen, erwachsen auf dem Boden eines ursprünglichen Erlebens, auch später noch lange Zeit hindurch von gleichartigen Erlebnissen gespeist wurden. Wenn im Märchentyp Treuer Johannes und anderen die Geliebte als feenartiges oder göttinhaftes Wesen erscheint, so muß dies nicht unbedingt kulturgeschichtlich erklärt werden, besonders nicht im Hinblick auf eine bestimmte Kultur oder Kulturschicht, sondern wäre schon unmittelbar abzuleiten aus Typen des Erlebens, die ihre Wirklichkeit auch heute noch durchsetzen können. Der Mensch, der nicht als Person, sondern als Bild oder Symbol erlebt wird, erscheint zwar nicht als Gleichung einer göttlichen Epiphanie, aber doch als ihr verwandt.

Dem Bilde, dem in der Aura erscheinenden Wesen, eignet, anders als der Person, auch ein Zug von Unbetastbarkeit, von Ferne, auch von zeitlicher Ferne und von Ewigkeit. Besonders stark ist dies ausgedrückt in dem rätoromanischen Namen der märchenhaften Geliebten: die Prinzessin aus alter Zeit[41]. Damit wäre auch die Notwendigkeit der Wanderung verständlich geworden: das Göttliche an der Geliebten als ein Fernbild; die Künftige, die Ersehnte muß hinter den Bergen, hinter den Meeren, unter anderen Himmeln aufgesucht werden[42]. Auch dieser märchenhafte Zusammenhang läßt sich mithin im Liebeserleben unmittelbar auffinden, besonders dann, wenn wir annehmen, daß die Geliebte zuerst im Traum, in der Vision geschaut wird. Dazu sind abschließend indes noch zwei kulturgeschichtliche Konkreta zu erwähnen, in denen diese Liebeserlebnisse institutionalisiert sind. Der eine Zusammenhang ist der schamanische, zu dem hier nur kurz zu sagen ist, daß die göttliche Geliebte dem jungen Mann in der Vision erscheint, daß sie ihm die kosmischen Wege angibt, auf denen sie errungen werden kann, daß sie als sein Weib nach der Hochzeit sein Haupthilfsgeist sein wird, durch den er auch in der Geisterwelt eine Art herrscherlichen Standes erlangt und helfende Geister als Diener[43].

Die Ankündigung des künftigen Weibes in der Vision, die Aufforderung zur Weltenwanderung kann jedoch auch noch einen anderen, leibhafteren Sinn haben, der mit dem Schamanismus nichts zu tun hat. In früheren Zeiten, in manchen Gegenden bis auf unsere Tage, hockten die Menschen nicht so dicht beieinander wie neuerdings, und sie sind auch nicht einmal vergleichsweise so weit herumgekommen wie die Gegenwärtigen. Man kannte die wenigen umliegenden Dörfer, den nächsten Marktflecken, aber sehr oft nicht einmal die Hauptstadt der eigenen Provinz. In einigen ländlichen Gebieten oder innerhalb von Inselgruppen gab es daher bestimmte festliche Tage zu keinem anderen Zweck, als daß die heiratsfähige Jugend Gelegenheit erhielt, den Partner kennenzulernen.

In manchen Weltgegenden lebten aber die Menschengruppen noch viel ferner voneinander. Viele eskimoische Erzählungen setzen, um die Bedeutsamkeit von Fest und Begegnung hervorzuheben, mit der in den Weiten vereinzelten Familie, mit zwei, drei Verwandten ein[44], und der junge Mann muß weit hinausschweifen, um eine Frau zu finden, so beispielsweise der oben erwähnte Jungmann Wolf, dem die Ahnen der Frau zu ihr hinhelfen. In unseren Volkssagen ist des öfteren die Rede von einem jungen Paare miteinander Versprochener, die aus Armut nicht heiraten können und die dann durch einen Schatzfund an Ort und Stelle, durch die Schlange, durch einen erlösten Toten zu dem nötigen Heiratsgut gelangen und in ihrem Heimatdorf die Ehe schließen können. Doch im Märchen ist die Freite fast stets mit einem Aufbruch, mit einer Wanderung verwoben.

Außer der weiten Streuung der Siedlungen gibt es allerdings noch ein Kulturmotiv, das den Kreis der für die Ehe wählbaren Partner einschränkt und das den Heiratslustigen seinen Blick in die Ferne richten läßt, das Brauchtum der Exogamie nämlich. Die Klan-Exogamie besagt, daß man innerhalb des Klans oder auch eines größeren Verbandes von Klanen nicht heiraten durfte. Wenn aber die ganze Ortschaft nur vom eigenen Klan oder Klanverband besiedelt ist und sogar auch die benachbarten Ortschaften, dann entsteht daraus zwangsläufig auch die Localexogamie, also die unumgängliche Pflicht des Mannes, sich sein Weib außerhalb der heimatlichen Örtlichkeiten zu suchen.

Hier ergibt sich nun die Möglichkeit für das Einspringen visionärer Elemente, für den Traum vom künftigen Weibe, die Seelenfahrt zur ersehnten Geliebten. Es ist ein Glück, aber auch eine Beschwernis, ein solches Bild im voraus zu empfangen. Diese Empfängnis gibt der Suche ein Ziel, aber sie hindert den Sucher auch daran, sich mit der Ersten Besten zufrieden zu geben. Er muß schon todüberwindend die Klappfelsen durchschreiten, um der Jungfrau *Licht des Herzens* zu begegnen, um seiner Lebensleuchte ansichtig zu werden. Hierin dürften wir dann auch den menschlichen Sinn der Exogamie sehen: daß Mann und Weib nicht in der nächstbereiten Stillung des Liebesbedürfnisses ihr Behagen suchen, sondern den Großen Eros überhaupt erst einmal erleben, der, indem er in die Fremde und die Ferne strebt, sich um eines höchsten Zieles willen der Not und dem Tode auszusetzen bereit ist. Das Märchen sendet für den dazu Berufenen ein wunderbares Bild von ferne her, aus der Geisterwelt in die Nahwelt. Die toten Ahnen helfen mit, es zu verwirklichen, zu verleiblichen. Es ergäbe sich daraus die Folgerung, daß der wirklich liebende Mensch der märchenhaft Liebende ist – wie es denn wohl auch als eine einfache Wahrheit gelten kann, daß der eigentliche Mensch der märchenhafte Mensch ist.

Wolfdietrich Siegmund

VERLIEBT IN EIN BILDNIS

1921 wollte der Erzählforscher Walter Berendsohn das Besondere und Grundsätzliche der Gattung Volksmärchen kennzeichnen und schrieb: »Das Märchen ist eine Liebesgeschichte mit Hindernissen, die ihren Abschluß in der endgültigen Vereinigung des Paares findet.« Das wohl ärgste der erwähnten Hindernisse aber ist die krankhafte Selbstliebe, der pathologische Narzißmus. Mehr oder weniger macht er ja jedem Menschen zu schaffen. Woher der Narzißmus kommt, warum er gefährlich ist und wie man ihn überwindet, will ich an einem Märchen- und Sagenmotiv bildlich erläutern.

»Die narzißtische Krise der Gegenwart« macht sogar Schlagzeilen. Kulturkritiker meinen damit unseren sonderbaren Zeitgeist: die Lust zur Selbstbespiegelung, das Gefühl von Entfremdung, von Leere und Sinnlosigkeit, das unfähige Wimmern nach Liebe und die allgemeine Depressivität. Diese neue seelische Not ist eine Herausforderung für die moderne Psychiatrie.

Seit 25 Jahren leite ich ein Fachkrankenhaus für Psychiatrie und Neurologie. Literatur, Religion, Musik und bildende Kunst spielen dort schon immer eine wichtige Rolle. Hinzu kommen seit 15 Jahren regelmäßige Märchenerzählstunden. Etwa 50 Patienten versammeln sich jeden Donnerstagabend. Sie kommen gern und freiwillig zu dieser therapeutischen Erzählgemeinschaft. Denn sie merken recht bald: Volksmärchen sind Suchwanderungen und Seelenwege; wir selbst sind es, von denen die Märchen erzählen! Märchen sind Geschichten im wahrsten Sinne des Wortes: geschehen ist, was da erzählt wird.

Wohlgemerkt, Volksmärchen sind alles andere als zusammenphantasierte Herzensergüsse und gedankliche Gaukelspiele. Im Gegenteil, sie schildern gelebtes Leben, Wirklichkeit, wenn auch beispielhaft überhöht. Sie geben wieder, wie es so zugeht in der Welt. Als Arzt aber höre ich mehr heraus: Volksmärchen sind nicht nur Spiegel der Wirklichkeit, sondern sie wollen die zuweilen böse Wirklicheit auch überwinden; sie stiften Sinn und helfen heilen.

Übrigens haben Märchen und Psychosen eine auffallende Gemeinsamkeit. In beiden Erlebnissen weitet sich unser Bewußtsein zu kosmischer Fülle und Allverbundenheit. An die Stelle der Alltagswirklichkeit tritt das Wunder: unter gewissen Bedingungen wird Unmögliches möglich. Die sonst so klare Grenze zwischen der Dingwelt und unserem eigenen Ich verschwimmt und verschwindet. Diese Wesenseinheit mit aller Kreatur ist irrational; der Verstand kann sie nicht fassen. Die Psychose überfällt den Menschen mit verwirrender Kraft, macht ihn ratlos und angstvoll. Anders ergeht es dem Zuhörer in einer Märchenstunde. Denn die erzählte Welt des Mythos ist, obwohl gleichfalls irrational, so doch eine vom Urbeginn an geordnete, sinnvolle und rettende Welt. Einerseits die Daseinsqual in der Psychose, andererseits das Seinsvertrauen im Zaubermärchen sind Folge ein und desselben Vorgangs. Allerdings erzeugt die Begegnung mit dem Irrationalen in der Psychose Angst, im Märchen dagegen Geborgenheit. Das hört sich an wie ein Widerspruch, ist aber keiner. Denn seit Hippokrates gilt der Grundsatz: »Was krank macht, ist auch heilsam.« Jedenfalls kam mir vor 15 Jahren der Gedanke, den Mythos therapeutisch zu nutzen und seelisch kranken Menschen regelrecht Volkserzählstunden anzubieten.

Märchen, das sehe ich so wie Berendsohn, sind Liebesgeschichten. Allein: Liebe, was ist das? Das Wort Liebe, indogermanisch *leubh,* später *libido* = begehren, ist verwandt mit loben, erlauben, geloben und glauben. Dessen ungeachtet und sehr zu Unrecht verkürzen manche Zeitgenossen die Bedeutung des Wortes Liebe, lateinisch *amor,* griechisch *eros,* mehr oder weniger auf seinen selbstverständlich auch sexuellen Gehalt.

Für Sigmund Freud und für seine psychoanalytischen Nachfahren war Eros der Selbst- und Arterhaltungstrieb, der lärmend uns Leben auf Zeit gewinnt gegen den lautlos-vernichtenden Todestrieb Thanatos. *Libido* wiederum nannte Freud die sexuelle Lust im engeren Sinn. Er hielt sie für eine Art Energie, die sich in unserer Seele wie in einem Apparat verteilt und ihn antreibt. Ist dieser Mechanismus gestört, dann entstehen, so meinte Freud, die abnormen Erlebnisreaktionen, die man Neurosen nennt. Für den Psychoanalytiker ist die Liebe jedenfalls ein Trieb, ein Grundstoff der Psyche.

Ganz anders sieht das der Daseinsanalytiker, der Vertreter einer neueren Psychotherapierichtung. Für ihn ist Eros nicht ein Grundstoff der Psyche, sondern ein Wesensmerkmal des Menschen, eine Grunderfahrung des Daseins. Eros ist das liebende Sich-in-Anspruch-nehmen-lassen als Erscheinungsstätte des begegnenden Du oder einfacher gesagt: »zwei Seelen und ein Gedanke, zwei Herzen und ein Schlag«.

Im altgriechischen Mythos, um noch ein drittes wichtiges Beispiel zu nennen, ist Eros der Schöpfergott. Denn im Anfang war nichts, nur Chaos, Finsternis, Weite. Aber Eros war da, der Elternlose, der Erste und Schönste der Götter, Beweger des Alls, Bezwinger der Unsterblichen und der Menschen, mitunter ein brüllender Löwe, mitunter eine zischende Schlange, des Lebens und des Todes Inbegriff.

Namentlich an drei Märchen- und Sagenhelden werde ich versuchen vor Augen zu führen, wie großartig Liebe entsteht und wie mühselig und schmerzensreich sie sich entfaltet. Jede der drei Schlüsselfiguren verliebt sich in ein Bildnis (Mot T 11. 2). Narkissos bleibt in kindlich-grandioser Selbstbespiegelung stecken und geht tragisch unter. Pygmalion findet mit Hilfe eines selbstgemachten Frauenbildnisses schon hin zur personalen Liebe. Der junge König im Märchen vom treuen Johannes schließlich erreicht erst unter Gefahren, unter Blut und Tränen das fernste, jedoch auch schönste und wahrste Glück der Liebe.

Der Fachbegriff *Narzißmus* geht auf die altgriechische Mythologie zurück. Narkissos war der schönste Jüngling unter der Sonne Griechenlands. Viele Menschen bemühten sich um seine Liebe. Er dagegen war hochmütig, herzlos und kalt. Er wies sie alle, auch die schöne Nymphe Echo, zurück. Echo siechte dahin und verging. Nur ihre Stimme, der plappernde Widerhall, blieb uns erhalten. Da strafte die Gottheit den Liebeverweigerer mit unstillbarer Selbstliebe. Als er sich nämlich einmal durstig über eine klare Waldquelle beugte, verliebte er sich in sein eigenes Spiegelbild. Immer und immer wollte er das schöne Bild umarmen und küssen. Doch er konnte es niemals erreichen. Da verschmachtete er in Einsamkeit, Wut, Scham und Melancholie. Wo er starb, erschien die erste Narzisse, die Blume der Narkose, der Starre und der Gräber. Narkissos indes spiegelt sich weiter in den Wassern der Unterwelt. Er ist und bleibt das Urbild des liebesunfähigen Menschen.

In sich selbst verliebt ist freilich jeder Mensch am Beginn seines Lebens. Jeder Säugling spiegelt sich lustvoll in seiner Mutter, »im Glanz ihres Auges« (Heinz Kohut: Narzißmus. Frankfurt 1973). Die Mutter ist sein erweitertes Selbst. Sie ist stets bereit, ihm seine Vollkommenheit und Schönheit zurückzuspiegeln. Dabei verschmilzt dieses Spiegelbild sogleich mit dem Bild der als allwissend und allmächtig erlebten Eltern. Jedes Kleinkind also zeigt normalerweise einen gewissen Narzißmus. Es genießt im Idol seiner selbst und im Idol seiner Eltern die Gewißheit: »Ich bin vollkommen; du Mutter bist vollkommen; außerdem bin ich ein Teil von dir!« Dies zauberhaft schöne Scheinbild muß jedoch abnehmen, damit echte Liebesfähigkeit zunehmen kann. Einfühlsame Eltern helfen ihrem Kind bei der notwendigen Ernüchterung. Sie muten ihm nach und nach immer größere Enttäuschungen und Versagungen zu. Dadurch gewinnt der Heranwachsende allmählich Wirklichkeitssinn, Selbständigkeit, Tatkraft, Freiheit und Liebesfähigkeit. Diesen Reifeweg vom Selbst-Idol zum liebenden Selbst hat der Narzißt verpaßt.

Warum wohl und wieso? Entweder hat seine Mutter ihn seinerzeit als Kleinkind nicht genug angeregt und bestätigt. Oder die Mutter hat ihr Kind über die angemessene Zeit hinaus als Teil ihres eigenen Selbst verherrlicht und ausgenutzt. Oder die Eltern haben das Kind zu früh, zu plötzlich oder widersprüchlich zu ernüchtern versucht. Ein auf solche Weise verstörtes Kleinkind zieht sich zurück in die glanzvolle Selbstbespiegelung und Elternidealisierung. Sein Selbst bleibt als Baustelle liegen, bleibt für immer unterentwickelt und unfertig. Daher verfällt der Narzißt auf Dauer in ein merkwürdiges Hin und Her zwischen Größenphantasien und innerer Leere, heißer Begierde und Gefühlskälte, grenzenlosem Ehrgeiz und kümmerlichem Versagen, überheblicher Eitelkeit und brennender Scham, Riesenansprüchen und Arbeitsunlust. Lärmend stellt sich der Narzißt zur Schau und bleibt doch öde, matt und lahm. Einsamkeit, Wut, Melancholie und Hypochondrie kommen hinzu. Vor allem kann er nicht lieben.

Auch durch die moderne Literatur: »geistert der Narzißt. V. hätschelte seinen Leib. Seine Selbstbeobachtungs-Mixture bestand aus Körper-Liebe, Organ-Vergessenheit, Haut-Zärtlichkeit (manchmal streichelte er stundenlang mit einer Flaumfeder seinen Bauch oder die zartere Haut des Halses) und Ängstlichkeit gegenüber dem Gebrauch des vollständigen Körpers und seiner Organe ...« (Ingomar von Kieseritzky: Trägheit. Stuttgart 1982, 160) oder: »Ich bin jung und reich und gebildet; und ich bin unglücklich, neurotisch und allein ...« (Fritz Zorn: Mars. München 1977, 25).

In der Psychopathologie hat der Narkissos-Komplex den Ödipus-Komplex längst abgelöst. Freuds Aufbegehren gegen den Vater-im-Nacken von vorgestern hilft nichts gegen die Not der Gegenwart.

Die ohnmächtig gemachten Eltern von heute stehen ratlos vor ihren Kindern. Die neue Heimatlosigkeit in einer rasch sich wandelnden Umwelt hat die Gewissensbildung völlig verändert. Unsere Kinder richten sich immer weniger nach überlieferten oder anerzogenen Werten. Viel lieber passen sie sich an das Verhalten ihrer Kameraden an. Das behindert das Selbständigwerden und vertieft die derzeit viel beklagte Identitätskrise. Und noch etwas: nicht einmal Erwachsene widerstehen der Verführung durch die neuen Medien und neuen Techniken. So kommt es zu der grandiosen Selbstüberschätzung, alles sei machbar, jederzeit verfügbar und erlaubt sowieso. Die Folge davon ist ein nunmehr kollektives Hin und Her zwischen Größenrausch und natürlich enttäuschender Wirklichkeit. Hier ist der eigentliche Grund für die modernen Menschheitsplagen, für die allgemeine Unsicherheit, den Weltverlust, die verschiedenartigen Vernichtungsängste.

Die Zusammenhänge erkennen ist schon ein erster Schritt zur Abhilfe. Aber der Psychiater möchte gerne noch mehr tun. Nun, die Psychoanalyse des Narzißmus im Einzelfall gilt als überaus schwierig, aufwendig und langwierig. Ein anderes, bisher unbeachtetes, in die Breite wirkendes Gegenmittel sind bestimmte Volkserzählungen. Denn man findet im internationalen Erzählschatz eine ganze Reihe von Märchentypen, die sich besonders mit dem Narzißmus auseinandersetzen. Vor dem eigenen Spiegelbild zum Beispiel müssen Dämonen (AT 1168 A), Bestien (AT 92) und ehrlose Menschen (AT 870D) fliehen oder sterben. An Selbstbespiegelung geht die eitle (Stief-)Mutter von Schneewittchen (AT 709) und geht im Märchen von den drei Orangen (AT 408) die falsche Braut elend zugrunde. Zwar ist jede Liebe am Anfang eine Art Selbstbespiegelung im übersteigert schönen Wahnbild der oder des ersehnten Geliebten. Aber es ist gewagt, sich in dieses Bild allzusehr zu verlieben. Man kann darüber die personale Liebe versäumen, das wirkliche »Stell-dich-ein verschlafen« (AT 861). Freilich ist so ein »Mädchen aus dem Spiegel« wunderschön: »Ach, was für ein Mädchen!

Man möchte auf Essen und Trinken verzichten, nur es anschauen«
(MdW armenisch, 13)! In den Volksmärchen mit dem Spiegel- oder
Bildmotiv (AT 329, 403, 434, 516, 704, 707, 767, 861, 900) macht der
Held sich jedoch sofort auf den Weg durch die ganze Welt, sucht,
kämpft und leidet, bis er den herzliebsten Menschen in der Wirklichkeit gefunden hat. In dem Märchen vom Typ »Verstecke dich
vor dem Teufel« (AT 329, z. B. KHM 191) riskiert er dabei Kopf
und Kragen. Seine Ersehnte ist zwar die »Schönste der Erde«, aber
zugleich die große selbstherrlich-herzlose und funkelnd-böse
Widersacherin der Menschen. Bevor sie ihn zu töten gedenkt,
spielt sie Katze und Maus mit ihm. Immer aufs neue muß er sich vor
ihr verstecken. Sie indessen durchleuchtet mit ihrem Spiegel die
Welt. Alles Verborgene, Lebendes wie Totes, kann sie augenblicklich erspähen. Zu guter Letzt verbirgt der liebende Held sich ganz
dicht bei ihr, hinter ihrem Rücken. Dort kann ihn die eiskalte Schöne
nicht entdecken. In narzißtischer Wut zerschlägt sie den Zauberspiegel und entbrennt endlich erlöst in aufrichtiger Liebe zu ihrem
Bezwinger.

Wenn uns jemand so ein Märchen erzählt, dann geht uns der Sinn
der Liebe noch tiefer auf: leibliche Schönheit ist nur ein Abbild der
ewigen Schönheit. Wer statt das Sein zu suchen, sich an den sinnlich-
schönen Schein verliert, der wird wie Narkissos untergehen. Spie-
gelbilder wie Bildnisse sind Orte sowohl der Eitelkeit als auch der
Selbsterkenntnis. Durch sie hindurch blickt der aufmerksame Be-
trachter in die Welt hinter den Dingen; an ihnen, wie an einer Iko-
nostase, scheidet sich das Sein vom Schein.

Sein oder Schein? Das ist im Märchen nicht anders als im Leben die
große Frage. Sogleich spielen weitere Gegensätze da mit hinein:
falsch und wahr, gut und böse, schön und häßlich, Diesseits und
Jenseits.

Liebe und Schönheit erleben wir mit dem Märchenhelden nicht nur
als sinnlich-irdischen Schein, sondern auch als Botschaft des göttlichen Seins. Vor allem bewegt uns der Widerstreit zwischen dem
falschen Schein des Unhelden und der verborgenen Schönheit des
Helden. Immer jedoch liegen Sein und Schein gefährlich dicht beieinander, ebenso dicht wie Leben und Tod. Sowohl »die Schönste der
Erde« als auch ihr bloßes Bild machen selig oder töten.

Über die Schönheit im Bild und in der Wirklichkeit äußerte sich Max Lüthi so: »Das Bild ist, sofern man ›schön‹ als Absolutum nimmt, immer schöner als die Wirklichkeit...Das Bild, das Phantasiebild, das Märchen, sie sind alle schöner als die Wirklichkeit« (Das Volksmärchen als Dichtung. Düsseldorf 1975, 22). Diese Sätze können leicht mißverstanden werden, als wollte Lüthi sagen, Bild und Vorstellung von einem geliebten Menschen seien schöner als dieser selbst. Aber glücklicherweise trifft das nicht zu. Denn auch in der wirklichen Begegnung zwischen zwei liebenden Menschen wirkt »schön als Absolutum« beharrlich mit, und deshalb ist der lebendige Andere am Ende doch schöner als sein noch so schön gemaltes oder erzähltes Abbild: »Der König sah..., daß ihre Schönheit noch schöner war, als das Bild sie dargestellt hatte« (KHM 6).

Begeistert haben besonders die Romantiker das Verliebtsein in ein erdichtetes Bildnis besungen. Solches Verliebtsein kann aber leicht die wirkliche, die personale Liebe vereiteln; denn das abgöttisch schöne Trugbild setzt sich an die Stelle des gesuchten geliebten Menschen. Dieses Wunschbild oder gar die »Rückverwandlung der Geliebten ins Bild« (Peter v. Matt: Die gemalte Geliebte. In: Die Augen der Automaten. E.T.H. Hoffmanns Imaginationslehre als Prinzip seiner Erzählkunst. Tübingen 1971, 38–75) birgt die Gefahr bleibender Selbstliebe in sich, behindert unter Umständen den Eros und bedroht den Zusammenhalt der Familie. Heutzutage können wir die Bilderotik bequem und jederzeit aus Illustrierten oder vom Bildschirm abrufen. War die Bilderotik bis dahin eher eigenständig und gesund, so kann die durch die neuen Techniken schnell in narzißtische Süchtigkeit umschlagen. Die Playmates der Pornografie zeigen, zumal im Dunst von Alkohol und Drogen, das traurige Ende der einstmals hochherzigen Bildminne an. Dieser Bildersatz hat mit Erotik nichts mehr zu tun, ist nur Betrug, »Künstlichkeit, Getue. Die befreite Zeit ist so lendenschwach, daß sie sich ächzend zum nächsten Orgasmus schleppt« (Werner Ross: Tod der Erotik. Graz 1986, 78). Wie frisch und kraftvoll ist demgegenüber die Erotik unserer Volksmärchen. Ganz anders ist dort von Schönheit, Sehnsucht und Liebeserfüllung die Rede: »Und nun herrschte eitel Freude und Glück bei den beiden in dieser Nacht...« (MdW norwegisch, 174).

Durchaus erotisch ist zum Beispiel der Zauber in den Märchen mit dem Motiv der »Fernliebe«. Diese brennende Liebe entzündet sich an einem schönen Bild, an einem Traumbild, an einem erotischen Gegenstand, an einer bloßen Beschreibung oder gar an einer Weissagung: »Lange schaute er das wunderschöne Mädchen auf dem Bilde an. Es hatte eine helle Haut, dunkle Augen und langes schwarzes Haar. Wenn ich nur wüßte, wer du bist und wo ich dich finden kann« (GdV 43 afghanisch, 72). »Beim Aufwachen vermeinte er noch, sie stünde leibhaftig vor ihm, so weiß wie Milch und so rot wie Blut, und sie war so schön und lieblich, daß er nicht weiterleben konnte ohne sie. Da verkaufte er alles, was er hatte, und zog aus und suchte sie« (MdW norwegisch, 24).

»Was für ein schönes Haar! Um wieviel schöner noch muß die Herrin dieses Haares sein! Und er...fand keine Ruhe mehr« (GdV 47 nepalisch, 61). »›Meine Schwester ist so: fängt sie an zu lachen, so wirbelt sie ringsum Perlen auf, fängt sie aber an zu weinen, so weint sie Gold.‹« Da sagt Agar Agarowitsch: ›Gib sie mir zur Frau‹« (GdV 50 russisch, 72). Ein Königssohn kann solange nicht zur Welt kommen, wie ihm nicht der Name seiner künftigen Frau geweissagt wird. Sobald jedoch der Ungeborene »den Namen hörte, sprang er gleich aus dem Mutterleib und fragte: Wo ist Riska Faragó?« (GdV 51 ungarisch, 115).

Wenn man genauer hinsieht, erkennt man auch in einigen Volksbräuchen, vor allem in der Spiegelschau und im Spiegelzauber, Zusammenhänge zwischen Bildnis, Liebe, Narzißmus und Tod: gefährliche Wünsche nach Allmacht, Allgegenwart und Allwissenheit (Géza Róheim: Spiegelzauber. Leipzig und Wien 1919). Der Zauberspiegel ist gewissermaßen das Fenster oder der Durchgang nach innen in die eigene Seele, nach außen in die Welt, darüber hinaus in die »andere Welt«, in die Vergangenheit, in die Zukunft und ins Verborgene. Wer die Spiegelkunst beherrscht, so hieß es vor Zeiten, kann sich selbst glücklich und andere unglücklich machen. Er kann im Spiegel den Geliebten, den Tod, den Dieb, den Feind, den Teufel entdecken, auf ihn einwirken oder ihn gar vernichten. Regelmäßig waren es narzißtisch gestimmte Menschen, denen man die Spiegelkunst zuschrieb: unschuldige Kinder, unverheiratete Hexen und Zauberer, selbstherrliche Könige und einsame Hagestolze. Ich sehe in diesen Volks- überlieferungen nicht kurzerhand Hirngespinste und Aberglauben. Vielmehr verstehe ich sie aus ihrer Zeit heraus als einstmals durch- aus sinnvolle Wunsch- und Abwehrrituale. Überhaupt ist Narziß- mus im weiteren Sinne nicht allerwege gleich eine seelische Krank- heit. Erst wenn er in der Menschheits- und Kindheitsentwicklung über eine geziemende Zeit hinaus andauert, sich verhärtet und ausweitet, kann man von einer Krankheit, vom Narzißmus im engeren Sinne, sprechen.

Ein solcher Narzißt war der altgriechische Pygmalion, ein sagen- hafter König von Kypros. Er war vernarrt in die nackte Elfenbein- statue der Göttin Aphrodite und schändete sie durch Selbstbefriedi- gung. Liebesunfähige Männer von heute kaufen sich entsprechende Bilder oder Puppen im Sex-Shop. Eine andere neuzeitliche Vari- ante zu der altertümlichen Sage ist die alpenländische Volkserzäh- lung von der Sennenpuppe: frauenlos auf einsamer Alp stellen sich drei gottlose Hirten aus Käsemasse und Lumpen ein junges Weibs- bild her. Sie treiben wüste Späße, füttern die Puppe und schlafen mit ihr. Eines Abends wird die Puppe lebendig. Mit Angst und Grausen verkriechen sich die drei Hirten ins Heu. Aber die Puppe findet sie alle. Den ersten prügelt sie davon; dem zweiten zieht sie bei lebendigem Leibe die Haut ab und spannt sie aufs Hüttendach; den dritten reißt sie in Stücke und frißt ihn auf.

Gotthilf Isler (Die Sennenpuppe. Basel 1971) deutet nach C. G. Jung diese Geschichte etwa so: hüte dich in der Einsamkeit vor der Macht unbewußter Phantasien; füttere und nähre nicht das Unbe- wußte, und rühre es nicht zur Unzeit an; sonst wirst du von seiner fin- steren Gewalt verschlungen! Natürlich kann man auch noch mehr hineindeuten: wer seinen Mitmenschen zum bloßen Triebobjekt mißbraucht, den wird seine eigene Sucht zu Tode schinden. Oder: verdirb dir nicht mit künstlichen Bildern und Vorstellungen das echte Leben und Lieben; sonst werden dich die Machwerke über kurz oder lang zerreißen!

Wahrscheinlich war es Ovid, der an die Urfassung der Pygmalion- Sage ein Happy-End anfügte. Sein Pygmalion war ein Künstler und Weiberfeind. Weil ihm keine wirkliche Frau schön genug war, schnitzte er sich sein Frauenideal in Elfenbein. Er war ganz verliebt

192

in die Figur und betete zu Aphrodite, ihm doch eine Frau zu schik-
ken, so anmutig wie sein eigenes Kunstwerk, da gab die Göttin dem
schönen Standbild Leben und Seele.

Im Volksmärchen vom Herrn Marzipan (MdW griechisch, 204,
weitere Varianten bei Marianne Klaar: GdV 46 Ägäis, 193) geht
die gleiche Geschichte noch ein ganzes Stück weiter. Einer Königstochter ist kein Freier gut genug. Also formt sie sich selbst einen
Mann aus Zucker, Mandeln und Griesmehl. Dann kniet sie nieder
und betet 40 Tage und 40 Nächte zu Gott. Gott erhört ihre Bitte
und erweckt den Marzipan-Mann zum Leben. Aber bald entführt
den Wunderschönen eine böse und fremde Königin in unbekannte
Ferne. Seine Frau macht sich nun auf die Suchwanderung durch
die ganze Welt. Sie fragt nach ihm sogar bei Sonne, Mond und
Sternen. Drei Paar eiserne Schuhe hat sie schon durchgelaufen. Mit
der Gnade jenseitiger Helfer und mit ihrem eigenen Opfermut gelingt
es ihr unter Angst und Qual zu guter Letzt, ihren Herrn Marzipan
zurückzugewinnen. Der Märchenerzähler hat also, was nicht ganz
wörtlich zu nehmen ist, an die Geschichte von Pygmalion das
Suchwanderungsmärchen »Eros und Psyche« (AT 425) angehängt
und die Handlung psychologisch vervollkommnet.

Sowohl Ovids Pygmalion wie die Erfinderin des Herrn Marzipan
bleiben nicht in sich selbst, in ihr eigenes Inbild der Schönheit
verliebt. Sie suchen den geliebten Menschen draußen und stellen ihn
vor sich hin in die Wirklichkeit als, zunächst freilich noch selbst-
gefertigtes, Fremdbildnis. Danach aber gelingt ihnen der entscheidende Fortschritt: sie wenden sich an den Dritten, der in jeder liebenden Begegnung anwesend ist, an Gott. Er ist es, der das Wunder
bewirkt. Gott schenkt dem Zauberbild Leben und Seele. Bei Ovid
endet die Geschichte an dieser Stelle.

Im Volksmärchen steht der Heldin noch ein langer, langer Läuterungsweg bevor. Jenseitige Helfer geleiten sie von Station zu Station
(ähnlich wird im folgenden Märchen der treue Johannes seinen
Herrn geleiten und retten). Die stolze und mächtige Königstochter
muß sich bis zur lumpigen Bettlerin im Gänsestall erniedrigen. Erst
nach unendlicher Mühsal obsiegt sie zusammen mit ihrem Liebsten
über die schlimmen Täuschungsmanöver der narzißtisch-bösen
Gegenspielerin.

Der Volkskundler Erich Rösch hat vor 60 Jahren von Finnland bis Indien bereits 137 Varianten des Märchens vom treuen Johannes (AT 516) zusammengetragen (Der getreue Johannes. Helsinki 1928. FFC Nr. 77). 1964 zählte das internationale Register der Volkserzählungen schon 487 Varianten aus aller Welt. Der Grundgedanke dieses psychologisch besonders interessanten Märchens ist mit drei Sätzen gesagt: zuerst verschafft der Diener seinem Herrn die innig gesuchte hohe Braut; dann rettet der Diener seinen Herrn aus schwersten Gefahren; und zuletzt erlöst der Herr seinen Diener durch das eigene Blutopfer aus tödlicher Verzauberung.

Der Held ist fast immer ein Königssohn, der Helfer sein Bruder oder ein hochrangiger Diener oder ein Spielgefährte. In älteren Fassungen stammen beide aus einer gemeinsamen wunderbaren Empfängnis. Der junge König verliebt sich in das verbotene Bildnis einer unbekannten Schönen. Er will sie gegen alles Abraten erringen. Sie ist jedoch schwierig zu finden und noch schwieriger der Gewalt widerstrebender Mächte oder ungnädiger Eltern zu entreißen. Unter lebensbedrohlichen Schwierigkeiten und nur mit Hilfe seines treuen Dieners Johannes gelingt es dem Helden, sie zur Braut zu gewinnen. Auf der Heimfahrt verkünden geheimnisvolle Raben einzig und allein dem treuen Helfer drei weitere tödliche Gefahren, die dem Brautpaar noch bevorstehen. Das sind: ein mörderisches Reitpferd, ein vergiftetes Kleid und ein blutdürstiger Drache. Die Raben verraten dem treuen Johannes auch gleich das jeweils einzige Mittel zur Rettung. Aber sie drohen: »Wer das weiß und weitererzählt, wird zu Stein!«

Der treue Johannes ist zur Rettung entschlossen, und sollte es auch sein Leben kosten. Stillschweigend wehrt er mit eigener Hand die Gefahren ab. Er erschießt ohne jede Erklärung des Königs prachtvolles Pferd, gerade als der es besteigen will. Das Pferd aber hätte den König ins Jenseits entführt. Später wirft der Helfer das goldene Hochzeitsgewand des Königs ins Feuer, gerade als der sich ankleiden will. Das Kleid aber hätte seinen Herrn bis auf Mark und Knochen verbrannt. Der König versteht nicht, warum sein Getreuer das alles tut. Zum ersten ist er befremdet, zum zweiten verärgert. Die Spannung steigt bis zum Höhepunkt des Märchens. Im Dunkel der Hochzeitsnacht will dann der Drache das schlafende Paar verschlingen. Doch der treue Helfer hat sich miteingeschlichen und wacht heimlich im Brautgemach. Während das Brautpaar schläft, tötet der treue Johannes das Untier und schafft still und leise den Leichnam beiseite. Doch Drachenblut war auf die Brust der Braut gespritzt. Um seine Tat ganz verborgen zu halten, leckt der Diener die Blutstropfen von der Brust der jungen Königin (bei Grimm KHM 6 ist der Drachenkampf bis auf einen undurchsichtigen Rest verlorengegangen: der treue Johannes »sog die drei Blutstropfen aus ihrer rechten Brust und speite sie aus«). Inzwischen war der König erwacht und glaubt, sein Diener will ihm mit dem Schwert die Braut streitig machen. Nun bricht sein bisher zurückgehaltener Zorn um so wütender los. Zum Tode verurteilt muß sich der Helfer unter dem Galgen rechtfertigen. Damit verletzt der zu Unecht verdächtigte Lebensretter das Schweigegebot. Im selben Augenblick fällt er auch schon als Stein zu Boden. Zu spät jammert und klagt der König um seinen Getreuen. Immer will er den Versteinerten um sich haben und läßt ihn als Standbild in seine Schlafkammer stellen. Nach jahrelanger Trauer und Reue erfährt er schließlich, wie er seinen Johannes wiedererwecken kann. Seine inzwischen geborenen Königskinder soll er eigenhändig opfern und mit ihrem Blut den Stein bestreichen. Zutiefst erschrocken und mit letzter Kraft erfüllt der König diese überirdisch-rätselhafte Weisung. Da wird der treue Johannes und werden mit ihm die Kinder wieder lebendig, als wär ihnen nichts geschehen.

Jetzt könnte man denken: das geht aber nun doch zu weit, seelisch kranken Menschen mit so einer schrecklichen Geschichte helfen zu wollen. Ich muß darum kurz den Sinn von Psychoanalyse und Daseinsanalyse umreißen. Sigmund Freud lehrte: durch falsche Erziehung entstehen Konflikte zwischen dem triebhaften Es, dem bewußten Ich und dem anerzogenen Überich. Konflikte wiederum verdrängt der Mensch gerne ins Unbewußte. Dort stiften sie jedoch weiterhin Unruhe und erzeugen fortan neurotische Störungen. Durch Übertragung soll die Psychoanalyse die Neurose auflösen. Übertragung heißt: der Patient soll den krankmachenden Konflikt aus der Vergangenheit in die Gegenwart und auf den Arzt übertragen. Er soll sich an das Verdrängte und Vergessene erinnern, es wiederbeleben, es mit dem Arzt durcharbeiten und dabei seelisch nachreifen. Der Arzt ist also Begleiter, Mahner und Meister, ähnlich wie der treue Johannes im Märchen. Leider kreist die Psychoanalyse egozentrisch hauptsächlich um das »Ich«.

Demgegenüber steht im Mittelpunkt der Daseinsanalyse die »Begegnung«. Ludwig Binswanger, ihr Begründer, geht aus von der Erkenntnis: alles Seiende kommt aus dem Weltdunkel erst in der Begegnung mit unserem je eigenen Dasein zum Vorschein. Dasein aber heißt, ganz und gar offen sein für die Gegenwart des Mitmenschen. Wer sich dieser Grundbedingung des Menschseins entzieht, wird verkümmern und untergehen. Wohlgemerkt, der Daseinsanalytiker arbeitet nicht wie der Psychoanalytiker mit allerlei Deutungen. Er ist seinem Patienten ein eher schweigender Weggefährte, Waffenmeister, Schutzengel, Freund und Bruder. Deshalb gleicht der Daseinsanalytiker dem treuen Johannes noch mehr als der Psychoanalytiker. Die Daseinsanalyse erschließt der gesamten Psychotherapie einen neuen Sinn und weitere Möglichkeiten. Wenn der Psychoanalytiker seinen ihm Anbefohlenen immer wieder aushorcht, deutet, erklärt, versperrt er sich oft selbst den Weg zu ihm. Der Daseinsanalytiker hingegen verpflichtet sich zur »hermeneutischen Interpretation«, d. h. zur doppelten Auslegung. Von vornherein vermeidet er das Deuten. Er sucht vielmehr unvorbelastet von jeglicher Theorie den anderen Menschen in dessen je eigenem In-der-Welt-sein auf, um ihn von dorther und nicht vom Dasein des Therapeuten aus zu vernehmen. Danach versucht er in einem zweiten Schritt, zu vernehmen wie der andere sich selbst und seine Begegnung mit den Menschen in der Welt versteht (Roland Kuhn: Daseinsanalyse und Psychiatrie. In: Psychiatrie der Gegenwart I/2. Heidelberg 1963, 853–902).

Der Daseinsanalyse liebstes Kind ist die Metapher. Volksmärchen sind ja nun gerade Metaphern, sprechende Bilder. Daher gewinnt der Psychiater mit der Daseinsanalyse nicht nur tiefere Einblicke in die Welt der Psychosen, sondern auch ein neues Verständnis für die Rätselhaftigkeit und angebliche Torheit mancher Märchenmotive. Daseinsanalytisch betrachtet bespiegelt sich der Narzißt selbst. Darum ist er in seinem Offen-sein zur Welt hin so eingeengt, daß er nicht mehr eigentlich Mensch sein kann. Denn des Menschen Schicksal ist es, sich als Erscheinungsstätte eines liebenden Du zur Verfügung zu stellen. Verschließt ein Mensch sich dieser Bestimmung, muß er verkümmern und wie Narkissos verschmachten. Wie man den Narzißmus dagegen überwinden kann, zeigt uns das Märchen vom treuen Johannes.

Dem Volkskundler Rösch ging es seinerzeit vor allem darum, den Ursprung dieses Märchens herauszufinden. Als früheste schriftliche Zeugnisse nennt er das Buch Tobit der Bibel, zwei altindische Sagen (die vom verdächtigten Lebensretter und die vom schlauen Vezierssohn), die tausendjährige europäische Sage von Amicus und Amelius, die Salomosage und die mittelalterliche Spielmanns-Epik. Ferner, so meine ich, hängt unser Märchen auch mit dem Zwei-Brüder-Märchen (AT 303) und mit dem Märchen vom dankbaren Toten (AT 505–508) zusammen. Dort kauft der Held zuerst eine »arme Seele« frei, und hinterher verhilft dieser dankbare Tote dem Helden zur Braut.

Hier hingegen ist es genau umgekehrt: zuerst verschafft der treue Johannes dem Helden die Braut, und danach erlöst der dankbare Held seinen Helfer vom Tode. In einigen wohl gleichfalls verwandten Märchen erscheint der Tote als Tier, zum Beispiel als gestiefelter Kater (AT 545). Das gemeinsame Grundmotiv heißt jedenfalls immer: zwei Brüder im Leben und im Tod (vgl. AT 470).

Übrigens stimmt sogar Mozarts Zauberflöte in wesentlichen Zügen mit unserem Märchen überein. Wenn wir so weitreichende Verbindungen erkennen, verzichten wir gerne auf vorschnelle einspurige Deutungen. Um so klarer können wir dann die eigentliche Aussage erfassen: Johannes ist des jungen Königs anderes Ich, sein Spiegelbild, sein Pflegevater, Waffenmeister, Seelenführer, jenseitiger Helfer, Schutzengel, Schwurbruder, Schatten, Namenspatron, ja auch der Geist seines verstorbenen Vaters. Johannes ist der Eingeweihte; er weiß Dinge, die sein König nicht weiß. Wie Hildebrand den Dietrich von Bern begleitete, so ist Johannes des jungen Königs zwar ergebener Diener und Weggefährte, aber auch sein an Wissen und Können ihm weit überlegener Freund und Meister. Um so mehr ergreift uns die allmähliche Entfremdung zwischen den beiden. Die Entzweiung von Freunden ist geradezu der Hauptgedanke dieses Märchens. Die Abenteuer des Helden und seines Helfers verlaufen in der gleichen Richtung wie eine therapeutische Narzißmus-Analyse. Das will ich nun zuerst psychoanalytisch und danach daseinsanalytisch erläutern.

Wie der junge König begannen wir alle unsere Lebensreise: verliebt in unser eigenes Größen-Selbst und symbiotisch verschmolzen mit unseren idealisierten Eltern. Der Märchenheld behandelte seinen Johannes noch wie ein Stück seines eigenen, ›erweiterten‹ Selbst; denn der war sein Leibeigener und ihm ergeben auf Leben und Tod. Die beiden waren ein Herz und eine Seele, symbiotisch verbunden, in etlichen Märchenfassungen sogar durch dieselbe wunderbare Empfängnis.

Als sie jedoch zur gemeinsamen Suchfahrt aufbrechen, beginnen sie sich zu unterscheiden. Der eine als Held, der andere als Helfer überwinden sie schier undurchdringliche Grenzen: endlose Meeresweiten oder Zauberflüsse, verwunschene Wälder, grimmige Türhüter, die nur zu einer bestimmten Stunde schlafen. Ganz allein der treue Johannes weiß um die vielerlei tödlichen Gefahren. Er, nicht der Held, findet Mittel und Wege, um zur Braut zu gelangen und sie den widerstrebenden Dämonen oder Eltern zu entreißen. Wie ein Zwillingsbruder steht er dem Helden zur Seite. Und führt dieser dann die Braut auch heim, so hat er sie doch noch lange nicht. Denn aufs neue zeigen sich schlimme Hindernisse, und dreifaches Verderben zieht herauf. Wieder sieht das nur allein der Helfer (der Analytiker, der Arzt, der Erzieher) voraus. Mit seinem gewissermaßen übermenschlichen Wissen und Können wendet er die drei letzten Gefahren noch mit eigener Hand ab. Von nun an aber muß er sich immer deutlicher vom Helden als ganz und gar selbständiger anderer Mensch abgrenzen, bis es zur Entzweiung kommt. Mit verständnisloser Wut und Eifersucht verdächtigt der König seinen Helfer, ihm feindlich gesinnt zu sein. Der Entfremdung folgen: Zerwürfnis, Haß, Hinrichtung. Aber selbst zu Stein erstarrt, dient der Getreue seinem Herrn immer weiter als stilles Spiegelbild und gemahnt ihn an seine Schuld und Schuldigkeit.

In den eben genannten drei Schritten (Symbiose, Zwilling, Spiegel) entwickelt sich gleichfalls die »Übertragung« während einer Psychoanalyse des Narzißmus. Kohut spricht buchstäblich von Symbiotischer Übertragung, Zwillingsübertragung und Spiegelübertragung.

Zu Beginn der Analyse darf der Patient den Arzt vorerst als Teil des eigenen erweiterten Selbst rücksichtslos ausnutzen. Er schwimmt sozusagen in einem ozeanischen Lebensgefühl von großartiger Besitznahme. Auf der weiteren Wegstrecke dient der Arzt dem Patienten wie ein Zwillingsbruder; bedingungslos und zuverlässig hilft er ihm aus jeder Not. Und am Ende trennt er sich ganz und gar von seinem Schützling und begegnet ihm nunmehr als stumm-entlarvendes Spiegelbild. Die Reihenfolge: Symbiose, Zwillings-übertragung, Spiegelübertragung, erlaubt dem Arzt, seinem Patienten ansteigende Enttäuschungen und Verzichte aufzuerlegen. Er ernüchtert ihn allmählich von seinem Größenrausch und fordert ihn auf, sich von ihm, dem Helfer, dem anderen Ich, abzugrenzen, selbständig und selbst tätig zu werden. Immer deutlicher tritt er dem Patienten als von ihm unabhängig und frei gegenüber. Gegen diese Ablösung setzt sich der Patient in der Regel mit verständnislosem Widerstand und mit beleidigter Wut zur Wehr. Wir kennen diese Krise schon aus unserem Familienalltag, wenn es zwischen Heranwachsendem und Erzieher zur Auseinandersetzung auf Biegen und Brechen kommt. In der Psychoanalyse spricht man von Widerstand des Patienten und Gegenübertragung des Arztes. Wie im Märchen so im Leben lästert und hetzt auch die Umwelt gegen den Helfer, und das ist gut so. Denn der Schützling soll sich freimachen von jedwedem Idol. Zornig zwingt er jetzt den Helfer, sich als der zu offenbaren, der er in Wirklichkeit ist: nicht der stets dienstbereite Zauberknecht und Alleskönner, sondern ein einfacher Mitmensch. Er bedeutet von nun an nicht mehr als ein bloßer Gedenkstein.

Die Analyse ist geglückt, wenn der Patient von nun an weiß, was er seinen Mitmenschen schuldet. Ob er auch danach handeln wird, steht allerdings auf einem anderen Blatt.

Für die Daseinsanalyse gilt gleichfalls die psychotherapeutische Grundregel: Aufdecken – Sichwandeln – Neubeginn! Unter den üblichen Psychotherapiemethoden steht die Daseinsanalyse den Volksmärchen am nächsten. Ein kurzer Vergleich soll das deutlich machen. Der Psychoanalytiker will heilen, indem er entlarvt: so einer bist du! Der Verhaltenstherapeut dagegen belohnt und bestraft und will helfen durch ein: du sollst! Der Gesprächstherapeut wiederum hört zu und ermutigt: du kannst; ich glaube an dich. Der Daseinsanalytiker schließlich drängt sich noch weniger auf. Er beginnt mit einem schlichten, beiläufigen, aber umfassenden: »Ach nur so! Sieben Meilen hinter Eulenpfingsten lebte einmal ...«

Dabei kommt es wie in einer Erzählgemeinschaft zu einem Miteinander, zu Geborgenheit und zu neuer Hoffnung. Abenteuer, Begegnung, Zukunft, darum geht es in der Daseinsanalyse ebensosehr wie im Volksmärchen. Die hilfreichen »sprechenden Bilder« kommen in beiden Fällen vom mythischen Urgrund des Daseins her. Der Daseinsanalytiker wird sie nicht eiligst zerpflücken, sondern sie wie ein Volkserzähler als Ganzes, einfach als Kunstwerk, anbieten. Desto unbefangener und leichter geraten die eigenen Heilkräfte der Seele in Bewegung. Wenn der Arzt nicht nur daseinsanalytisch geschult ist, sondern auch noch etwas von Volksmärchen versteht, dann gelingt es ihm noch besser, sich in der Welt des Kranken zurechtzufinden.

Zum Beispiel beginnt das Märchen vom treuen Johannes wie unsere eigene Lebensgeschichte mit dem Narzißmus des jungen Königs: er will ja nur ein Mädchen heiraten, das so schön ist wie er selbst. In manchen Fassungen wird das ausdrücklich erwähnt. Das heißt doch: sein großartiges Selbstidol will er heiraten. Dementsprechend tritt die Braut dem Helden zunächst nicht in ihrer leibhaftig-wirklichen Gestalt entgegen, sondern er entdeckt sie auf einem Bild, auf einem verborgenen, ihm verbotenen Bild. Es ruft ihn zur Liebe, ruft ihn hinaus in die Offenheit der Welt. Wie eine Ikone ruft ihn dies Zauberbild sogar über die Welt hinaus. Denn die Tausendschöne wohnt in einem unzugänglichen Jenseitsland, weit hinterm Meer, in einem goldschimmernden und doch todbringenden Schloß. Sie ist die »Weltschöne«, der wir gelegentlich auch in anderen Märchentypen begegnen, zum Beispiel als der sogenannten Rätselprinzessin (AT 851A). Auch unser Lebensweg ist eine Suchwanderung über die eigene Welt hinaus. Wir gehen und gehen und erahnen nur das Ziel in der Ferne: die ewige Schönheit, »die Königstochter vom goldenen Dache« der Welt (KHM 6). Dabei gilt über eine weite Strecke hin das Schweigegebot: »Wer's weiß und weitererzählt, wird zu Stein!« Das Schweigegebot ist in unserem Märchen zunächst ganz unverständlich. Gleichwohl ist es sein geheimnisvoller Kern. Auch in anderen Volkserzählungen unterliegt überirdisches Wissen dem Schweigegebot: um die Macht des Bösen zu brechen,

müssen Martern stumm ertragen werden; beim Schatzheben dar‹
keine Silbe laut werden; göttliche Geheimnisse darf man nicht preis‹
geben. In ähnlicher Weise muß der Helfer, der Erzieher, der Arzt
zeitweilig schweigen. Dabei springt er stellvertretend für seinen
Schützling ein und wendet das Verhängnis ab. Ohne die Gründe
seines Tuns zu nennen, tötet also Johannes eigenhändig das pracht‹
volle Pferd, das den jungen König in sein Schloß tragen soll. Später
wirft er sogar das königliche Hochzeitsgewand ins Feuer. Die
wortlose Spannung erreicht den Höhepunkt in der Brautnacht. Da
kämpft der getreue Johannes auf Leben und Tod mit dem Urfeind,
dem Drachen, und besiegt ihn für immer. Man denkt an die anderen
Drachentötermärchen, an verschiedene Parallelen der Georgslegende
und nicht zuletzt an manches alte Osterlied.

In älteren Erzählvarianten ist der spätere Drache noch die verfüh‹
rerische, verderbenbringende Schlange. Sie kommt, wie in den
sogenannten Giftmädchensagen (AT 507C), aus dem Munde der
Braut. In der naheverwandten Tobiasgeschichte der Bibel verkör‹
pert ein Dämon an Stelle des Drachen oder der Schlange die leiden‹
schaftliche, die tödliche Seite der Liebe. Das will wohl sagen: wer die
wilde Gier nicht bezwingt, den wird die Chaosschlange umbringen.
Denn wie schon im altgriechischen Mythos ist Eros nicht nur der
brüllende Löwe des Lebens, sondern auch die zischende Schlange
des Todes.

Die drei Gefahren in unserem Märchen: das stolze Reittier, das
gleisnerische Gewand und der lüsterne Drache erinnern mich an
die Grundtriebe des Menschen, den Trieb nach Geltung, den nach
Besitz und den nach Liebe. Dem Therapeuten fallen dann gleich die
drei geistlichen Tugenden ein: Gehorsam, Armut und Keuschheit.
Sie sind Haltepunkte im Widerstreit zwischen Trieb und Streben.
Denn wenn der Mensch den Trieb nur verdrängt, wird er neurotisch
gehemmt und verklemmt. Wenn er ihn jedoch zügellos und
rücksichtslos befriedigt, verkommt er in neurotisch verbrennender
Unersättlichkeit. Zwanglos erkennt man in dem tückisch-tödlichen
Kleid das Nessosgewand für Herakles und das Medeagewand für
Glauke aus der griechischen Heldensage wieder.

Die tragische Entzweiung der Freunde treibt die seelische Entwick‹
lung des Helden stark voran, nötigt ihn zur völligen Selbständig‹

keit. Das auf den ersten Blick unerklärliche Schweigegebot sichert ihm den Freiraum, in dem er seine eigene Identität finden kann. Genau das gleiche geschieht zwischen Patient und Arzt in einer therapeutischen Narzißmus-Analyse. Die anfänglich »einspringende Fürsorge« muß zur »vorausspringenden Fürsorge« (Martin Heidegger) werden. Denn eines Tages muß ja der Helfer den Schützling, im Leben wie im Märchen, ganz und gar verlassen. Dahin kommt es im Märchen, wenn der sich aufopfernde Helfer sterbend sein überirdisches Wissen an den Helden weitergibt. Natürlich sind Held und Helfer ein gar nicht auszulotendes Sinnbild für unser Leben, zwei Brüder im Leben und im Tod. Der alleingelassene Held muß nunmehr allein entscheiden und eigenverantwortlich handeln. Und weiß Gott, das Letzte wird ihm abverlangt. Man sagt: »Eine größere Liebe hat niemand, als wer sein Leben hingibt für seine Freunde.« Aber die Opfertat des Königs in unserem Märchen hier ist schrecklicher noch und ergreifender. Er rettet mit dem Blut seiner eigenen beiden einzigen Kinder den, dem er sie verdankt. Solche königliche »Treue um Treue« ist für unsere Ohren überaus hart und bestürzend. Dabei ist es doch die gleiche unerhörte Botschaft wie die, die feministische Theologen zu der Behauptung verleitet: »Wie grausam ist doch ein Vatergott, der sein eigenes Kind ans Kreuz nageln läßt!« Wie dem auch sei, der junge König im Märchen war ausgezogen, die Schönste der Welt zu suchen, und er hat die Liebe gefunden, die sogar den Tod überwindet.

Die Absage an den Narzißmus, die Umwandlung von Selbstliebe in Nächstenliebe, das ist eine Botschaft, ein Sinn und ein Erfolg dieses Märchens. Und darum kann ich es in der Psychotherapie heute so gut gebrauchen. Alle Welt verlangt gegenwärtig nach immer mehr Gesprächstherapie. Allerdings sind Gespräche allein nicht der Weisheit letzter Schluß, solange keine Taten folgen. Gerade das letztere aber ist Sinn und Zweck des Märchenerzählens. Denn Volksmärchen sind einfache und eindringliche Vorbilder, Handlungsmuster und Lebensentwürfe; sie überzeugen, begeistern und wollen verwirklicht werden. Mit ihnen kehren sogar die alten Tugenden in unseren Alltag zurück: Demut, Geduld, Verzicht und Treue.

Wenn man vielen Patienten gleichzeitig helfen muß, darf man darauf vertrauen, daß ein Märchen auch ohne Auslegung heilen hilft. In einer Einzeltherapie kann der Arzt das Märchen natürlich psychagogisch oder psychoanalytisch gründlich nacharbeiten. Wenn er dabei deutet, so muß ihm allerdings dreierlei klar sein. Erstens kann man jedes Volksmärchen auf unendlich viele verschiedene Weise deuten. Deshalb ist es von vornherein ein Kunstfehler, einem Patienten eine vorgefertigte Märchendeutung aufzudrängen. Zweitens ist das Ganze ohnehin keine »Märchendeutung«; der Deuter deutet nämlich nicht das Märchen, sondern seinen Patienten. Drittens deutet jeder, während er meint, Märchen zu deuten, ein Gutteil sich selber.

Selbstverständlich sind Märchen keine Krankengeschichten. Aber rechtzeitiges Märchenerzählen verhindert womöglich manche Krankengeschichte. Psychoanalyse hin, Daseinsanalyse her. Genausogut wird jede andere Psychotherapierichtung in den Volksmärchen sich selbst vorfinden. Jedenfalls wiederholt die moderne Psychotherapie mit komplizierten Begriffen eigentlich nur, was die alte Volksweisheit seit eh und je anschaulich erzählte. Wie war das noch mit dem Wettlauf zwischen dem vornehmen Hasen und dem struppigen Swinegel? Jedesmal wenn der Psychologe in vollem Lauf ankommt und etwas Neues für die Psychotherapie gefunden hat, kann der alte Volkserzähler ausrufen: »Hab' ich alles längst schon erzählt!«

Während meiner Erzählstunden im Krankenhaus ist mir das grundsätzlich unterschiedliche Weltbild von einerseits Volksmärchen, andererseits Volkssage in einer besonderen Hinsicht bewußt geworden. Um das anschaulich zu machen, muß ich nun noch eine klassisch-psychoanalytische Deutung des Märchens vom treuen Johannes hier vorbringen. Gehört habe ich sie auf einem Symposion für Kinder- und Jugendpsychotherapie. Weil ich nicht die Einzelheiten besprechen will, sondern nur den weltanschaulichen Hintergrund, genügt es, wenn ich nur wenige Sinn-Sätze aus dem längeren Vortrag zusammenstelle: »Das faszinierende Bild der Braut ist eigentlich das Bild der Mutter...Der Königssohn hat den ödipalen Wunsch, den Vater zu töten und die Mutter zu heiraten...Das Bild gleicht dem Bild der Gorgo Medusa, das irremacht und versteinert (nach Freud: Kastrationsschreck)...Solche archaischen Bilder symbolisieren angsterregende Inzestwünsche...Zwischen dem jungen König und dem treuen Johannes besteht eine eigenartige Intimität,

teils homosexuell, teils inzestuös...Das Geschehen in der Schlafkammer ist die Urszene...Die Anwesenheit des versteinerten Johannes (wiedererstandenen Vaters) ist notwendig, damit der Mutter-
drache das junge Paar nicht verschlingen kann...Das Kopfab-
schneiden (der Kinder) versinnbildlicht das Kastrieren...die Blendung
des Ödipus...das Abstandnehmen vom Inzest...Mit der Überwindung der Kastrationsangst endet das Märchen.«

Meine Gedanken über das Verliebtsein in ein Bildnis und über den
treuen Johannes sind hin- und hergewandert in dem Grenzgebiet
zwischen Volksmärchen, Volkssage, Psychoanalyse und Daseinsanalyse. Die Psychoanalyse sucht in dunkler Vergangenheit und in
psychologischer Tiefe nach den Ursachen seelischen Elends. Die
Psychoanalytiker zeigen uns, wie Überlieferung, Erziehung und
Gesellschaft uns unterdrücken, wie das Unbewußte uns bedroht und
wie wir im Chaos der Triebe unentwegt vergeblich auf der Jagd
nach Lust sind. Auch die Volkssage starrt ins Vergangene. Immer
wieder klingt in ihr die Frage durch: woher kommt das alles? Auch
der Mensch in der Sage ist bedrückt, getrieben, erschreckt, verwundet,
schuldbeladen. Oft verlassen und scheu, mit Schauer, Angst und
Grauen erlebt er, wie eine fremde Übermacht über ihn hereinbricht
oder er unter dem Zwang des Schicksals und der Leidenschaften
zugrunde geht.

Von ganz anderer Art ist das Weltbild der Volksmärchen. Mit schlaf-
wandlerischer Sicherheit wandert der Märchenheld über die Erde
und von Gestirn zu Gestirn. Ihn führt offenbar eine zwar verborgene, jedoch wunderbare und gerechte Kraft. Er fragt nicht nach
dem Warum und Woher; er eilt einfach von Handlung zu Handlung
in eine sinnvolle Zukunft voll offener Möglichkeiten. Ganz ähnlich
blickt der Daseinsanalytiker vorwärts in die Offenheit einer ganz-
heitlich zu vernehmenden Welt. Die Begegnung ist ihm wichtig,
die Zukunft, das Miteinander-in-der-Welt-sein. Er will nicht so sehr
Vergangenheit aufwühlen und Schuld zuweisen, sondern vielmehr
Neuland entdecken und Verantwortung wecken.

Alles in allem finde ich: das Weltbild der Psychoanalyse ähnelt sehr
dem Weltbild der Volkssage, das Weltbild der Daseinsanalyse dagegen dem des Volksmärchens. Wenn mir Psychoanalyse und Sage
eher düster, Daseinsanalyse und Märchen eher hell erscheinen, so

ist das selbstverständlich kein Werturteil. Jede Erzählgattung und ein jedes Heilverfahren hat eine eigene Funktion und einen eigenen Erfolg. Gerade in ihrer Unterschiedlichkeit ergänzen sie sich zuweilen in besonders glücklicher Weise, die einen mehr rückschauend und warnend, die anderen mehr vorwärtsblickend und ermutigend. Denn: »Verstehen kann man das Leben nur rückwärts, leben muß man es vorwärts« (Søren Kierkegaard). Allerdings haben Volksmärchen und Volkssage einen gewissen Vorsprung gegenüber den wissenschaftlichen Lebenshilfen: der mündliche Erzähler leitet uns wie von ungefähr und doch sicher zur »hermeneutischen Interpretation«, zur doppelten Auslegung unseres Daseins. Denn wir können ja gar nicht anders, als Zuhörer vernehmen wir die erzählte Welt von weither und verstricken uns nicht in eine eigenwillige und vordergründige Weltdeutung. Desto eher gelingt uns eine aufrichtige unentwegte Begegnung mit allem, was da ist.

ANMERKUNGEN

Allgemeine Siglen

AT   Antti Aarne und Stith Thompson: The Types of the Folktale. FFC 184, Helsinki
       ²1964
BP   Johannes Bolte und Georg Polívka: Anmerkungen zu den Kinder- und Haus-
       märchen der Brüder Grimm. Leipzig 1913ff.
EM   Enzyklopädie des Märchens. Berlin, New York 1977ff.
FFC   Folklore Fellows Communications (Schriftenreihe)
GdV   Das Gesicht der Völker. Dokumentation des Märchens. Kassel (Erich Röth
       Verlag)
KHM   Brüder Grimm: Kinder- und Hausmärchen
LexZM   Walter Scherf: Lexikon der Zaubermärchen. Stuttgart 1982
MdW   Märchen der Weltliteratur. Jena (bis 1944), später Düsseldorf/Köln, heute
       Köln (Eugen Diederichs Verlag)
Mot   Stith Thompson: Motif-Index of Folk-Literature. Kopenhagen 1955/58
PBB   Beiträge zur Geschichte der deutschen Sprache und Literatur

Felicitas Betz: Eros und Liebe

Benutzte Literatur:
Ernst Benz: Adam. Der Mythus vom Urmenschen. München 1955
Leo Frobenius: Kulturgeschichte Afrikas. Zürich 1933
I–Ging. Buch der Wandlungen. Düsseldorf 1970
Marie König: Am Anfang der Kultur. Frankfurt, Berlin, Wien 1981
Alfons Rosenberg: Christliche Lebensregeln. München 1977

Lutz Röhrich: Erotik und Sexualität im Volksmärchen

Afanas'ev, Alexander N.: Erotische Märchen aus Russland. Frankfurt/Main 1977
Anonymus: Erotische Märchen. München ⁷1978
Anthropophyteia. Jahrbuch für folkloristische Erhebungen und Forschungen zur
Entwicklungsgeschichte der geschlechtlichen Moral. Hrsg. von Friedrich Salomon
Krauss, 10 Bde. Leipzig 1904–1913
Asbjørnsen, Peter C. u. a.: Erotiske Folkeeventyr. Oslo ⁴1978
Becker, Marie–Louise: Die Liebe im deutschen Märchen. Leipzig 1901
Chagall, Marc: Arabische Nächte. 26 Lithographien zu 1001 Nacht. München 1956
Cuisinier, Jean: Mari et femme dans la France rurale traditionelle. Paris 1973
Enzyklopädie des Märchens, Bd. 1 ff. Berlin/New York 1977ff. (u. a. Artikel: Adam
und Eva, Alte Jungfer, Anthropophyteia, Braut und Bräutigam, Ehe, Ehebruch,
Ehebruchschwänke, Erlösung, Erotik, Frau, Froschkönig)
Foucault, Michel: Sexualität und Wahrheit. Frankfurt/Main ²1979
Frobenius, Leo: Das schwarze Dekameron. Düsseldorf/Köln 1969
Futilitates. Beiträge zur Volkskundlichen Erotik. Heft 1–4. Wien 1908

Gifford, Edward S.: The Charms of Love. New York 1962. Dt.: Liebeszauber. Stuttgart 1964

Henriques, Fernando: Love in Action. London 1959. Dt.: Sittengeschichte der Liebe. Zürich/Stuttgart/Wien 1961

Hoffman, Frank: Analytical Survey of Anglo-American Traditional Erotica. Bowling Green/Ohio 1973

Hyde, Montgomery: A History of Pornography. London 1964. Dt.: Geschichte der Pornographie. Stuttgart 1965

Krauss, Friedrich Salomon: Volksüberlieferungen, die sich auf den Geschlechtsverkehr beziehen. In: Anthropophyteia 1 (1904), 1–506; 2 (1905), 265–439

Kryptádia. Recueil de documents pour servir à l'étude des traditions populaires. 12 Bde. Heilbronn/Paris 1883–1911

Lammel, Annamária und Nagy, Ilona: Parasztbiblia. Budapest 1985

Legman, Gershon: The Horn Book. Studies in Erotic Folklore and Bibliography. New York 1964

Liebe und Hochzeit. Aspekte des Volkslebens in Europa. Antwerpen 1975

Liebe und Heirat. Aspekte des Volkslebens in Europa. Liège 1975

Maledicta. The International Journal of Verbal Aggression. 1 ff. Waukesha/Wisconsin 1977 ff.

Marcuse, Herbert: Triebstruktur und Gesellschaft. Frankfurt/Main 1980

Marcuse, Ludwig: Obszön. Geschichte einer Entrüstung. München 1962

Meletinsky, Eleasar: Die Ehe im Zaubermärchen. In: Acta Ethnographica 19 (1970), 281–292

Rank, Otto: Das Inzest–Motiv in Dichtung und Sage. Leipzig/Wien ²1926, Neudruck Darmstadt 1974

Röhrich, Lutz: Erzählungen des späten Mittelalters und ihr Weiterleben in Literatur und Volksdichtung bis zur Gegenwart. 2 Bde. Bern/München 1962–1967

Röhrich, Lutz: Gebärde – Metapher – Parodie. Düsseldorf 1967

Röhrich, Lutz: Adam und Eva. Das erste Menschenpaar in Volkskunst und Volksdichtung. Stuttgart 1968

Röhrich, Lutz: Märchen und Wirklichkeit. Wiesbaden ⁴1979

Röhrich, Lutz: Der Witz. Figuren, Formen, Funktionen. Stuttgart 1977 (dtv-Sachbuch München 1980)

Rosenbaum, M. E.: Liebe und Ehe im Deutschen Volksmärchen. (Diss. Jena 1929) Jena 1932

Roth, Klaus: Ehebruchschwänke in Liedform (=Motive. Freiburger Folkloristische Forschungen 9) München 1977

1 Oskar Dähnhardt (Hrsg.): Natursagen. Leipzig/Berlin 1907, I. 231; vgl. Röhrich 1968

2 Mitteilung von Ilona Nagy, Budapest

3 Vgl. Röhrich 1977, 72

4 Vgl. Anthropophyteia 2 (1905), 191–194

5 Anthropophyteia 2 (1905), 76f.

6 Heinrich von Wlislocki: Märchen und Sagen der transsilvanischen Zigeuner. Berlin 1886, 111–113, Nr. 47

7 Die Erzählungen aus den Tausendundeinnächten. Nach der Calcuttaer Ausgabe 1839 übertragen von Enno Littmann. 6 Bde. Leipzig 1921–1928; hier II. 9

8 wie Anm. 7, II. 50f.

9 wie Anm. 7, I. 97–121

10 Vgl. Hermann Bausinger: Anmerkungen zu Schneewittchen. In: Helmut Brackert (Hrsg.): Und wenn sie nicht gestorben sind... Perspektiven auf das Märchen. Frankfurt/ Main 1980, 39–70

11 Erich Fromm: Märchen, Mythen, Träume. Konstanz/Stuttgart 1957, 225

12 Ottokar Graf Wittgenstein: Märchen, Träume, Schicksale. Düsseldorf/Köln 1965, 199–210. Vgl. Lutz Röhrich: Sage und Märchen. Freiburg/Basel/Wien 1976, 272–291, bes. 276f.

13 Jan de Vries: Die Märchen von klugen Rätsellösern (FFC 73). Helsinki 1928, 111f.

14 Rainer Wehse: Schwanklied und Flugblatt in Großbritannien. Frankfurt/Main 1979, Kapitel »Erotische Metaphorik«

15 J. Polsterer: Schwänke und Bauernerzählungen aus Niederösterreich (Futilitates 2). Wien 1908, 1

Ype Poortinga: Erotik und Liebe in den Zauber- und Novellenmärchen des Erzählers Roel Piters de Jong

1 Max Lüthis Begriffe findet man außer in seinen Büchern kurz zusammengefaßt in seinem Artikel »Abstraktheit«, in: EM I. 34ff.

2 Max Lüthi: So leben sie noch heute. Göttingen 1969, 33–34

3 Lutz Röhrichs Artikel »Erotik, Sexualität«, in: EM IV. 241

4 Über Leben, Person und Hintergrund de Jongs vgl. Ype Poortinga: De held en de draek. Baarn/Leeuwarden 1978, 348–384

5 Alles mit Abschrift im Archiv der Fryske Akademy in Leeuwarden. Eine Auswahl ist erschienen in: Ype Poortinga: De ring fan it ljocht. Baarn/Leeuwarden 1976; derselbe: De held en de draek (s. Anm. 4); derselbe: De prins op frijersfuotten. Baarn/Leeuwarden 1981. Die beiden letztgenannten Bücher enthalten nur Volkserzählungen von de Jong. Das erste Buch ist auch in niederländischer Übersetzung erschienen: Ype Poortinga: De ring van het licht. Baarn/Leeuwarden 1977

6 J. van der Kooi: Volksverhalen in Friesland. Lectuur en mondelinge overlevering. Een typencatalogus. Groningen 1984, 998*

7 Rudolf Schenda: Volk ohne Buch. Frankfurt 1970, 391–395

8 Grimm: Deutsche Sagen, Nr. 537; Leander Petzoldt: Historische Sagen I. München 1976, 282–284

9 A. a. O., 366–368; Vgl. auch Marianne Klaar: Die Pantöffelchen der Nereïde. Griechische Märchen von der Insel Lesbos. GdV 53, Kassel 1987, Nr. 18.

Heino Gehrts: Der Beischlaf im Zaubermärchen

1 Zahlreiche Beiträge zu Zeitschriften, vor allem zur »Nehalennia« I.ff., 1956 ff. Ebd. IV, 1959, 4–7, 65–71, Het Sprookje

2 Von Königen, Hexen und allerlei Spuk. Hrsg. von Gottfried Henßen. Rheine 1959, Nr. 15

3 Goethe: West-östlicher Divan, Buch des Sängers. Selige Sehnsucht.

4 KHM 113, hrsg. von Heinz Rölleke. Stuttgart 1980, III, 489. – Bei dem steinernen Christoffel dürfte es sich um die Art fernöstlichen Kunstwerks handeln, die man früher *Pagode* genannt hat. In dem chinesischen Roman von Wen Kang, Die schwarze

Reiterin, Zürich 1954, 829, werden »Buddha-Figuren aus Porzellan, die mit dem Kopf nicken«, erwähnt.

5 KHM 111. BP II, 503–506. Kurt Ranke: Schleswig-Holsteinische Volksmärchen. Kiel 1955 ff. I, 138–146. Eine gute vollständige Fassung, nach mehreren Gewährsleuten bei Wilhelm Wisser: Plattdeutsche Volksmärchen. Neue Folge. Jena 1926, 16–24. Es fehlt hier nur das Zeitigungsmotiv; dies jedoch in einer seiner Aufzeichnungen, bei Ranke Nr. 7

6 KHM 97. BP II, 394 ff. Ranke (wie 5) 1958, II, 195–211. Die russische Fassung Jungfrau Zar in: Russische Volksmärchen. Hrsg. von Löwis of Menar/ Olesch. Düsseldorf 1959, Nr. 41

7 Zum Symplegaden–Motiv im Märchen s. Gehrts: Die Klappfelsen. In: Die Welt im Märchen. Hrsg. von Jürgen Janning und Heino Gehrts. Kassel 1984, 92–123

8 Doch führt Wilhelm Grimm zu KHM 97 und 111 in Band III (wie Rölleke 4) 177f. und 192f. gute vollständige Fassungen mit Zeugung und Schwangerschaft an.

9 Italienische Volksmärchen. Hrsg. von Felix Karlinger. Düsseldorf 1973, 73

10 Wisser (wie 5) I, Jena 1922, 158; KHM II, 132. Wilhelm Grimm weist in der Anm. III, 193 hierzu mit Recht auf die Parallele in der Völsungensaga hin, wo Sigurd der schlafenden Walküre die wie ins Fleisch gewachsene Brünne aufschneidet und sie damit weckt.

11 A Type Index of Chinese Folktales, FFC 223, 97 zu AT 551, IIIc

12 Persische Märchen. Hrsg. von Arthur Christensen. Düsseldorf 1958, 28. Märchen von der Bernsteinküste. Deutsch von Hilde Angarowa und Leoni Labas. Moskau 1974, 51–58. Die Fassung hat offenbar asiatischen Einfluß erfahren, da der Vogel mit persisch-türkischem Anklang Bulbulis heißt.

13 Heinrich R. Voth: The Traditions of the Hopi. Chicago 1905, Nr. 6. Deutsch jetzt in: Hopi – Stimmen eines Volkes. Hrsg. von Harold Courlander und Stephan Dömpke. Köln 1986, 127–134, bes. 131f. – Im mythischen Hintergrund des altirischen Königtums kommt wiederholt der Beischlaf des künftigen Königs mit der Landesoder Reichsgöttin vor, und diese, anfangs alt, häßlich, zerlumpt, wandelt sich mit dem Kuß oder der Umarmung des vorbestimmten Herrschers zur Allerschönsten. Jan de Vries: Keltische Religion. Stuttgart 1961, 241ff.

14 Eines der entscheidendsten Merkmale der Seelenfahrt ist das Vermögen, massive Wände zu durchdringen, im Märchen oft ausgedrückt durch die Fähigkeit des Helden, sich in ein winziges Tier zu verwandeln, das immer einen Spalt findet, um hindurchzuschlüpfen. In dem südosteuropäischen Typus 532* kann diese Wandlung und dieser Zugang sogar zu einer Schwängerung führen. Mit der Formel »Ameise, Ameisenloch« vermag sich in einer griechischen Variante (Die Reise im goldenen Schiff. Märchen von ägäischen Inseln. Hrsg. von Marianne Klaar. Kassel 1977, Nr. 3) der Held Zugang zu verschaffen zu der männerscheuen Prinzessin, die sich selbst einsperrt; er liegt ihr dann in menschlicher Gestalt bei und schwängert sie. Im Typus 302, Unholdsherz im Ei, gelangt der Held auf eben diese Weise zu der erlösungsbedürftigen Königstochter, doch niemals, wie es scheint, um bei ihr zu schlafen. Im Typus 532* aber belegt die griechische Fassung die Vorstellung von einer Schwängerung in der Ekstasis.

15 Ein Beispiel vom mongolischen Volk der Burjäten: Gehrts: Schamanenweihe in einem niedersächsischen Volksmärchen, in: Vom Menschenbild im Märchen. Hrsg. von Jürgen Janning, Heino Gehrts und Herbert Ossowski. Kassel 1980, 85. Ioan M. Lewis: Ecstatic Religion. Harmondsworth 1971, 59 f.: »Such unions … are … often blessed with issue«, mit dem Beispiel eines Ethnologen, der unversehens in Polynesien Geistersöhne gezeugt hat und 23 Jahre später mit ihnen durch ein Medium in Verbindung gesetzt wird.

16 Zu AT 400 s. die Anm. 15 zitierte Abhandlung; ferner Gehrts: Schamanische Elemente im Zaubermärchen – eine Übersicht. In: Schamanentum und Zaubermärchen. Hrsg. von Heino Gehrts und Gabriele Lademann-Priemer. Kassel 1986

17 Russische Volksmärchen. Hrsg. von Erna Pomeranzewa. Berlin 1967, 172. – Bernsteinküste (wie 12) 58. – Ungarische Volksmärchen. Hrsg. von Agnes Kovács. Düsseldorf 1966, 204

18 Karl H. Schlesier: Die Wölfe des Himmels. Köln 1985, 28: »Nach Ansicht der Tsistsistas (=Cheyenne) hat die Selbstdomestizierung von ethnischen Gruppen zu Zivilisationen und die damit verbundene zunehmende Ausbeutung und Zerstörung der Erde ein Sichversagen von *hemàtasoomao* (= Seelen) herbeigeführt.« Domestizierte Tiere und Pflanzen und der größte Teil der heutigen Menschheit leben daher in einer lediglich physischen Erscheinung.

19 Walther von der Vogelweide, Lachmann 91,35–92,2. – Gottfried von Straßburg: Tristan und Isold V. 16700ff. Dazu Gottfried Weber: Gottfried von Straßburg, 3. A., Stuttgart 1968, 66ff., mit Berufung auf Friedrich Ranke: Die Allegorie der Minnegrotte ... Berlin, 1925

20 Angelus Silesius: Cherubinischer Wandersmann V, 299

21 Theodor Storm: Gedichte. Wer je gelebt in Liebesarmen.

22 Litauische Volksmärchen. Hrsg. von Jochen D. Range. Düsseldorf 1981, 69

23 Mircea Eliade: Geschichte der religiösen Ideen III/1. Freiburg 1983, 265

24 Eva L. R. Meyerowitz: The Divine Kingship in Ghana and Ancient Egypt. London 1960, 168 Note 2 und S. 26f. Bei uns findet sich das Motiv literarisch im Titurel Wolframs von Eschenbach und seines Nachfolgers: »Schionatulander stärkt sich im kampf und siegt dadurch, daß er an Sigune denkt, wie sie sich ihm in voller schönheit nackt zeigte, und sie gewährte ihm eben das nacktzeigen, um ihn dadurch in gefahren zu sichern.« So bei Jacob Grimm: Deutsche Mythologie III. Darmstadt 1953, 114

25 Jan Gonda: Die Religionen Indiens II. Stuttgart 1963, 26–52

26 Eliade (wie 23) II. Freiburg 1979, 133f. – Robert Stumpfl: Kultspiele der Germanen als Ursprung des mittelalterlichen Dramas. Berlin 1936, 300–306, auch mit indischen Belegen.

27 Von der Cakrapūjā wäre noch ein Blick hinüberzuwerfen zu dem tantrisch begründeten Beischlaf, in dem das verschlungene Paar nicht als Individuum, als abgespaltene Hälfte, sondern in der menschlichen Ganzheit, in Gestalt eines platonisch-erotischen Vollwesens und »jenseits des Feuers«, wie die Formel lautet, die meditative Versenkung erlebt: Tantra. Hrsg. vom Institut für Auslandsbeziehungen, Stuttgart o. J., 33, 44, 102f. Weiter zu erwähnen ist hier noch hier eine Form der Umarmung, bei der weder die Versenkung noch der andere Partner das angestrebte Ziel ist, sondern irgendein andersartiger, aber mit der Geschlechtskraft meditatív verknüpfter Zweck –ein zaubrisch-mechanistischer Abfall vom eigentlichen Sinn, wiederentdeckt in den magisch-mystischen Logen Englands seit der Jahrhundertwende (Aleister Crowley): William Sargant: The Mind Possessed. New York 1975, 92–97

28 Florinda Donner: Shabono. Wien 1983, 297–307

29 Eine vergleichbare Situation, mit umgekehrter Rollenverteilung, findet sich bei Carlos Castaneda: The Second Ring of Power. Harmondsworth 1979, 54–57

30 Georgios A. Megas: Der Pflegesohn des Waldgeistes (AT 667). »Volksüberlieferung« Festschrift für Kurt Ranke. Göttingen 1968, 211–231, besonders 216, 219, 226, 229. Ebenso sei »das Thema der Verjüngung des alten Königs durch Beischlaf mit der jungen schönen Frau des Helden, das sich im internationalen Motiv-Index nicht findet... charakteristisch... für das griechische Märchen des Typus AT 531«, also Treu und Untreu (220).

31 Gonda (wie 25) 49, vgl. 36f.
32 Die Wahlverwandtschaften II. Teil, 4. Capitel = Maximen und Reflexionen V. Abtheilung
33 Deutsche Hausmärchen. Hrsg. von Johann Wilhelm Wolf. Neudruck Hildesheim 1972, 54–64: Die Königstochter im Berge Muntserrat. – Der Bergname könnte auf südwesteuropäische Zusammenhänge hinweisen.

Lynn Snook: *Amor und Psyche*

1 Gottfried von Straßburg: Tristan und Isolde. Prolog. Übersetzt von Wilhelm Hertz. Stuttgart 1912
2 Johann Gottfried Herder: Briefe über Humanität. VI 64. Zitiert von Georg Henrici in: Amor und Psyche, hrsg. von Gerhard Binder und Reinhold Merkelbach. Darmstadt 1968
3 Apuleius: Amor und Psyche. Übertragen von Eduard Norden. Leipzig 1907
4 Erich Neumann: Amor und Psyche. Deutung eines Märchens. Olten 1979

Verena Kast: *Märchenpaare in ihrer Entwicklung*

1 Verena Kast: Paare. Beziehungsphantasien oder wie Götter sich in Menschen spiegeln. Stuttgart 1984, [6]1987
2 Deutsche Märchen seit Grimm. Hrsg. von Paul Zaunert. Köln 1964. II, 236 ff. (AT 882) Vgl. auch Verena Kast: Mann und Frau im Märchen. Olten 1983, [5]1985.
3 KHM 69. AT 405. Vgl. auch Verena Kast: Wege aus Angst und Symbiose. Olten 1982, [7]1985
4 Märchen aus Mallorca Nr. 30. Hrsg. von Felix Karlinger und Ulrike Ehrgott. Köln 1968. AT 551 I.II+AT 707III
5 Alexander N. Afanas'ev: Russische Volksmärchen (Narodnye russkie skazki). Moskau 1957 I. Nr. 159 – deutsch in: Erna Pomeranzewa: Russische Volksmärchen. Berlin 1964, Nr. 30. Xaver Schaffgotsch: Russische Volksmärchen. Hamburg/München 1967, 271 ff. – AT 400+552

Walter Scherf: *Fantastische Vorstellungen und weibliche Selbstfindung*

1 Zu allen genannten Märchentypen vgl. LexZM. – Zu Vasilisa Prekrasnaja in Walter Scherf: Die Herausforderung des Dämons. München, London, New York, Paris 1987
2 Nachgedruckt in Elisabeth Scherf: Der Wunderbaum. Bayreuth [2]1985. 154–161
3 Dimitr i Kostadin G. Molerovi: Narodopisni materiali ot razložko. Nr. 79. Momi vampirki. In: Sbornik za narodni umotvorenija i narodopis. 48. 1954 (1955), 355
4 Der Text, mit freundlicher Genehmigung Felix Karlingers und seines Verlegers Diether Röth wiedergegeben, wird hier in durchnumerierte Abschnitte eingeteilt, entsprechend dem Vorlesen und Erörtern in der Arbeitsgemeinschaft.
5 wie Anm. 1
6 Nach dem niederdeutschen Text bei Karl Müllenhoff (SML 593) in Ludwig Bechstein: Sämtliche Märchen. München 1965, 168–169, Anm. S. 803–804 (DMB 36)

211

7 In der von Lutz Röhrich herausgegebenen, fast vollständigen Neuübersetzung sämtlicher Märchen von Aleksandr Nikolaevič Afanas'ev: Russische Volksmärchen. München 1985, 547–554 (nach der Proppschen Afanas'ev-Ausgabe wird zitiert: NRS 234)

8 Höchst amüsant ist diese Wandlung des Dämons in einer abruzzischen Fassung des Märchens ausgespielt in: Die silberne Nase, Nr. 1 in Felix Karlinger: Italienische Volksmärchen. Düsseldorf, Köln 1973, 5–12

9 Maurice Sendaks Bild zu »Fitchers Vogel« dürfte in seinem magischen Realismus die bedeutsamste Interpretation dieses Märchens sein. In: Märchen der Brüder Grimm. Zürich 1974, I, 81

10 wie Anm. 1. Ähnliche Szenen ereignen sich am Schluß der Märchen vom dankbaren Toten (AT 507 A), vgl. im LexZM »Der Reisekamerad« (Andersen) und »Die verwünschte Königstochter« (August Ey)

11 Felix Karlinger: Ein byzantinisches Märchenmotiv in Sardinien. In: Hugo Kuhn, Kurt Schier: Märchen, Mythos, Dichtung. München 1963, 39–46

12 Ähnlich geht es in der neapolitanischen Fassung des Giambattista Basile »Cannatella« in seinem Pentamerone (CdC 3,1). Dort gelingt es dem Dämon, einen Schlafzettel einzuschmuggeln, aber der Zettel fällt im entscheidenden Augenblick aus dem Kopfkissen, der wilde Mann wird ergriffen und wie ein Thunfisch in Stücke gehauen.

13 Hartwig Suhrbier: Blaubarts Geheimnis. Köln 1984

14 Ausführliche Literaturangaben zu AT 311 und 312 im LexZM (wie Anm. 1), 127

15 Mädchenräuber. In: Walter Scherf: Räuber- und Landsknechtslieder. Frankfurt 1981, 12–21

16 Dazu ausführlich in: Die Herausforderung des Dämons (wie Anm. 1)

17 Laura Gonzenbach (verheiratete La Racine, 1842 Messina – 1878 ebd.): Die Geschichte vom Ohimè, Nr. 23 in Gonzenbach: Sicilianische Märchen. Teil 1. 2. Leipzig 1870

18 Laura Gonzenbach: Vom goldnen Löwen, Nr. 8 ihrer sizilianischen Märchen (wie Anm. 17)

Franz Vonessen: Der Dummling als Liebhaber

1 Metaphysik der Sitten, Akademie–Ausgabe IV 277

2 Wie das aussieht, und wohin es führt, zeigt in knappen Worten die Darstellung der »Mama Schmeller« in Heimito von Doderers Roman »Die Strudlhofstiege«: »Sie war einer jener zerflossenen Patzen von Ergebenheit, wie solche Männer ihn eben im reiferen Alter zurücklassen als Rest der Frau ihrer einstigen Wahl und Umwerbung, eine dickliche Sauce mit wenigen kleinen Brocken des längst zertrümmerten Charakters, die man ungerechterweise solchen Damen leicht übelnimmt, einfach deshalb, weil diese noch relativ festeren Stellen jetzt schon als ganz und gar Sinnloses und ohne Zusammenhang sich präsentieren« (258).

3 Magna Moralia 1213 a 11ff.; vgl. auch Diogenes Laertios (VII 23), Clemens von Alexandrien (Stromateis II 41, 2) u.a.

4 Jamblichos, in: Nicomachi arithmeticam introductio, 35 (Pistelli)

5 Zur Geschichte der »vollkommenen« und »befreundeten Zahlen« vgl. Moritz Cantor: Vorlesungen über Geschichte der Mathematik I (²1894), Registerhinweise

6 Werke VI 4 (Bolin): Das Wesen des Christentums

7 Andere Beispiele habe ich früher behandelt; vgl. meinen Beitrag zu dem Sammelband »Vom Menschenbild im Märchen« (²1981), vor allem die Kapitel »Die Königstochter« sowie »Wahre und falsche Braut«.

8 Das Motiv findet sich mehrfach auch in der altnord. Literatur; vgl. die Sammlung *Thule* Bd. 11: Die Geschichte von den Leuten aus dem Svarfadstal (Wie Thorstein sich aus der Streu erhebt).

9 z. B. auch in Nr. 64/I des 1. Bandes der »Urfassung«

10 Märchen Bd. I (= Sämtliche Werke, Bd. 8), München 1957

11 »Der blaue Boll«, Sechstes Bild (»In der Herberge zur Teufelsküche«)

12 Francesco Petrarca: De remediis utriusque fortunae, bonae et malae. Zweisprachige Auswahl-Ausgabe von Rudolf Schottlaender, München 1975, Vorrede 48f. Die Torheit tritt im »guten Glück« als *gaudium* (Freude), im »bösen Glück« als *dolor* (Schmerz) auf, während die *ratio* (Vernunft) sich in beiden Zuständen gleich bleibt.

13 ebd. Einleitung 38f.

14 Sebastian Brant: Narrenschiff, herausgegeben von Friedrich Zarncke, Leipzig 1854 (Nachdruck 1964), Einleitung LXXIV und LXXIX

15 Enzyklopädie der mathematischen Wissenschaften, Bd. I (Arithmetik). Leipzig 1900, 578f.

16 B. L. van der Waerden: Die Pythagoreer, Zürich und München 1979, 400

17 Das Märchen »Die drei Federn« in der »Urfassung« Bd. I, Nr. 64/III; noch besser herausgearbeitet in der Originalhandschrift (vgl. Heinz Rölleke: Die älteste Märchensammlung der Brüder Grimm. Synopse der handschriftlichen Urfassung von 1810 und der Erstdrucke von 1812. Cologny–Genève 1975, 96/98).

18 Ich erwähne jetzt nur zwei Punkte: 1. Dichtermärchen, die die Gestalt des Dummlings weiter ausarbeiten (z.B. E. T. A. Hoffmann im »Goldenen Topf«, Novalis in »Hyazinth und Rosenblüte«); 2. die Geburtsgeschichten des Eros unter Beachtung der »zwei Aphroditen« (Urania und Pandemos).

19 Vgl. meinen Beitrag zu dem Sammelband »Die Frau im Märchen« (1985), besonders 139

20 Passage aus dem »Großen Pariser Zauberpapyrus«, Text nach »Papyri graecae magicae« (Preisendanz), Zeile 1749 ff. Einen Liebeszauber mit den »befreundeten Zahlen«, von dem arabische Autoren des Mitelalters berichten, erwähnt Cantor (s. Anm. 5), 692

Heino Gehrts: *Bild und Name der Geliebten*

Märchentexte. Angeführt sind nur solche Fassungen, aus denen im Text zitiert wird, nicht alle, die verglichen worden sind. In den Anmerkungen werden die Textbände mit Buchstaben zitiert.

a   Die Erzählungen aus den tausendundein Nächten. Übertragen von Enno Littmann. Wiesbaden 1953. II, 357–437: Die Geschichte von Kamar ez–Zamân

b   Granatapfel und Flügelpferd. Märchen aus Afghanistan. Hrsg. von Gisela Borcherding (GdV 43) 1975, Nr. 4: Das Märchen vom Prinzen Kamarozamon

c   Märchen aus dem Jemen. Hrsg. von Werner Daum (MdW) 1983, Nr. 11

d   Märchen aus Kordofan. Hrsg. von Leo Frobenius. Jena 1923, Nr. 14

e   KHM 6. AT 516. Hrsg. von Heinz Rölleke. Stuttgart 1980

f   Giambattista Basile: Das Pentameron IV, 9

g   Ype Poortinga: De ring van het licht. Friese volksverhalen in Nederlandse vertaling van Theun de Vries. Leeuwarden 1977, Nr. 13. AT 516 h   Deutsche Volksmärchen. Neue Folge, hrsg. von Elfriede Moser–Rath (MdW) 1966. Nr. 66. AT 516 (Bakonyerwald)

i   Von Königen..., Märchen... hrsg. von Gottfried Henßen. Schloß Bentlage 1959, Nr. 19. AT. 516 (Böhmerwald)

j   Volksmärchen aus Pommern und Rügen. Hrsg. von Ulrich Jahn. Norden 1891 (Neudruck Hildesheim 1977), Nr. 7 (Varianten 353f., 354f.) AT 516

k   Rumänische Volksmärchen. Hrsg. von Felix Karlinger und Ovidiu Bîrlea (MdW) 1969, Nr. 11. AT 516

l   wie a, V, 228–315. AT 303+516

m   wie a, VI, 379–408, einleitend AT 516, Ia

n   Arabische Märchen. Gesammelt von Enno Littmann. Frankfurt 1984, 160–183. AT 303+516 (Jerusalem)

o   Schweizer Volksmärchen. Hrsg. von Robert Wildhaber und Leza Uffer (MdW) 1971, Nr. 55. AT 516 (rätoromanisch)

p   Der Schlangenknabe. Georgische Volksmärchen. Hrsg. von Vera Nowak. Moskau 1977, 89–98. AT 516+Koščej

q   Deutsche Hausmärchen. Hrsg. von Johann Wilhelm Wolf. Göttingen 1851 (Neudruck Hildesheim 1972), 383–389. AT 516

r   Das Märchen von den Sternprinzen. In: Handwörterbuch des deutschen Aberglaubens (Neudruck 1987) IX, 776ff. Nach: ZdMyth. 2, 1854, 436f. AT 516

s   Weißbär am See. Schwedische Volksmärchen. Hrsg. von Waldemar Liungman (GdV 32) 1965, 65–68. AT 516 (Bohuslän)

t   Zigeunermärchen. Hrsg. von Walther Aichele und Martin Block (MdW) 1962, Nr. 6. AT 516

u   Georgische Märchen. Hrsg. von Heinz Fähnrich. Wiesbaden (1980), 294–304. AT 516 + 519 + Koščej

v   Bretonische Märchen. Hrsg. von Ré Soupault (MdW) 1959, Nr. 12. AT 403

w   Der Davidswagen. Märchen aus der Gascogne II. Gesammelt von Jean François Bladé, übers. von Konrad Sandkühler. Stuttgart 1954, 88–98. AT 403

x   Russische Volksmärchen. Hrsg. von August von Löwis of Menar und Reinhold Olesch (MdW) 1959, Nr. 29. Typ Koščej

y   Neugriechische Märchen. Hrsg. von Paul Kretschmer (MdW) 1919

z   Märchen aus dem Kaukasus. Hrsg. von Isidor Levin (MdW) 1978, Nr. 17. AT 516 kontaminiert (ossetisch)

aa Sicilianische Märchen. Gesammelt von Laura Gonzenbach. Leipzig 1870 (Neudruck Hildesheim 1976), Nr. 12. AT 425. Nr. 13. AT 408. Nr. 14. AT 313

bb Mazedonische Volksmärchen. Hrsg. von Wolfgang Eschker (MdW) 1972, Nr. 31. AT 408

cc Ungarische Volksmärchen. Hrsg. von Ágnes Kovács (MdW) 1966, Nr. 24 (mit AT 409B*)

dd Der grüne Recke. Ungarische Märchen. Hrsg. von Ágnes Kovács (GdV51) 1986, Nr. 8 (mit AT 409B*)

ee Drawida-Märchen der Kuwi–Kond. Hrsg. von Paul Schulze. München 1922, 113–123. AT 306A (Eingang entsprechend AT 409B*, doch nach der Geburt)

ff Österreichische Kinder- und Hausmärchen. Hrsg. von Theodor Vernaleken. Wien 1864, Nr. 46, Typus Koščej mit AT 409B^x, nach Geburt

gg Kordofan, wie d, Nr. 15. AT 314

hh Kaukasische Märchen. Hrsg. von Adolf Dirr (MdW) 1920, Nr. 11. AT 314 (georgisch)

ii Persische Märchen. Hrsg. von Artur Christensen (MdW) 1958, Nr. 5. AT 314, 502

jj Muschelprinz und Duftende Blüte. Liebesgeschichten aus Thailand. Zürich 1966, 9–111. AT 314, 502

kk Märchen der Kabylen. Ges. von Leo Frobenius. Hrsg. von Hildegard Klein (MdW) 1967, Nr. 24. Typus Goldener.

ll Sagen, Märchen und Lieder der Herzogtümer Schleswig, Holstein und Lauenburg. Hrsg. von Karl Müllenhoff. Neue Ausgabe. Schleswig 1921, Nr. 605. AT 314

mm Wilhelm Busch: Aus alter Zeit. (Neu) hrsg. von Gert Ueding. Stuttgart 1982, Nr. 38. AT 314

nn Kinder- und Hausmärchen aus Süddeutschland. Ges. durch Ignaz und Joseph Zingerle. Regensburg 1854, 198–209. AT 314

oo Finnische und estnische Märchen. Hrsg. von August von Löwis of Menar(MdW) 1962, Nr. 37. AT 502

pp Baskische Märchen. Hrsg. von Felix Karlinger und Erentrudis Laserer (MDW) 1980, Nr. 13. AT 314

qq Märchen aus Turkestan und Tibet. Hrsg. von Gustav Jungbauer (MdW) 1923, Nr. 6. AT 314

rr Jugoslawische Märchen. Hrsg. von Joseph Schütz. Frankfurt 1975, Nr. 12. AT 502

ss Märchen und Sagen aus Wälschtirol. Ges. von Christian Schneller. Innsbruck 1867 (Neudruck Hildesheim 1976), Nr. 20. AT 314

tt Märchen der Usbeken. Hrsg. von Ilse Laude–Cirtautas (MdW) 1984, Nr. 18. AT 314

uu KHM 136. AT 502

vv Ludwig Bechstein: Sämtliche Märchen. Hrsg. von Walter Scherf. Darmstadt 1974, Nr. 61. S. 285–288. AT 403

ww Armenische Märchen. Hrsg. von Isidor Levin (MdW) 1982, Nr. 12. AT 516/301

xx Mabik und der Wolkenriese. Volksmärchen aus der Bretagne. Übertr. von Dagmar Fink. Stuttgart 1977, 142–153. AT 516

1 Klopstock: Die künftige Geliebte. An Cidli. – Hölty: Die künftige Geliebte. Das Traumbild. An mein Ideal. Das Traumbild. Die künftige Geliebte. Die Mainacht. Die Geliebte. – Lenz: Eduard Allwills einziges geistliches Lied. – Maler Müller: Verlangen und Sehnsucht. – Lenau: An die Ersehnte.

2 Jean Paul: Leben des vergnügten Schulmeisterleins Maria Wuz in Auenthal. Palingenesien, Achter Reise-Anzeiger. Konjektural-Biographie, Zweite poetische Epistel. Die wunderbare Gesellschaft in der Neujahrsnacht, besonders letzte Seiten.

3 Rudolf Passian: Wiedergeburt. München 1985, 143ff. Die Angabe über die Verursachung der Narbe aus Passians Quelle.

4 Allan Kardec: Das Buch der Medien, 1861. Neudruck Freiburg-Wiesbaden 1977, 102f.

5 Winfried S. Noé, München, in: Unglaubliche Geschichten. Hrsg. von Rainer Holbe. München 1985, 243–49. Zu vergleichen noch: Friedrich von Gagern: Geister Gänger Gesichte Gewalten. Leipzig 1932, 251–261.

6 The Mabinogion. Translated by Gwyn Jones and Thomas Jones. London 1977, 79–88

7 Kenneth Hurlstone Jackson: A Celtic Miscellany. Harmondsworth 1976. Nr. 39

8 Texte a–d

9 Erich Rösch: Der getreue Johannes. FFC 77. Helsinki 1928, 5f.;

10 Heino Gehrts: Das Märchen und das Opfer. Bonn 1967, 224f.

11 Texte f, 285. g, 53. h, 243. r, 776: die Traumbraut verdoppelt in ein Steinbild auf dem Hofe der goldbedachten Burg und die unterweltsverbannte Tochter des Erdenkönigs. i, 115: solche Wagenfahrten erinnern an die Fahrten mit dem Nerthus–Bild in der Germania des Tacitus, 40

12 j, 44, 354. xx, 142. x, 147. ss, 104. q, 369. i, 110. ww, 105. k, 85. h, 245. y, Xf. z, 108. o, 187. e, 55

13 aa, 65, 74, 85. z, 108. p, 89. bb, 137

14 Texte cc–ff

15 j, 39. h, 248. k, 85. m, 399. l, 305f.

16 h, 245. o, 188. k, 87. i, 114. x. 147. s, 65

17 m, 170f.

18 Knud Rasmussen: Die Gabe des Adlers. Eskimoische Märchen aus Alaska. Frankfurt am Main o. J., 164–170. Statt der mit * bezeichneten Wörter hat die Übertragung Gespenster, tote Leute, umherziehen.

19 Sibirische Märchen I. Hrsg. von János Gulya (MdW) 1968, Nr. 13. besonders Seite 90

20 i, 113, 117. j, 39, 353. Vgl. h, 244, 252f. alter Mann und drei Töchter am Ende erlöst. Ivan Alexandrovič Chudjakov: Verchojanskij Sbornik. Irkutsk 1890, 183ff.

21 Wörterbuch der deutschen Volkskunde. Bearb. von Richard und Klaus Beitl. Stuttgart ³1974, 25.

22 Lucius Apuleius: Der goldene Esel Buch V.

23 Der poetische Versuch, den ersten Zustand der Liebe zu bewahren, ohne den Schicksalsweg zu beschreiten, bei Rilke, »Lied«: Du, der ichs nicht sage. Vgl. auch Späte Gedichte: Du im voraus verlorne Geliebte.

24 gg, 178. Gasr = Schloß

25 Apfel: b, 94. c, 88. y, 164. bb, 77. kk, 197f. qq, 80. uu, 240 (golden) – Rose: b, 86. tt, 80. – Kranz: jj, 48ff, rr, 98 – Tuch: gg, 171f. rr, 99 – Ring: rr, 97f. – Goldapfelsine: ii, 60 – Goldkugel: ss, 45 – Goldei: oo, 126

26 q, 281. AT 650A+314A+530+502

27 hh, 53 der Text hat an dieser Stelle irrigerweise Schweinehirt

28 kk, 195

29 ii, 59. mm, 127. ll, 441. nn, 206. b, 87

30 jj, 46–51

31 vv, 819. Der Herausgeber, Walter Scherf, zitiert diese Meinung und distanziert sich von ihr.

32 In 1001 Nacht kommt das Motiv schon um 1000 vor, in Nizamis Turandoht um 1200

33 u, 294

34 v, 153ff. w, 95ff. aa, 223ff.

35 Tantra. Hrsg. vom Institut für Auslandsbeziehungen. Stuttgart o. J., 23: »Beginnt man, ein lebendes Geschöpf zu lieben, so endet dies wiederum in der Liebe zu einem lebenden Geschöpf. Wendet man sich jedoch in Liebe einem Bildnis zu, das lediglich umgewandeltes, eine Devatā darstellendes Material ist, so endet dies in der Liebe zu einer Devatā.« Devatā = Gottheit, Göttlichkeit.

36 Edda, Helgakvidha Hiörvardhssonar, Prosa hinter Str. 9

37 Wolfram von Eschenbach: Parzival 332, 10ff. vgl. 370, 18f., 742ff.

38 Jacob Grimm: Deutsche Mythologie. 4. Aufl. Nachdruck Tübingen 1953, I. 329ff. III. 113f.

39 Voltaire: Zadig, Chap. Le basilic, fin.

40 Wilhelm Braune: Neuhochdeutsch Braut in den germanischen Sprachen. PBB 62, 1907, 30–59. Vgl. auch Heino Gehrts: Rāmāyana. Bonn 1977, 66, 226, Anm. 62

216

41 Carl Gustav Jung: Erinnerungen Träume Gedanken. Zürich 1967, 290. »Die Anima des Mannes trägt einen eminent historischen Charakter. Als Personifikation des Unbewußten ist sie getränkt mit Geschichte und Vorgeschichte. Sie enthält die Inhalte der Vergangenheit und ersetzt das im Manne, was er von seiner Vorgeschichte wissen sollte. Alles schon gewesene Leben, das noch in ihm lebendig ist, ist die Anima.«

42 Den Ferne-Charakter des echten erotischen Erlebnisses und den schwer zu lösenden Widerspruch zwischen dem fernehaltigen Bilde und dem begrenzten Wesen der Person hat zumal Ludwig Klages nachdrücklich hervorgehoben: Vom kosmogonischen Eros. Jena 1930, 98, 121, 202f.

43 Dazu Gehrts: Schamanenweihe in einem niedersächsischen Volksmärchen. In: Vom Menschenbild im Märchen. Hrsg. von Jürgen Janning, Heino Gehrts und Herbert Ossowski. Kassel ²1981, 72–90

44 So Rasmussen, wie Anm. 18, 25f.

ÜBERSICHT